増補版

パンづくりに困ったら読む本

辻調グループ 製パン教授
梶原慶春　浅田和宏
共著

池田書店

はじめに

以前、はじめて手がけた家庭向けのレシピ本のまえがきに「最近、パンに関するテレビの情報番組や雑誌の特集などを、数多く見かけるようになりました」と書きました。それから月日が流れ、インターネットの普及にともない、パンについて得られる知識はけた違いに増え、日本のみならず世界中から情報を手に入れることが可能になりました。それらはパン作りの助けになると同時に、その量のあまりの多さに、果たしてどれが正しい情報なのかと頭を悩ませることにもなったような気がします。

しかし、時代は変われども、この本を手にしたみなさんが一番に望んでいるのは「自分でおいしいパンを作りたい！」「家族や友人においしいパンを食べてもらいたい！」、この２つに尽きるのではないでしょうか。私たちプロもその思いは同じです。そして、本校で製パンを学んでいる学生たちも同様です。私たちはいつも学生に「パン作りに近道はない。何度も何度も繰り返し作ることでわかってくることがある」と話しています。これはそのまま、家庭でパン作りをされるみなさんへのメッセージでもあります。

本書は、レシピとＱ＆Ａの２つの柱からなります。レシピで紹介しているのは、基礎中の基礎ともいうべき基本パンと、その生地から作る簡単なアレンジパンに絞っています。おいしいパンを作るためには、まずは基本のパンを繰り返し作ってマスターすることです。いろいろなパンを作りたくなる気持ちをぐっとこらえて、ひとつのパンを作り続けてみてください。そのときに「どうして失敗したのだろう」「なぜ思った通りにならなかったのだろう」と常に考えながら作ることが大切です。そして、思った通りにおいしく作れるようになったときには、それ以外の多くのパンも上手に焼けるようになっているはずです。

本書の最大の特徴でもあるＱ＆Ａの項では、家庭でのパン作りで出てくるであろう疑問を数多く取り上げています。製パン科学についても、専門の立場から木村万紀子さんに監修いただきながら、できるだけわかりやすく、かつ詳しく答えたつもりです。みなさんがパン作りで困ったときや疑問を感じたときに、きっとお役に立てると信じています。

なお、このたびの増補版では、ＰＡＲＴ３として「発酵種法のパンとＱ＆Ａ」を追加しました。

最後に、この場をお借りして、同じように見えがちな生地の状態を少しでもわかりやすくと工夫して撮影してくださった写真家のエレファント・タカさん、武部信也さん、本書の製作というすばらしい機会を与えてくださった池田書店さん、編集をご担当いただいた童夢さんに心よりお礼申し上げます。また、パン製作にあたった伊藤快幸教授、宮﨑裕行教授、尾岡久美子助教授をはじめとする本校製パンスタッフ、すべての原稿と写真の整理や校正を手がけてくれた辻静雄調理教育研究所の近藤乃里子さんに感謝します。

梶原慶春　浅田和宏

目次

PART 1 5つの基本のパンとアレンジパン

PART 2 パン作りのQ&A

材料・道具のなぜ

PART 3

発酵種法のパンとQ&A

発酵種法と発酵種のなぜ

パン・ド・カンパーニュのなぜ？

レーズンブレッドのなぜ？

工程のなぜ

本書の決まりと使い方

- 本書で紹介しているパンは、室温20〜25℃前後、湿度50〜70％程度の環境下で作製しました。
- ベーカーズパーセントとは、使用する粉の分量を100％とし、それ以外の材料の分量を粉に対するパーセンテージで表したものです。詳細はQ71（➡p.149）を参照してください。
- 本書のレシピは家庭で一度に作りやすい量になっています。
- 砂糖はとくに表記のない場合、グラニュー糖を使用しています。
- バターは無塩（食塩不使用）のものを使用しています。
- 卵はMサイズのものを使用しています。
- 打ち粉は強力粉を使用しています。
- 発酵、ベンチタイム、最終発酵の時間は目安なので、生地の状態によって調整してください。
- 本書ではパンを発酵させるときに発酵器として水切りかごを使用しました。ほかにもオーブンの発酵機能を利用したり、それ以外の道具で工夫したりしてもよいでしょう。詳細はQ58（➡p.145）を参照してください。
- オーブンはあらかじめ指定の温度に予熱しておきます。
- パンの焼成はオーブンプレート1枚分で行うことを推奨しています。生地がプレートにのりきらない場合は2回に分けて行ってください。
- パンの焼き上がりの状態はオーブンによって異なる場合があります。焼き上がったパンの写真を参考にして、基本的にはレシピに記載されている時間で焼けるように温度を調整するようにしてください。

パン作りの材料

生地の材料

どんなパンを作るときでも粉、イースト、塩、水は必須です。ほかは必要に応じて用意します。混ぜ込んだりトッピングしたりするのに使う材料は、本書で使用したものを紹介しています。作りたいパンに合わせてそろえてください。

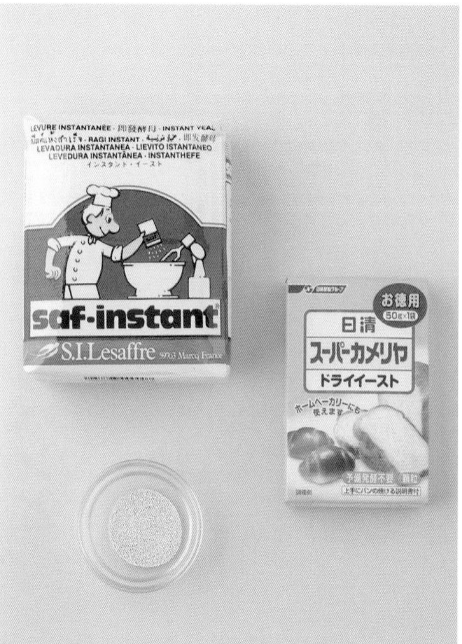

インスタントドライイースト

粉に直接混ぜることができる便利な顆粒状のイーストで、インスタントイーストとも呼ばれる。ドライイーストと表記されていることもあるが、本来のドライイーストは、インスタントドライイーストよりも大きくて丸い粒状で、使用する前に予備発酵が必要。パッケージに書かれている使用方法を確認し、混同しないように注意。開封したインスタントドライイーストは、密閉して冷蔵庫で保存し、なるべく早めに使いきる。

＊イーストについてもっと詳しく知りたい ➡P.128

小麦粉　強力粉(奥)、フランスパン用粉(手前)

小麦粉には薄力粉や強力粉など、いくつか種類があるが、パン作りでよく使われるのは強力粉。製菓材料店では国産・外国産を問わず、さまざまな銘柄の小麦粉が売られており、シンプルなパンほど、小麦の味わいがパンの風味を左右する。また、強力粉は打ち粉としても使用する。フランスパン用粉とは、フランスパン専用粉とも呼ばれ、日本の製粉メーカーがおいしいフランスパンを作るために開発したもの。メーカー各社からさまざまな銘柄のフランスパン用粉が発売されている。

＊小麦粉についてもっと詳しく知りたい ➡P.122

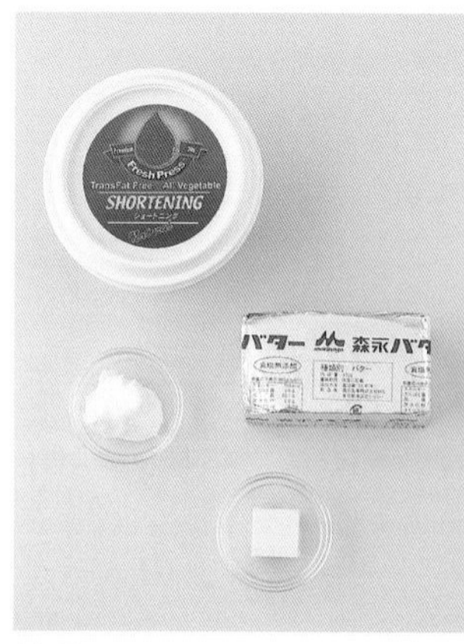

油脂

バター(右)、ショートニング(左)

パン作りで最もよく使用する油脂が、バターとショートニング。バターには特有の風味があり、ショートニングは無味無臭なのが特徴。パンに味わいや風味がほしい場合はバターを、香りをつけたくない場合はショートニングを使う。ボウルや型、オーブンプレートなどに塗るときはショートニングが一般的。

＊油脂についてもっと詳しく知りたい ➡P.139

水

日本の水道水はそのままの状態でも十分にパン作りに使える。ミネラルウォーターを使用してもよいが、硬度が高すぎるものはパン作りには向かない。

＊水についてもっと詳しく知りたい ➡P.127

塩

パン作りに使う塩は、市販されているものであればおおむね問題ないが、こね上がりの生地に残ってしまうくらい粒子の粗いものはおすすめしない。また、塩味のもととなる塩化ナトリウム量が極端に少ないものや、うまみ成分やビタミン、カルシウムなどの栄養成分を化学的に添加したものは、生地に影響を与えることがあるので避ける。

＊塩についてもっと詳しく知りたい ➡P.135

混ぜ込み&トッピングの材料

ナッツ

アーモンド(上)、くるみ(下)

皮のついた丸ごとのアーモンドと薄皮のついたくるみ。くるみは殻を割って取り出した半割りの状態のもの。半割り、ハーフなどとして売られている。どちらも生地に混ぜ込んだり、トッピングやフィリングに使用する。

＊ナッツについてもっと詳しく知りたい ➡P.144

砂糖

粉砂糖(手前)、あられ糖(奥)

粉砂糖はグラニュー糖を粉末にしたもの。大きな粒状のあられ糖は焼いても形が残りやすいのが特徴で、主にトッピングに使用する。

チョコレート

デニッシュ用チョコレート(手前)、チョコチップ(奥)

生地に混ぜ込んだり、フィリングやトッピングにする。本書ではパン・オ・ショコラには板状のもの、オレンジとチョコレートのブリオッシュにはチョコチップを使用。普通のチョコレートでもよいが、焼いている間に溶けて流れ出ることがある。焼いても溶けにくいチョコレートは、製菓材料店などで売られている。

レーズン

カリフォルニアレーズン(手前)、サルタナレーズン(奥)

色の濃いカリフォルニアレーズン、色の薄いサルタナレーズン以外にも数種類ある。水でさっと洗ったものや、洋酒に漬け込んだものを、生地に混ぜ込んだり、フィリングに使用する。

＊レーズンについてもっと詳しく知りたい ➡P.144

オレンジピール

オレンジの皮をシロップで煮たもの。主に刻んで生地に混ぜる。

黒ごま

パン作りでは生地に混ぜ込んだり、トッピングに使用する。

砂糖

パン作りで一般的に使われるのはグラニュー糖。純度が高く、甘みがあっさりとしている。写真は、一般的なものよりも粒子が細かく、溶けやすいグラニュー糖。製菓材料店などで手に入るが、通常のグラニュー糖や上白糖でも問題ない。

＊砂糖についてもっと詳しく知りたい ➡P.137

卵

卵はMやLといったサイズで卵白と卵黄の割合が異なるうえ、同じサイズであっても個々の重さは微妙に違う。そのため、パン作りでは、重量で計量するのが基本。本書では、Mサイズのものを使用している。

＊卵についてもっと詳しく知りたい ➡P.142

スキムミルク

水分と脂肪分を取り除いた牛乳を粉末状に加工したもので、脱脂粉乳ともいう。牛乳よりも使用量が少なくて済み、保存性がよくて安価なため、パン作りによく使われる。吸湿性が高いのでダマになっていたら使用前にこす。

＊スキムミルクについてもっと詳しく知りたい ➡P.136

モルトエキス

発芽した大麦から抽出した麦芽糖の濃縮エキスで、モルトシロップとも呼ばれる。一般的な材料ではないが、フランスパンなど、砂糖を使わない生地には欠かせないもので、焼き色がつきやすくなる。

＊モルトエキスについてもっと詳しく知りたい ➡P.143

パン作りの道具

本書で紹介しているパンを作るのに使用する道具です。どれも基本的なものですが、すべてをそろえる必要はなく、特定のパンだけに使用するものもあるので、状況に応じて用意しましょう。

オーブン

パン作りに欠かせない機器。熱源は電気かガスが一般的。オーブン機能だけのもの、レンジ機能もついたオーブンレンジなど、メーカー各社からさまざまなオーブンが発売されている。低温でのスチーム発酵ができる、焼成中にスチームが出る、250℃以上の高温の設定ができるなど、パン作りに便利な機能がついている機種もある。

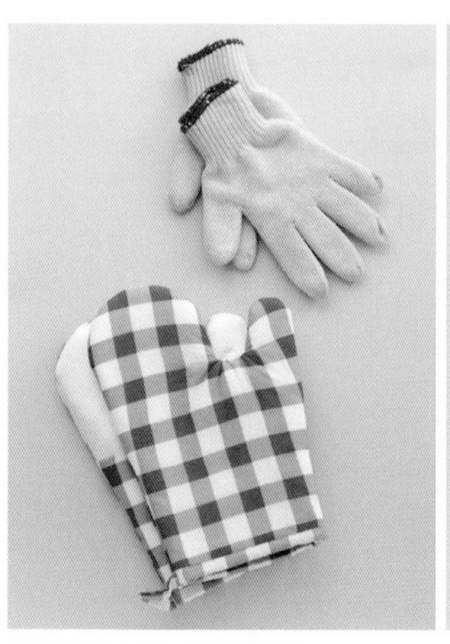

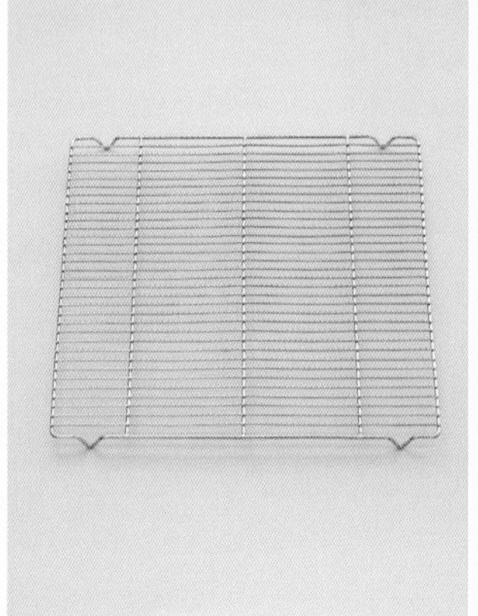

ミトン(手前)、軍手(奥)

熱いオーブンプレートを持ったり、パンを型からはずしたりするときに必要。小さい型からはずすようなときは軍手のほうが作業しやすい。薄手の軍手は2枚重ねにすると安全に作業ができる。

クーラー

焼き上がったパンを冷ますためにのせる網。パンをオーブンから出したらすぐにクーラーに移し、完全に冷めるまでおいておく。

オーブンプレート

オーブンに付属しているものを使用する。生地をのせて発酵させている間に別のパンを焼いたり、プレートごと予熱したりすることもあるので、2枚あると便利。使用するときに油脂を塗ると生地がくっつきにくくなるが、材質によっては塗る必要のないものもある。

作業台について

生地をこねたり、分割したりと、パン作りの作業はほとんどがこの上で行われます。木やステンレス、人造大理石など、かたい材質のものであれば作業台として使用できます。生地がこねられるだけのスペースがあり、しっかりと安定していれば問題ありません。

適度な通気性と吸湿性があって作業がしやすいため、プロは台の上に厚みのある木の板を敷く

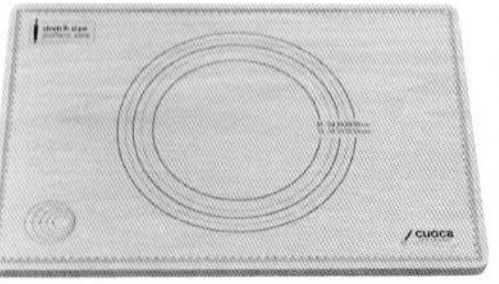

家庭でパンやお菓子の生地をこねるための専用ボードも売られている

発酵器

生地を発酵させるために必要な環境（温度と湿度）を保持するための機器で、ホイロともいう。温度・湿度が設定できるプロ向けの大型・中型のホイロや、発酵機能がついたオーブンもあるが、本書では、より手軽な水切りかごを利用している（使い方は➡Q58参照）。温度と湿度が保てるように、蓋つきで、深めの容器の内側にかごをセットする二重構造のものが便利。また、生地の最終発酵ではオーブンプレートごと発酵させることが多いので、プレートが入る大きさのものを選ぶ。発泡スチロール製の箱や、プラスチック製の衣装ケースなども利用できる。

へら（左）、泡立て器（右）

へらは材料を残らずかき集めるときに使う。パン作りでは正確に計量した材料を残さずに使うことが大切。シリコン製やゴム製など、弾力のある素材のものを選ぶ。
パン作りにおいて、泡立て器は粉類や、卵や水などの液体の材料を均一に混ぜ合わせるときに使う。

カード

弾力のあるプラスチック製でスクレイパー、コルヌともいう。生地やバターを切り分ける、台についた生地をこそげ取る、クリームを塗るなどには直線部分を、ボウルの中の生地やクリームをかき集めるなどには曲線部分をと、用途に合わせて使い分ける。

麺棒

生地を薄くのばすときや、折り込み用のバターをたたいてやわらかくするときなどに使う。用途に合わせて、使いやすい長さ・太さを選ぶ。

はかり

パンを作るには、材料の正確な計量が欠かせない。イーストや塩など、少量の材料を正確に計量するために、0.1gから2kgまで計量できるデジタルばかりがおすすめ。最低でも1g単位で計量できるものを用意する。

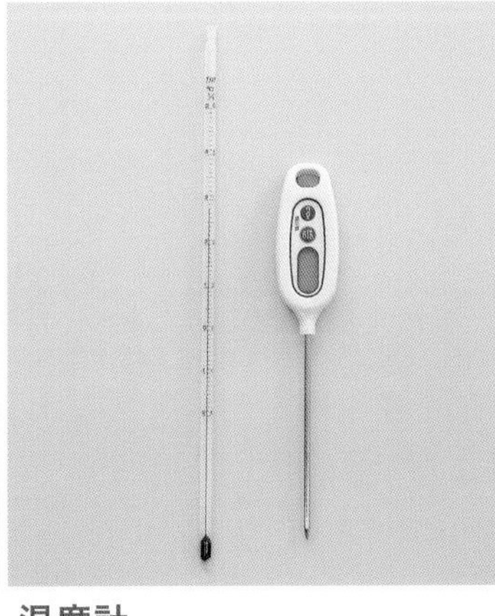

温度計

水温や粉温、生地のこね上げ温度をはかるのに使う。ガラス製の温度計、計測部分がステンレスでカバーされたデジタル温度計など、いろいろあるので使いやすいものを選ぶ。

ボウル

材料を入れる、混ぜる、こねるなどの用途に使用する。生地の材料がすべて入るくらい大きなものから、計量した材料を入れる小さなものまで、直径10〜30cmの間で大小いくつかそろえておくと便利。

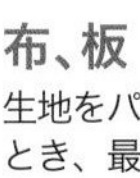

布、板

生地をパンチするときや、ベンチタイムのとき、最終発酵でオーブンプレートに並べずに発酵させるときは、布の上で行うと生地がくっつきにくく、余分な打ち粉を使わずに済む。キャンバス地のような厚手で毛羽立ちの少ない布が向いている。
また、布の下には板を敷いておくと、生地を移動させるときに便利。厚さ5mm程度でオーブンプレートと同程度の大きさの合板などを利用するとよい。パンを焼くためにオーブンプレートを使用していて、残りの生地を発酵させるためのプレートが足りない場合は布と板で代用することもできる。このほかに、オーブンプレートにのせて最終発酵させないフランスパンなど、細長く成形した生地を移動させるときには、細長い板があると便利。この板にも布を張っておくと、生地がくっつくのを防げる。

バット

生地を冷蔵庫に入れて冷やしたり、材料を整理したりするときに使う。生地を冷やすときは金属製のものが早く冷える。

オーブンペーパー
表面に特殊加工がしてある、くっつきにくいオーブン用の紙。オーブンプレートに敷くと、油脂を塗る手間が省ける。本書ではフランスパンをオーブンプレートに移動させるときに使用。オーブンペーパーごと移動できるので、生地に負担をかけない。

アルミケース(左)、**紙ケース**(右)
本書では、ハムオニオンパン、パン・オ・レザン、オレンジとチョコレートのブリオッシュに使用。

ブリオッシュ型
ブリオッシュ・ア・テット（頭つきブリオッシュ）と呼ばれる特徴的な形に焼き上げるための型。

食パン型
1斤、1.5斤など、サイズはいろいろある。角食パンには蓋つきのものを使用する。本書では1斤型を使用。

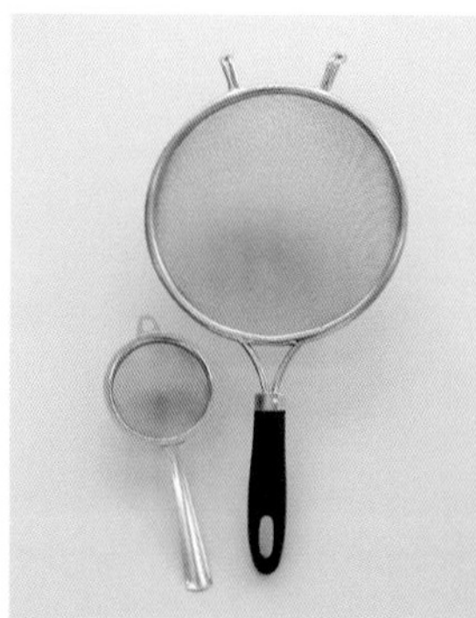

茶こし(左)、**ストレーナー**(右)
茶こしは仕上げに粉砂糖をふるなど、少量をまんべんなくふりかけたい場合に使う。
ストレーナー（万能こし器）は粉をふるったり、液体をこしたり、水気を切ったりするときに使用する。ざるやふるいでもよい。

パン切り包丁(左)、**牛刀**(中)、**ペティナイフ**(右)
パン切り包丁は焼き上がったパン専用のナイフで、パンのクラスト（外皮）が切りやすいように波刃で刃渡りが長いのが特徴。
牛刀やペティナイフは成形するときに生地を切ったり、ナッツやオレンジピールなどの材料を切るときに使う。大きなものを切るときには、刃渡りの長いものが便利。

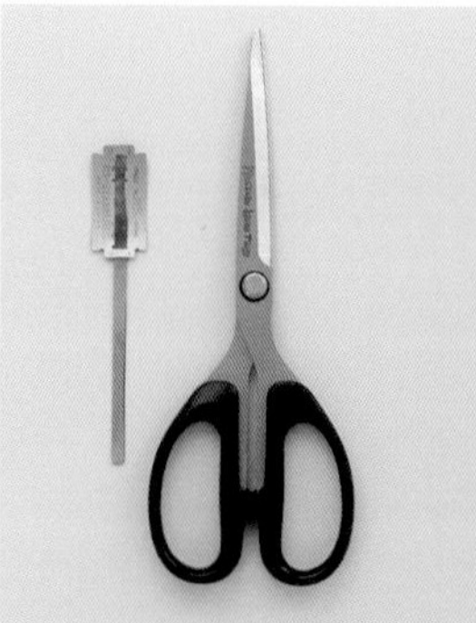

クープナイフ(左)、**はさみ**(右)
クープナイフは生地にクープ（切り目）や切り込みを入れるのに使う。本書では、平たく細長い金属板に両刃のカミソリの刃をセットしたものを使用。刃をねかせて生地の表面を浅くへぐようにしたり、刃を立てて少し深めに切り目を入れたりする。
はさみは生地を切って成形を行う場合に使用する。

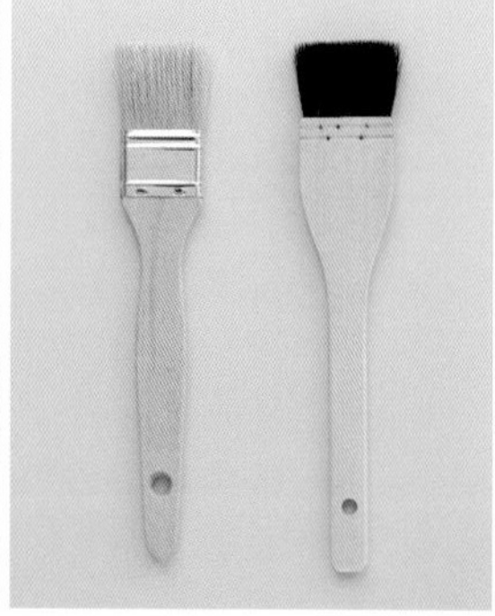

刷毛
生地に溶き卵を塗ったり、余分な打ち粉を払ったりするときに使用。用途に応じて、毛のかたさの違うものを用意する。発酵させた生地に卵を塗るときには、生地をいためないように毛質のやわらかいもの(右)を。マカロン生地を塗ったり、焼き上がったパンにジャムを塗ったりする場合は毛質のかたいもの(左)が使いやすい。

ビニール
乾燥を防ぐために生地にかけたり、包んだりする。分割や成形の途中で生地が乾燥しそうな場合はビニールをかける。冷蔵発酵させる生地も、ビニールで包んでから、冷蔵庫に入れる。

霧吹き
主にハード系のパンの焼成前に、生地に霧を吹くときに使う。なるべく細かい霧が出るものを選ぶ。

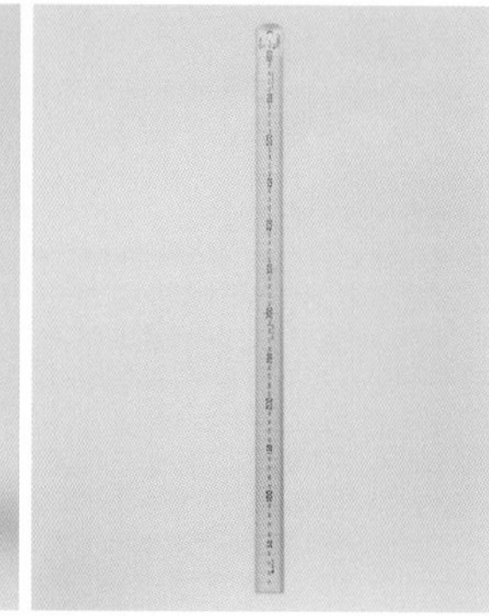

定規
生地の大きさや厚みをはかるのに使う。洗うことのできる金属製やプラスチック製のものが衛生的。

PART 1

5つの基本のパンとアレンジパン

バターロールや食パンのように日々の食卓でおなじみのパンから、クロワッサン、ベーグル、フォカッチャといった世界各地のパンまで、日本で食べることのできるパンの種類の豊富さは世界でもまれです。
この章では、その中でも定番といわれる5つのパンと、その5つの生地から作ることができるアレンジパンを掲載し、それぞれ手順を細かく追って説明しています。さらに、ここで紹介しているパンを作るときに生じる疑問を欄外にまとめ、その答えはPart 2のQ&Aに掲載しました。パンを作りながらその作業の意味を理解できる作りになっています。

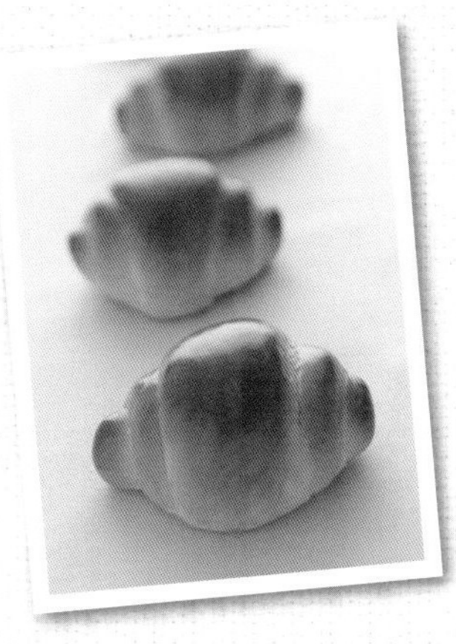

パンはこんなふうに特徴づけられます

パンには数え切れないほどの種類がありますが、大まかな特徴は4つのキーワードで表すことができます。まずは「リーン」と「リッチ」。リーンとは生地の材料が基本材料のみに近いパンを表し、副材料が増えるにつれてパンはリッチになっていきます。次に「ハード」と「ソフト」。これはでき上がったパンの食感を表し、かたいものをハード、やわらかいものをソフトといいます。これらのことばを組み合わせて、「フランスパンはリーンでハード」というように、そのパンの特徴を表現します。本書では、これらの特徴を理解しやすい代表的なものを5つ選び、基本のパンとして紹介しています。

フランスパン ➡P.58

ほとんど基本材料だけで作られる、基本中の基本となるパン。リーンでハードなパンの代表格。大きさ、形によって食感も変化するが、かみ応えのあるクラストとしっとりとしたクラムが特徴。材料がシンプルなだけに、おいしいパンに仕上げるには作る人の技術と経験が必要。

フランスパン生地を使ったアレンジ

ベーコンエピ ➡P.70
レーズンナッツスティック ➡P.76

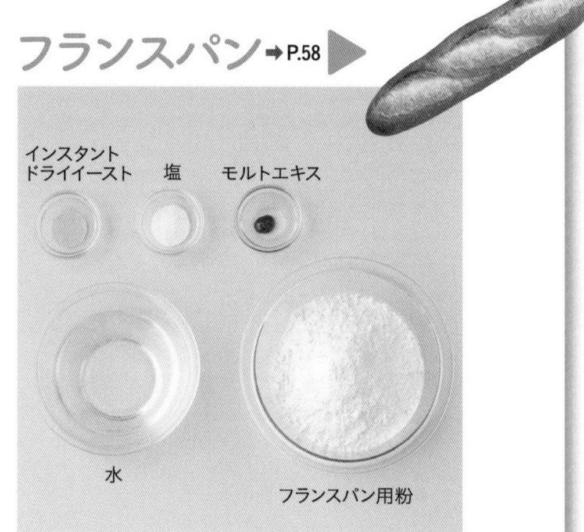

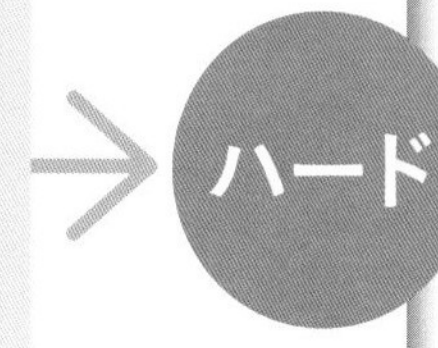

クラスト（パンの外皮）がかたいパンを表す。粉の焼けた香ばしい香りや発酵による風味が十分に引き出された、リーンな配合のパンに多い。

ハード

番外編

クロワッサン ➡P.102

通常のパン作りとは異なり、バターと生地を層状に折り重ねるパイ生地の技法を用いるので、独特な食感となる。サクサクとしたクラストとやわらかなクラムが特徴。バターを多く配合しているので、リッチなパンといえる。

クロワッサン生地を使ったアレンジ

パン・オ・ショコラ ➡P.118

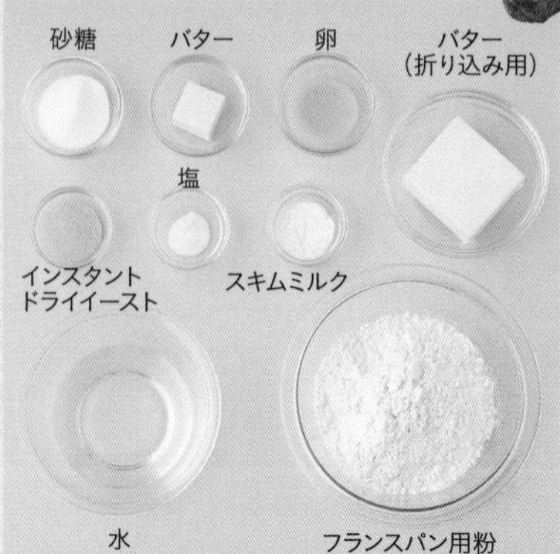

リーン

生地の材料が基本材料（小麦粉、イースト、水、塩）のみに近いパンを表す。「簡素な、脂肪のない」という意味。

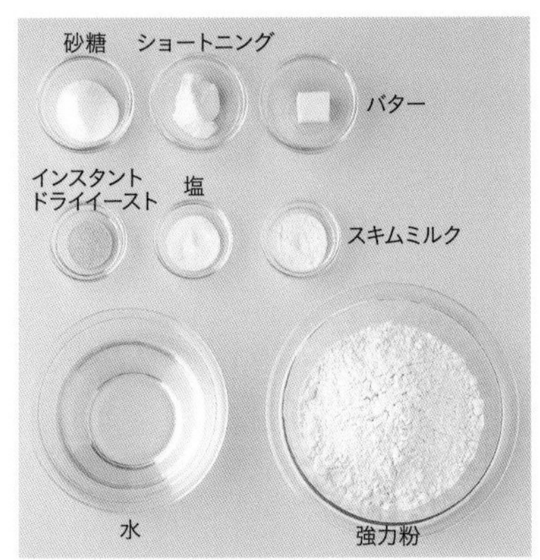

基本材料に少量の砂糖と油脂を配合した、ややリーンでソフトなパン。一般的に大型のパンは焼成に時間がかかるのでかたくなりやすいが、食パンは型に入れて焼くので大型だがソフトな食感になる。

山食パン ➡P.38

山食パン生地を使ったアレンジ

黒ごま食パン ➡P.50
シュガーバターコッペ ➡P.54

クラストとクラム（パンの中身）ともにやわらかく、ふっくらとしたパンを表す。リッチな配合のパンに多い。

バターロール ➡P.16

砂糖、バター、卵を多く配合した、リッチでソフトなベーシックな小型パン。小さく成形して短時間で焼くので、ソフトな食感になる。手ごねでも作りやすいパンの代表格。

バターロール生地を使ったアレンジ

ハムオニオンパン ➡P.28
ツォップフ ➡P.32

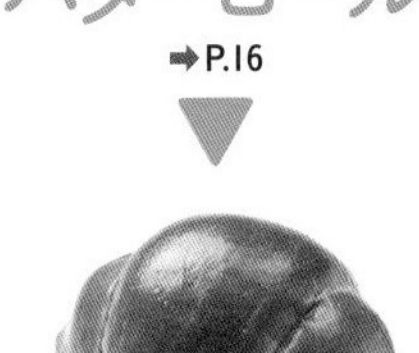

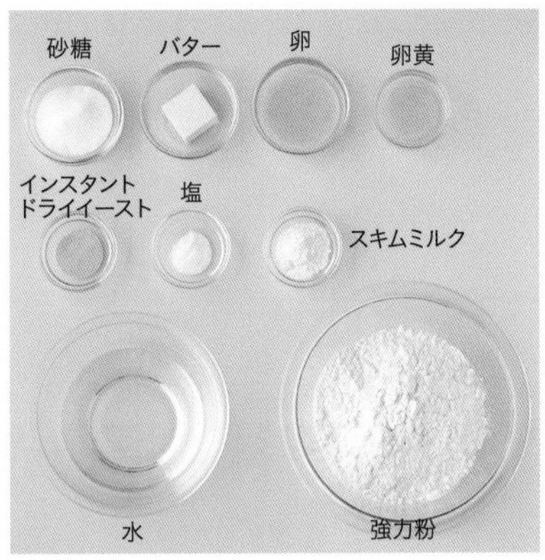

ブリオッシュ ➡P.80

バター、卵がたくさん配合される、最もリッチでソフトなパンの代表格。小型だが、バターロールに比べて長めに焼き、歯切れよく仕上げる。バターや卵がたくさん入るので生地がとてもやわらかく、冷蔵発酵させることが多い。

ブリオッシュ生地を使ったアレンジ

パン・オ・レザン ➡P.92
オレンジとチョコレートのブリオッシュ ➡P.96

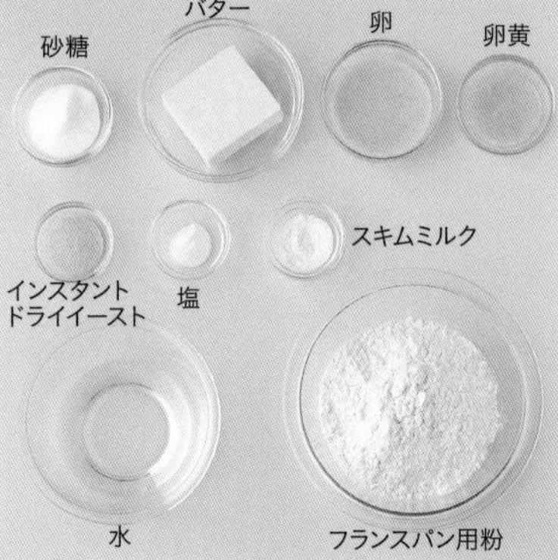

基本材料に副材料（砂糖、油脂、乳製品、卵など）を多く配合したパンを表す。「豊富な、コクのある」という意味。

バターロール

ほのかな甘みとバターの風味いっぱいの、どんな人にも好まれるパン。
バターや卵、スキムミルクが入る分、
味わいはややリッチでソフトな食感です。
型がなくても作れるので、
はじめに挑戦するパンとしてもおすすめです。

材料（8個分）

	分量(g)	ベーカーズパーセント(%)[Q71]
強力粉	200	100
砂糖	24	12
塩	3	1.5
スキムミルク	8	4
バター	30	15
インスタントドライイースト	3	1.5
卵	20	10
卵黄	4	2
水	118	59
卵（焼成用）	適量	

下準備

- 水は調温する。[Q80]
- バターは室温で戻す。[Q42]
- 発酵用のボウル、オーブンプレートにショートニングを塗る。
- 焼成用の卵はよく溶きほぐし、茶こしでこす。

こね上げ温度	28℃
発酵	50分（30℃）
分割	8等分
ベンチタイム	15分
最終発酵	60分（38℃）
焼成	10分（220℃）

Q71 ベーカーズパーセントって何ですか？
➡P.149

Q80 仕込み水の温度はどうやって決めたらいいですか？
➡P.152

Q42 バターを室温で戻すとは、どんな状態になればいいのですか？
➡P.141

Q85 水以外の材料を先に混ぜ合わせておくのはなぜですか？
➡P.154

Q78 仕込み水、調整水って何ですか？
➡P.152

Q86 水を加えたら、すぐに混ぜたほうがいいですか？
➡P.154

こね

1 ボウルに強力粉、砂糖、塩、スキムミルク、インスタントドライイーストを入れ、泡立て器で全体を混ぜ合わせる。[Q85]

2 分量の水から調整水を取り分け、[Q78]残りの水に卵、卵黄を加えて混ぜる。

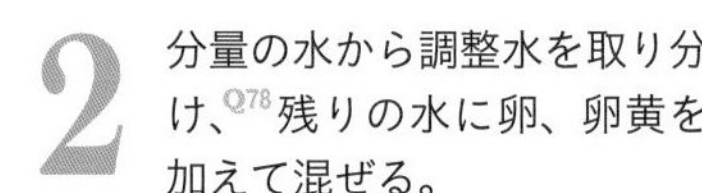

※卵や卵黄の使用量はほかの材料に比べて多くはないが、生地に大きな影響を与えるので、へらなどを使って、残さず加える。

3 2を1に加え、手で混ぜ合わせる。[Q86]

※徐々に粉気がなくなり、生地がまとまってくる。

4 生地のかたさを確かめながら、**2**の調整水を加え、[Q83,84]さらに混ぜ合わせる。

※粉気の残っているところに加えると、生地がまとまりやすい。

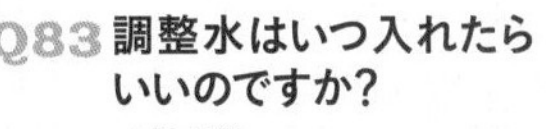

Q83 調整水はいつ入れたらいいのですか？
➡P.153

Q84 調整水は全部使っていいですか？
➡P.153

5 粉気がなくなってひとまとまりになるまでさらに混ぜ合わせ、生地を作業台に取り出す。ボウルについた生地もカードを使い、きれいにこそげ取る。

10分

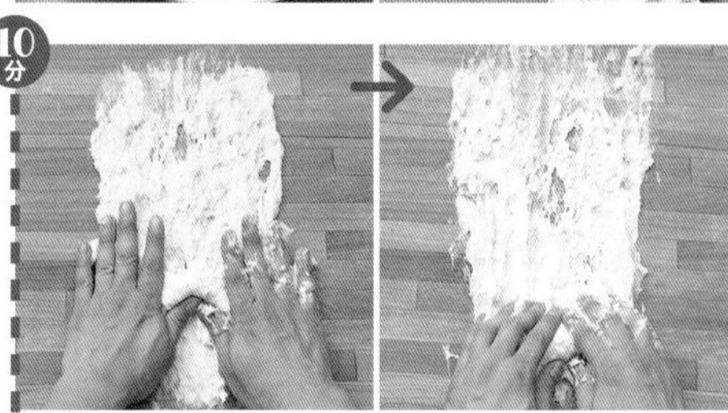

6 両手を大きく前後に動かして、手のひらで生地を台にこすりつけるようにしてこねる。[Q89,91]

※生地はひとまとまりになっているが、材料が均質に混ざっていないので、場所によって生地のかたさにむらがある。まずは全体が同じかたさになるまでこねる。

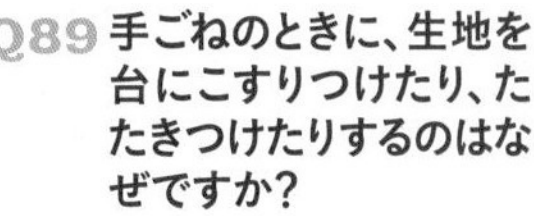

Q89 手ごねのときに、生地を台にこすりつけたり、たたきつけたりするのはなぜですか？
➡P.155

Q91 手ごねでは、何分こねたらいいですか？
➡P.157

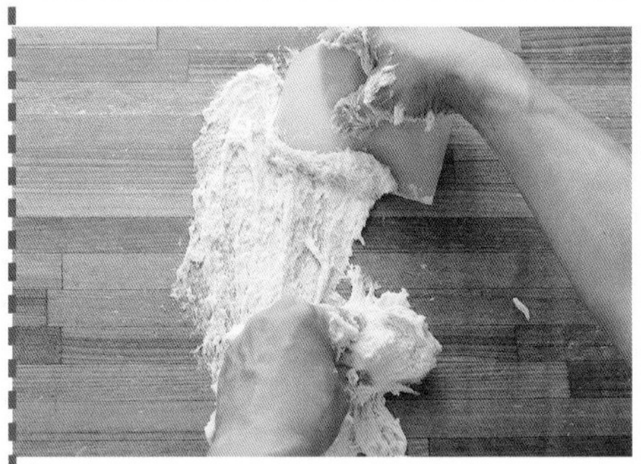

7 こねている途中で生地が台に広がりすぎたら、カードでかき集めてまとめる。カードや手についた生地も落とし、[Q99]再び台にこすりつけるようにしてさらにこねる。

Q99 手やカードについた生地をきれいに取るのはなぜですか？
➡P.160

8 ときどき**7**のように生地を落としながら、全体が均質な状態になるようにこねる。

※かたさにむらがなくなり、見た目にもなめらかな状態になるにつれ、生地がやわらかく感じられる。さらにこねていくと、生地は粘りを増し、重くなってくる。

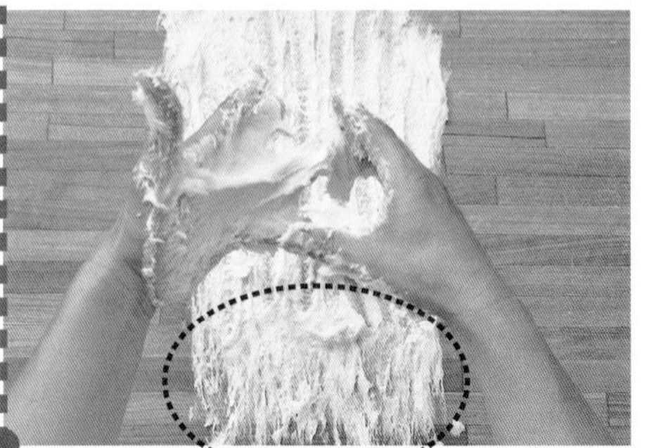

9 さらにこねていくと、生地の端の一部が少し台からはがれるようになってくる（写真の点線囲み部分参照）。

※粘りに加えて弾力が出てきて、生地が少しはがれるようになる。この状態になったら、たたきつけに移る。卵が入っているので非常に粘りが強く、まだ手にもくっつきやすい。

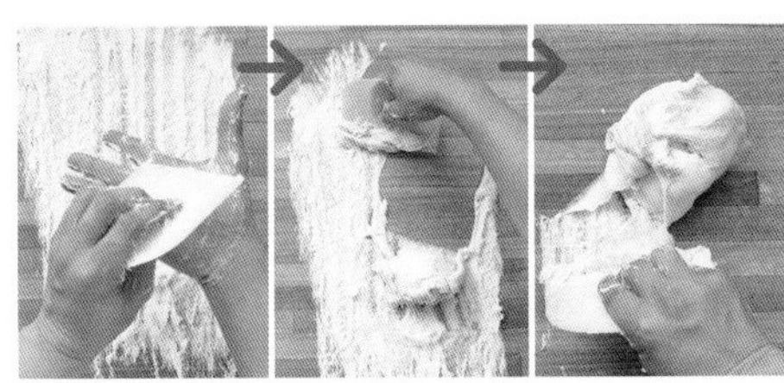

10 台やカード、手についた生地をていねいに取り、生地をひとつにまとめる。

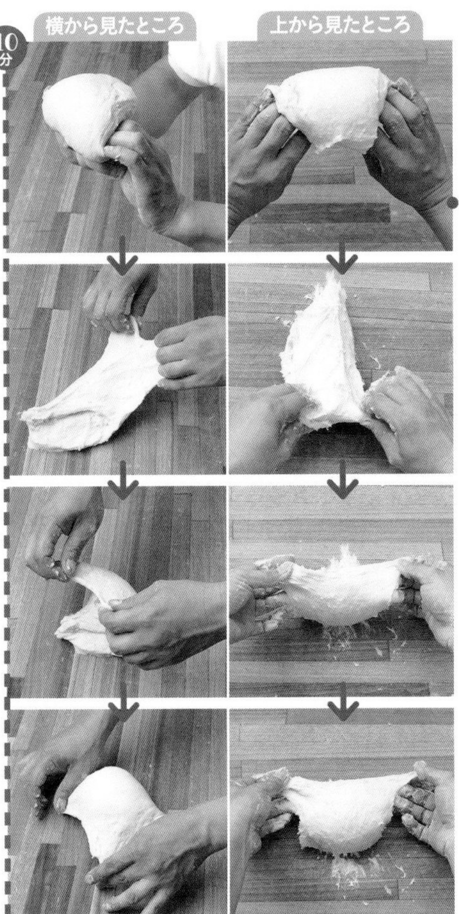

11 生地を持ち上げて台にたたきつけ、手前に軽く引っ張ってから、向こう側に返す。

POINT
生地を持ち上げるときは、手首を使って振り上げる。反動で生地がのびるので、それを台にたたきつける。

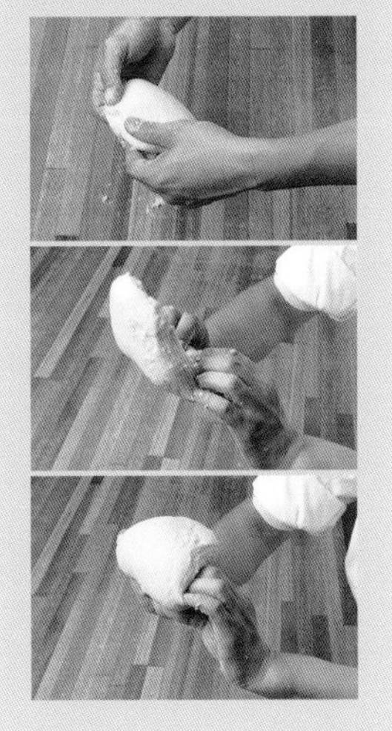

12 生地を持つ位置を90度変え、生地の向きを変える。

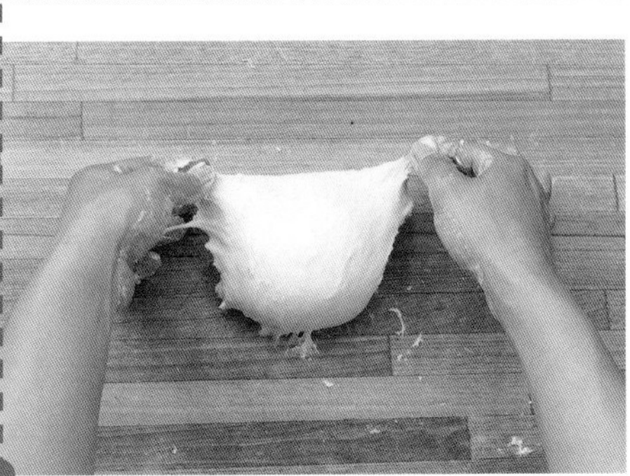

13 11〜12の動作を繰り返し、台にたたきつけながら生地の表面がなめらかになるまでこねる。Q97,98

※たたきはじめは手にも台にもくっつくくらいに生地がやわらかく、生地のつながりも弱いので、たたきつける力加減に注意する。生地に弾力が出てきたら、強くたたきつけるようにする。

Q97 手ごねの途中で生地が締まってきて、うまくこねられません。
➡P.160

Q98 たたきつけてこねるときに、生地が破れたり穴があいたりします。
➡P.160

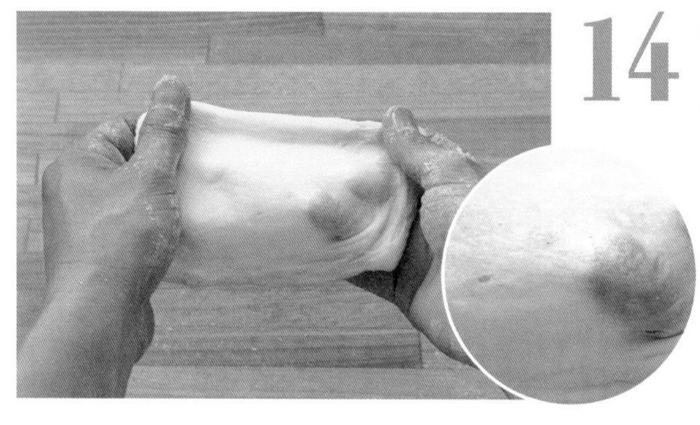

14 生地の一部を取って指先を使ってのばし、生地の状態を確認する。

※生地につながりができ、のびるようになっているが、まだ少し厚みがある。こねることで生地に空気が入り、表面に小さな気泡が確認できる。この状態になったら、バターを加える。

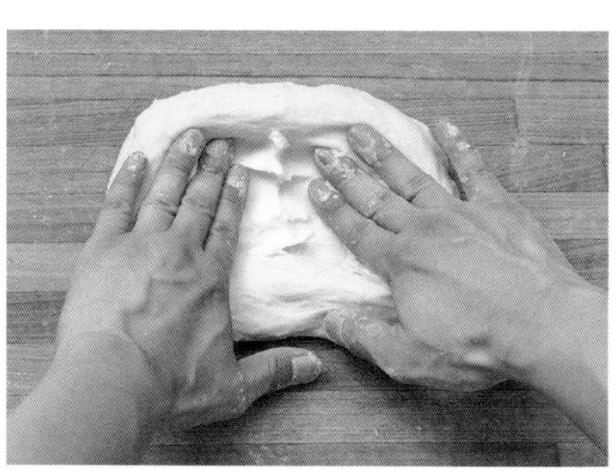

15 生地をまとめ、押さえて広げる。バターをのせ、手でつぶして生地全体に広げる。Q87

Q87 バターなどの油脂を後から加えるのはなぜですか？
➡P.154

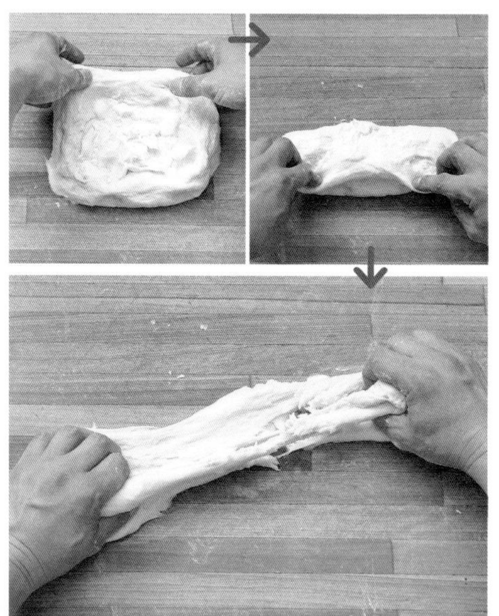

16 生地を半分に折りたたみ、両手で引きちぎる。

17 生地が細かくなるまで、引きちぎる動作を繰り返す。

※生地を細かくして表面積を増やすことで、バターと生地が混ざりやすくなる。

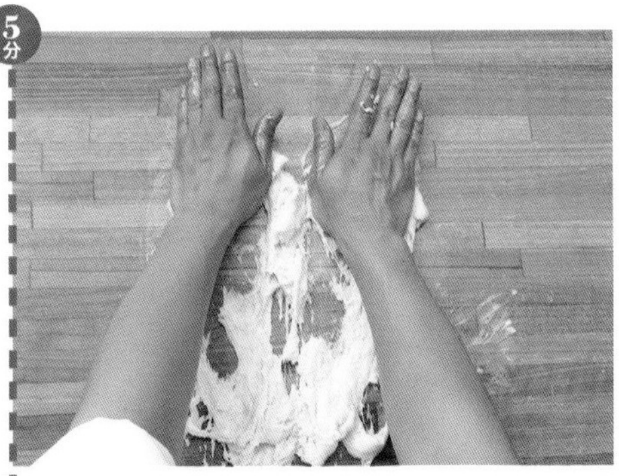

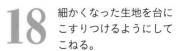

18 細かくなった生地を台にこすりつけるようにしてこねる。

※徐々にひとまとまりになってくるが、バターが入っているので生地がすべって台にくっつきにくい。

19 さらにこねると、生地が台にくっつくようになってくる。

※バターが全体に混ざっていないため、まだ生地の見た目やかたさにむらがある。

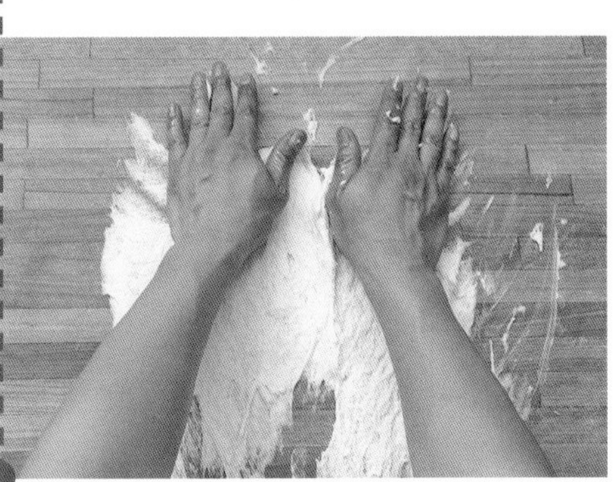

20 ときどき**7**のように台やカード、手についた生地を落としながら、生地の端の一部が台からはがれるようになるまでこねる。

※バターが全体になじみ、生地がなめらかな状態になる。さらにこね、生地が台からはがれるようになったら、たたきつけに移る。

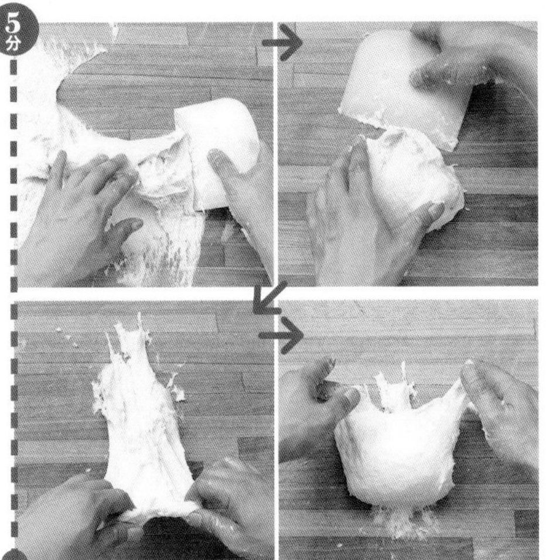

21 台やカード、手についた生地をひとつにまとめ、**11〜12**の要領で、再び台にたたきつけてこねる。

※バターを入れる前は台から完全にはがれなかった生地が、きれいにはがれるようになる。生地の表面がなめらかになるまでしっかりとこねる。

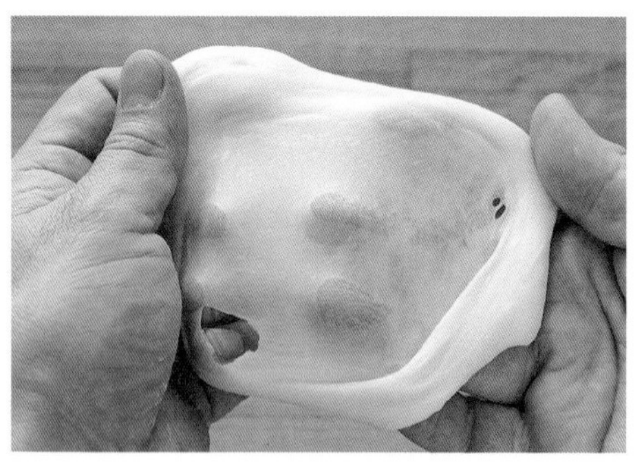

22 生地の一部を取って指先を使ってのばし、生地の状態を確認する。[Q93,95]

※バターを入れる前は少し厚みのあった生地が、指紋が透けて見えるくらい薄くのびるようになったらこね上がり。生地にあいた穴の縁はなめらかな状態がよい。

Q93 生地のこね上がりはどのようにして確認すればいいですか？
➡P.158

Q95 こね足りなかったり、こねすぎたりするとどうなりますか？
➡P.159

23 生地をまとめ、両手で軽く手前に引き寄せ、生地の表面を張る。

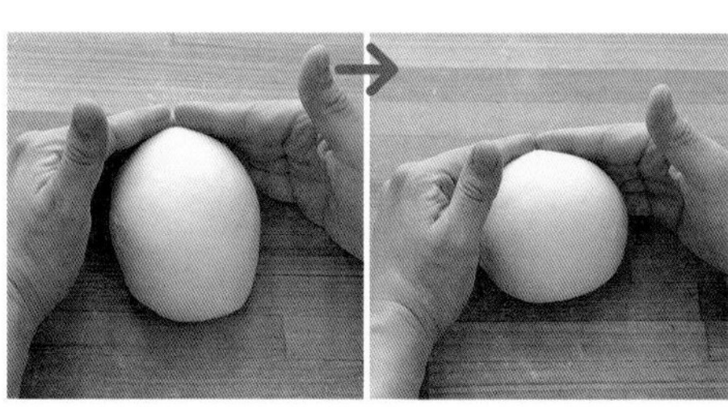

24 向きを90度変え、生地を引き寄せる。これを数回繰り返し、生地の表面が張るように、丸く形を整える。

25 ボウルに入れ、[Q102]生地のこね上げ温度をはかる。[Q77]こね上げ温度の目安は28℃。[Q96]

Q102 こね上がった生地を入れる容器の大きさはどのくらいがいいですか？
➡P.162

Q77 こね上げ温度って何ですか？
➡P.151

Q96 こね上げ温度が目標通りにならなかったら、どうしたらいいですか？
➡P.159

発酵

26 発酵器に入れ、[Q57]30℃で50分発酵させる。[Q104]

Q57 発酵器って何ですか？
➡P.145

Q104 発酵のベストな状態の見極め方を教えてください。
➡P.162

Q75 打ち粉って何ですか?
➡P.151

(A)
(B)

分割

27 まずボウルごと生地の重さ（A）を計量する。次に生地が裏返しになるようにボウルから取り出し、ボウルの重さ（B）を計量する。AからBを引き、生地の重さを出す。これを8で割り、1個あたりの生地の重さを出す。

※分割、成形の工程で生地がべたつくときは、必要に応じて生地や台に打ち粉をふる。Q75

Q120 分割するときに、カードなどで押し切るのはなぜですか?
➡P.169

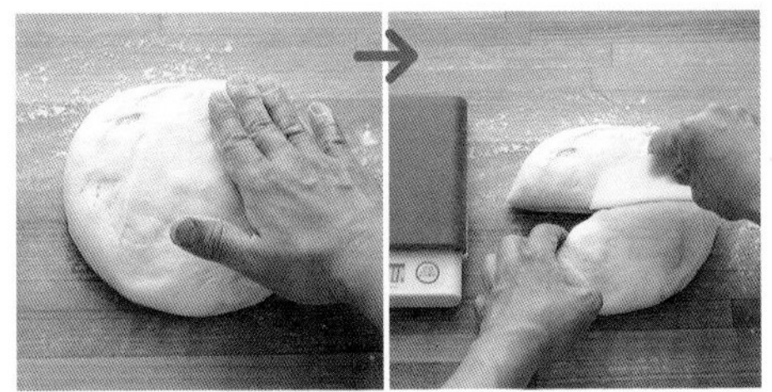

28 取り出した生地を軽く押さえ、目分量で全体の1/8量の生地を切り取り、Q120 計量する。

※取り出した生地は膨らんでいるので、軽く押さえて厚みをそろえると等分しやすい。

Q121 均等に分割するのはなぜですか?
➡P.170

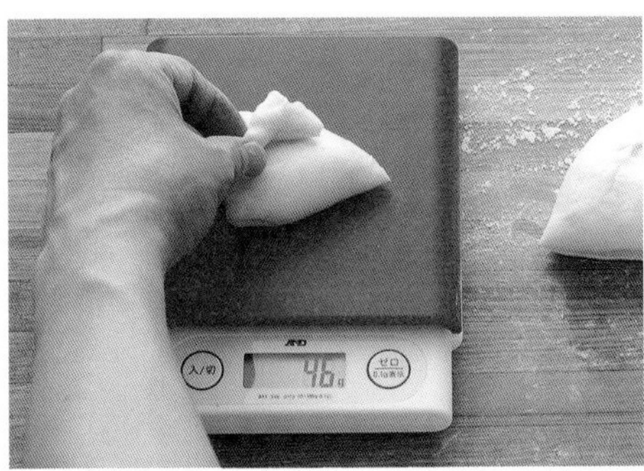

29 27で計算した1個あたりの生地の重さになるように、生地を足したり、切り取ったりして調整する。Q121

※次の工程できれいな面が表になるように丸めるので、生地を足す場合はその面を避けてのせる。

Q123 丸めのコツを教えてください。また、どの程度まで丸めればいいですか?
➡P.170

丸め Q123

30 生地を手のひらにのせて押さえ、ガスを抜く。きれいな面を上にして、反対の手で生地を包み込む。

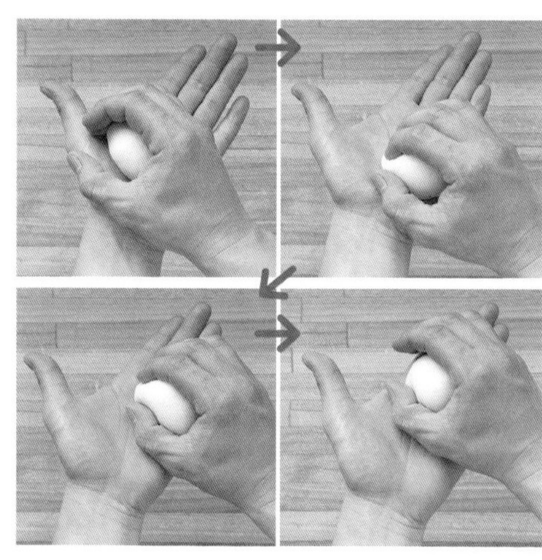

31 生地を包み込んでいる右手を反時計回り（左手で丸める場合は時計回り）に動かし、生地を丸めて表面を張る。[Q124]

※張りが出るようにしっかりと丸める。

Q124 丸めるときに生地の表面を張るのはなぜですか?
➡P.171

32 布を敷いた板の上に並べる。[Q63]

※丸め、成形の工程で、置いている生地が乾燥しすぎるようなら、必要に応じてビニールをかける。

Q63 生地をのせる布はどのようなものが適していますか?
➡P.147

ベンチタイム[Q128]

33 発酵器に戻し、15分休ませる。[Q130]

Q128 なぜベンチタイムが必要なのですか?
➡P.173

Q130 ベンチタイム終了の見極め方を教えてください。
➡P.174

成形

34 生地を手のひらで押さえてガスを抜く。

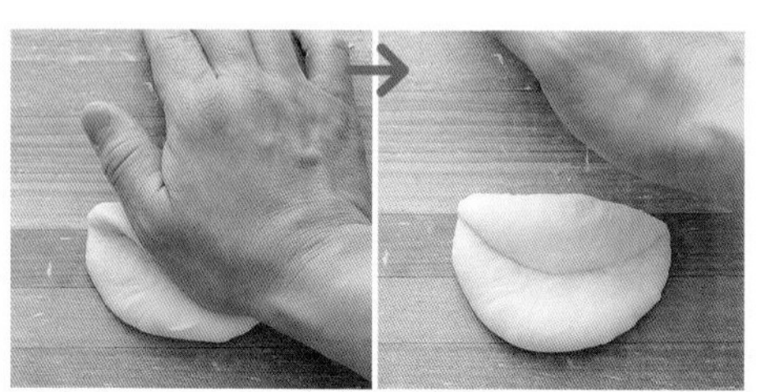

35 きれいな面を下にして、向こう側から1/3を折り返し、手のひらのつけ根で生地の端を押さえてくっつける。

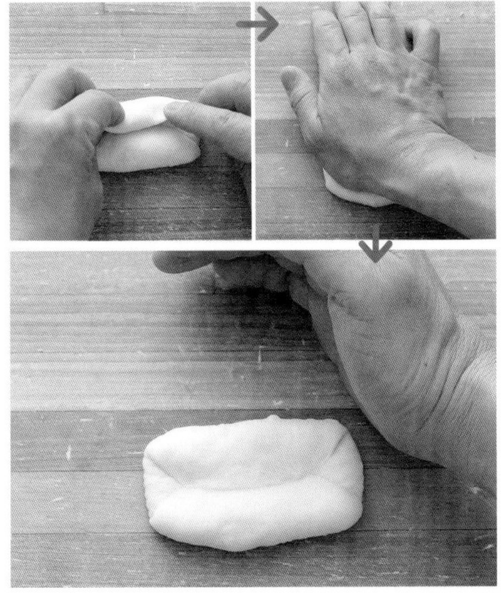

36 生地の向きを180度変え、向こう側から⅓を折り返し、生地の端を押さえてくっつける。

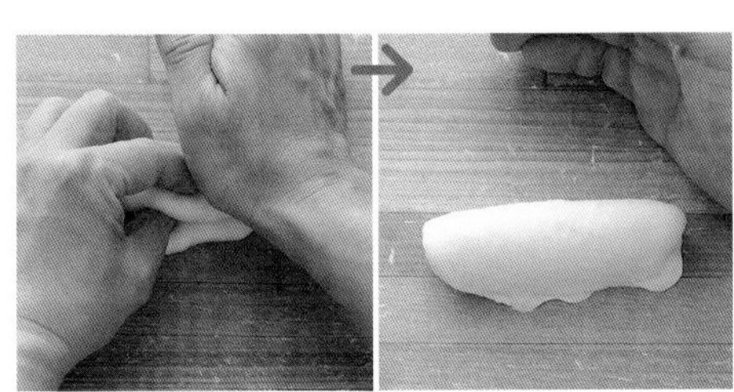

37 向こう側から半分に折りながら、生地の端をしっかりと押さえてとじる。
※手のひらのつけ根で生地の端を押さえることで、生地の表面がしっかりと張る。

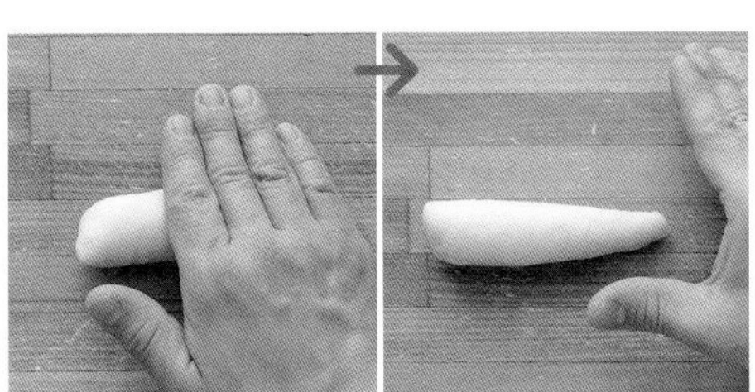

38 片手で上から軽く押さえながら転がし、片方の端が太くて反対の端が細い12cm長さの棒状にする。
※小指側を少し下げるように手のひらを傾けて転がすと細くなる。

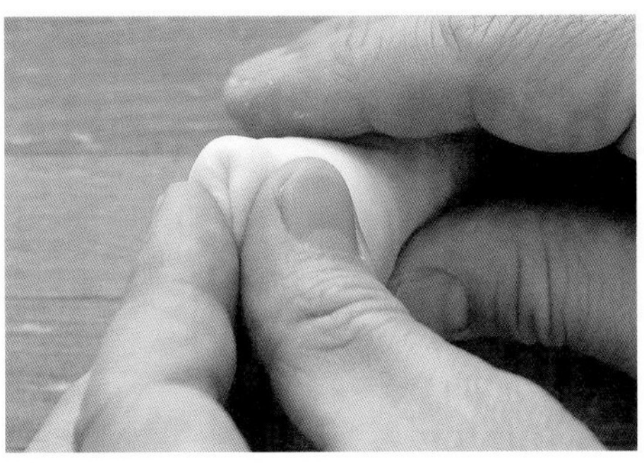

39 太いほうの端の生地をつまんでとじる。
※太いほうをつまんでとじておくと、麺棒をかけたときにきれいな形にのびる。

40 布の上に並べて発酵器に戻し、生地が少しゆるむまで休ませる。
※休ませることで、麺棒をかけたときに生地が無理なくのびる。生地を指で押さえて、跡が残るくらいが目安。

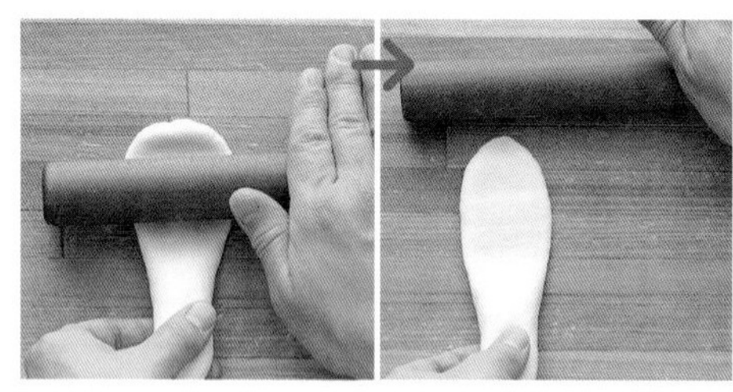

41 細いほうを手前にし、中央から向こう側へ向かって麺棒をかける。

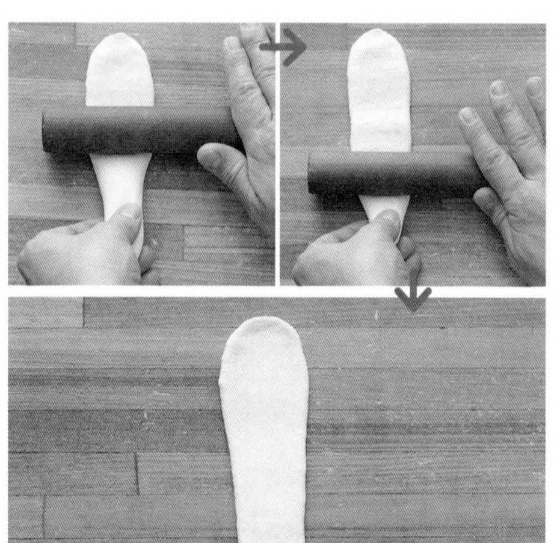

42 次に生地の中ほどを持ち、軽く引っ張ってのばしながら、中央から手前に向かって麺棒をかける。

※生地を持つ手を少しずつ手前にずらしながら引っ張る。全体が同じ厚みになり、ガスがしっかり抜けるまで麺棒をかける。一度でのびなければ、生地を台からはがしてから41〜42を繰り返す。

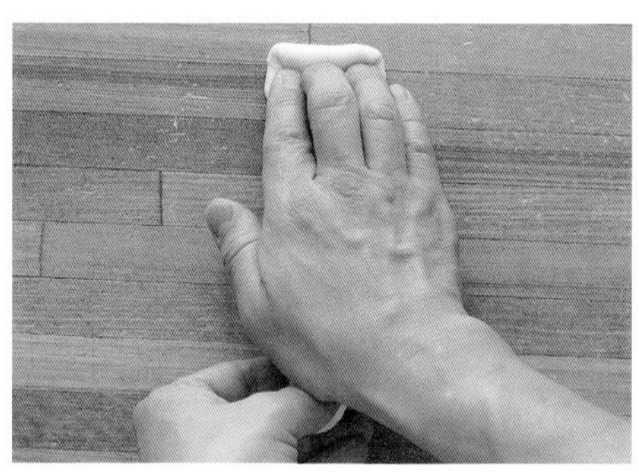

43 37のとじ目を上にし、向こう側の端を少し折り返して軽く押さえる。

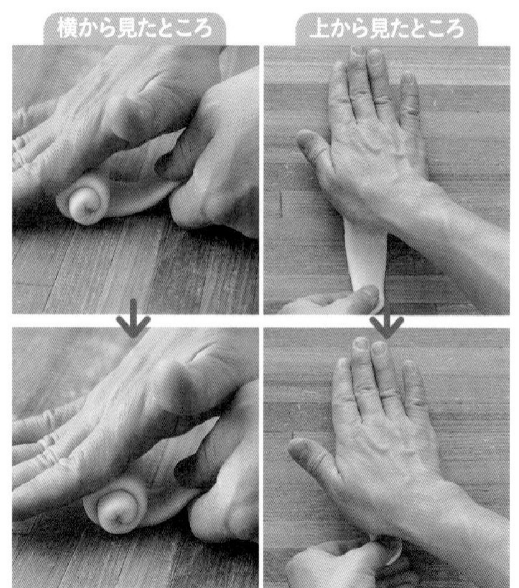

44 上から軽く押さえながら、向こう側から手前に向かって巻く。

※強く押さえると、きつく巻けてしまうので注意する。巻き目が左右対称になっていると、焼き上がりがきれい。

Q132 **成形するときに、とじ目をつまんだり、押さえたりするのはなぜですか?**
➡P.175

45 巻き終わりをつまんでくっつける。Q132

Q133 **とじ目を下にして生地を並べるのはなぜですか?**
➡P.175

Q134 **オーブンプレートに生地を並べるときに注意することはありますか?**
➡P.175

46 巻き終わりを下にして、Q133 オーブンプレートに並べる。Q134

Q113 **最終発酵の見極め方を教えてください。**
➡P.166

最終発酵

47 発酵器に入れ、38℃で60分発酵させる。Q113

Q142 **溶き卵を上手に塗るポイントを教えてください。**
➡P.179

Q143 **溶き卵を塗るときに注意する点は何ですか?**
➡P.179

Q145 **レシピ通りの温度と時間で焼いたら焦げます。**
➡P.180

Q157 **焼成したバターロールの巻き目が割れるのはどうしてですか?**
➡P.184

Q147 **焼成後すぐにオーブンプレートからはずしたり、型から出したりするのはなぜですか?**
➡P.180

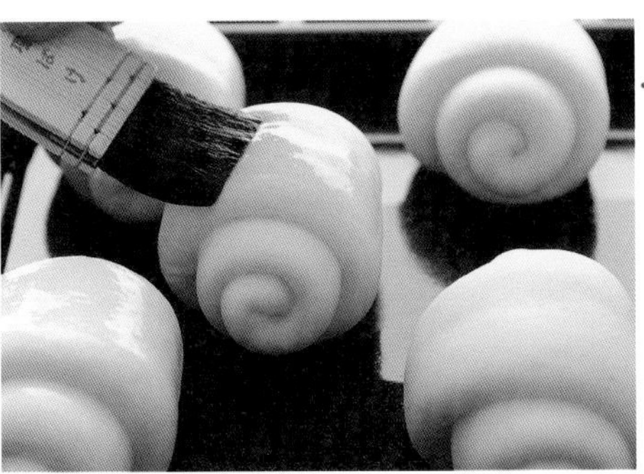

焼成

48 生地の表面に巻き目と平行に溶き卵を塗り、Q142,143 220℃のオーブンで10分焼く。Q145,157
※オーブンプレートに溶き卵がたれないように気をつける。

49 オーブンから取り出し、クーラーにのせて冷ます。Q147

バターロール生地を使ったアレンジ――❶

ハムオニオンパン

バターロール生地でロースハムを巻き、
玉ねぎとチーズをトッピングしたシンプルな惣菜パンです。
玉ねぎをカレー味にしたり、ピザソースを塗ってピザパンにしたりと、
アイデア次第でいろんなバリエーションが楽しめます。

材料（6個分）

	分量(g)	ベーカーズパーセント(%) [Q71]
強力粉	200	100
砂糖	24	12
塩	3	1.5
スキムミルク	8	4
バター	30	15
インスタントドライイースト	3	1.5
卵	20	10
卵黄	4	2
水	118	59

ロースハム	6枚
玉ねぎ	60g
サラダ油、塩、こしょう	各適量
ピザ用チーズ	60g
マスタード	適量
パセリ	適量

※アルミケースのサイズは底部直径9cm、高さ2cm

下準備

- 水は調温する。[Q80]
- バターは室温で戻す。[Q42]
- 発酵用のボウルにショートニングを塗る。
- 玉ねぎは薄切りにし、サラダ油で色づかないように炒め、塩、こしょうで味を調える。

こね上げ温度	28℃
発酵	50分(30℃)
分割	6等分
ベンチタイム	15分
最終発酵	45分(38℃)
焼成	10分(220℃)

Q71 ベーカーズパーセントって何ですか？
➡P.149

Q80 仕込み水の温度はどうやって決めたらいいですか？
➡P.152

Q42 バターを室温で戻すとは、どんな状態になればいいのですか？
➡P.141

Q63 生地をのせる布はどのようなものが適していますか？
➡P.147

Q75 打ち粉って何ですか？
➡P.151

Q128 なぜベンチタイムが必要なのですか？
➡P.173

Q130 ベンチタイム終了の見極め方を教えてください。
➡P.174

こね〜発酵〜分割〜丸め

1 バターロール（P.16）の**1**〜**26**と同様にして生地をこね、発酵させる。**27**〜**29**と同様の方法で、生地を6等分にする。**30**〜**31**と同様にして生地を丸め、布を敷いた板の上に並べる。[Q63]

※分割、成形の工程で生地がべたつくときは、必要に応じて生地や台に打ち粉をふる。[Q75]

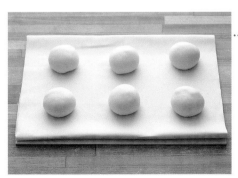

ベンチタイム [Q128]

2 発酵器に戻し、15分休ませる。[Q130]

成形

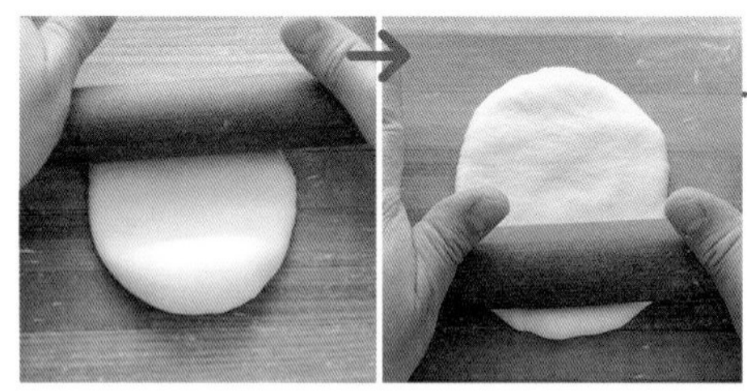

3 生地の中央から向こう側へ、次に中央から手前に向かって麺棒をかける。ときどき生地の向きを変えながら、これを繰り返してガスをしっかり抜き、円形にのばす。

※ロースハムより少し大きめにのばす。

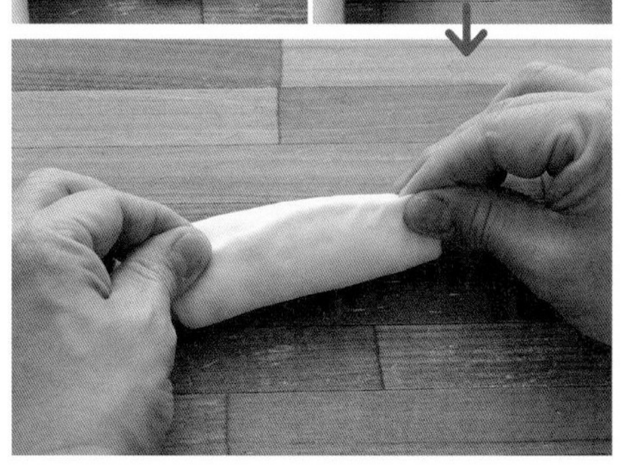

4 ロースハムをのせてマスタードを塗る。向こう側から手前に向かって巻き、巻き終わりをつまんでくっつける。

※マスタードの量は好みで加減する。すき間ができないように巻く。

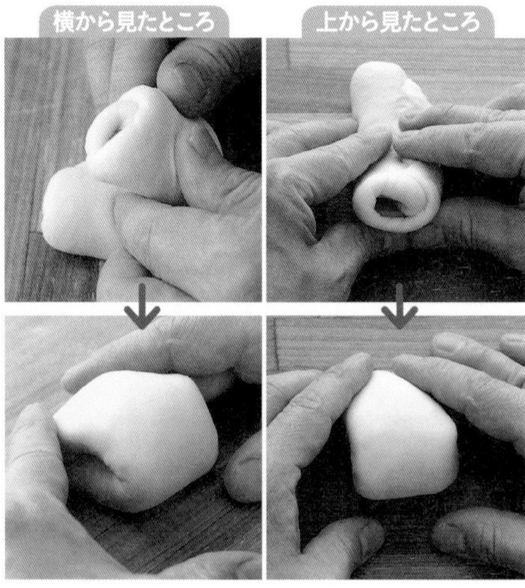

5 巻き終わりが内側になるようにして、手前から向こう側に折り、端を押さえる。

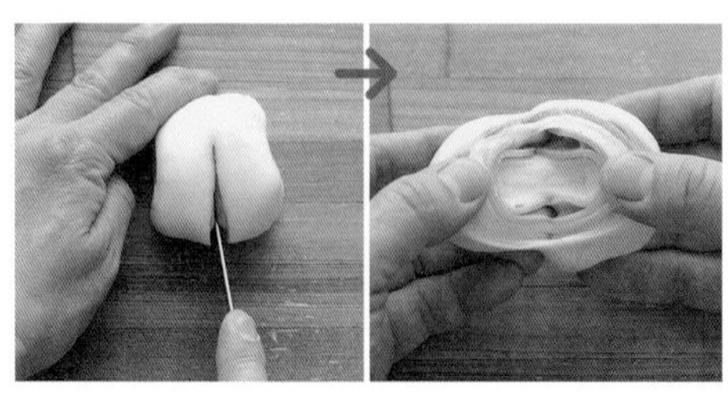

6 生地の手前から$\frac{2}{3}$程度まで、包丁で切り込みを入れ、切り込みを開いて広げる。

7 形を整え、アルミケースに入れる。

※アルミケースに入れたら、手で上からしっかりと押さえ、焼き色や焼き加減にむらができないように、なるべく平らにする。

Q134 オーブンプレートに生地を並べるときに注意することはありますか?
➡P.175

8 オーブンプレートに並べる。Q134

Q113 最終発酵の見極め方を教えてください。
➡P.166

最終発酵

9 発酵器に入れ、38℃で45分発酵させる。Q113

焼成

10 炒めた玉ねぎ、ピザ用チーズをそれぞれ6等分してのせる。

Q139 霧を吹いてから焼くとどうなりますか?
➡P.177

Q145 レシピ通りの温度と時間で焼いたら焦げます。
➡P.180

Q147 焼成後すぐにオーブンプレートからはずしたり、型から出したりするのはなぜですか?
➡P.180

11 生地の表面が軽くぬれる程度に霧を吹く。Q139 220℃のオーブンで10分焼き、Q145 クーラーにのせて冷まし、Q147 パセリを飾る。

バターロール生地を使ったアレンジ—— 2

ツォップフ

バターロール生地にレーズンを入れて三つ編みにした簡単アレンジ。
ツォップフとは、「おさげ髪」という意味のドイツの編みパンです。
色が薄くあっさりとした甘みのサルタナレーズンを使っていますが、
カリフォルニアレーズンでもおいしくできます。

材料（2個分）

	分量(g)	ベーカーズパーセント(%)[Q71]
強力粉	200	100
砂糖	24	12
塩	3	1.5
スキムミルク	8	4
バター	30	15
インスタントドライイースト	3	1.5
卵	20	10
卵黄	4	2
水	118	59
サルタナレーズン	60	30

アーモンド	50g
あられ糖	50g
卵（焼成用）	適量

下準備

- 水は調温する。[Q80]
- バターは室温で戻す。[Q42]
- サルタナレーズンはぬるま湯でさっと洗い、[Q53]ざるに上げて水気をしっかりと切る。
- 発酵用のボウル、オーブンプレートにショートニングを塗る。
- 焼成用の卵はよく溶きほぐし、茶こしでこす。
- アーモンドは粗く刻む。

こね上げ温度	28℃
発酵	50分（30℃）
分割	6等分
ベンチタイム	15分
最終発酵	45分（38℃）
焼成	14分（210℃）

Q71 ベーカーズパーセントって何ですか？
➡P.149

Q80 仕込み水の温度はどうやって決めたらいいですか？
➡P.152

Q42 バターを室温で戻すとは、どんな状態になればいいのですか？
➡P.141

Q53 レーズンをぬるま湯で洗ってから使うのはどうしてですか？
➡P.144

こね

1 バターロール（P.16）の**1**～**22**と同様にして生地をこねる。生地を押さえて広げ、全体にサルタナレーズンを散らし、軽く押さえる。

2 向こう側から手前に向かって生地を巻き、巻き終わりを上にして全体を押さえる。

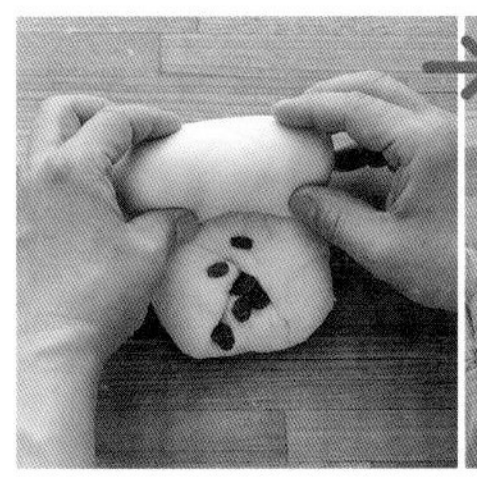

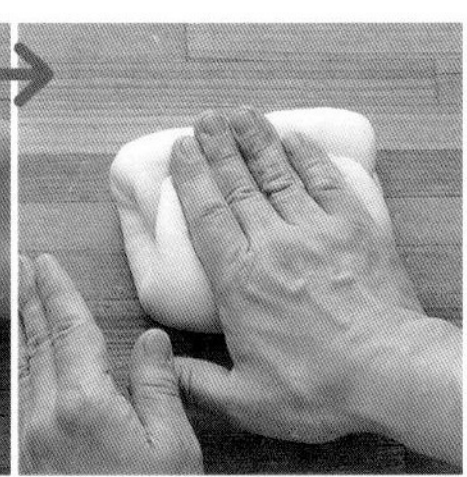

3 生地の向きを90度変えて、**2**と同様に生地を巻いて押さえる。これをレーズンが全体に混ざるまで繰り返す。

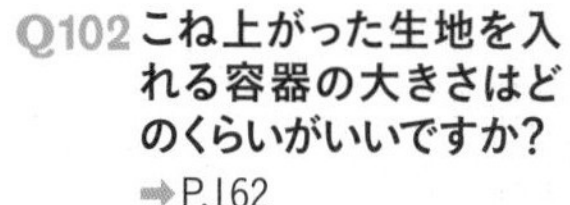

4 バターロール（P.16）の**23〜24**と同様にして生地を丸くまとめ、ボウルに入れ、[Q102]生地のこね上げ温度をはかる。[Q77]こね上げ温度の目安は28℃。[Q96]

発酵

5 発酵器に入れ、[Q57]30℃で50分発酵させる。[Q104]

分割〜丸め

6 バターロール（P.16）の**27〜29**と同様の方法で、生地を6等分にする。**30〜31**と同様にして生地を丸め、[Q123,124]布を敷いた板の上に並べる。[Q63]

※分割、成形の工程で生地がべたつくときは、必要に応じて生地や台に打ち粉をふる。[Q75]

ベンチタイム[Q128]

7 発酵器に戻し、15分休ませる。[Q130]

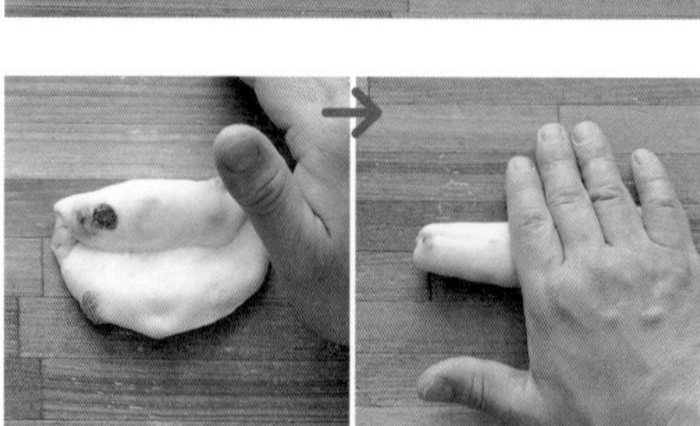

成形

8 バターロール（P.16）の**34〜37**と同様にして生地を棒状にする。片手で上から軽く押さえながら転がし、15cm長さの棒状にする。

Q102 こね上がった生地を入れる容器の大きさはどのくらいがいいですか？
➡P.162

Q77 こね上げ温度って何ですか？
➡P.151

Q96 こね上げ温度が目標通りにならなかったら、どうしたらいいですか？
➡P.159

Q57 発酵器って何ですか？
➡P.145

Q104 発酵のベストな状態の見極め方を教えてください。
➡P.162

Q123 丸めのコツを教えてください。また、どの程度まで丸めればいいですか？
➡P.170

Q124 丸めるときに生地の表面を張るのはなぜですか？
➡P.171

Q63 生地をのせる布はどのようなものが適していますか？
➡P.147

Q75 打ち粉って何ですか？
➡P.151

Q128 なぜベンチタイムが必要なのですか？
➡P.173

Q130 ベンチタイム終了の見極め方を教えてください。
➡P.174

9 布の上に並べて発酵器に戻し、生地が少しゆるむまで休ませる。

※休ませることで、生地をさらに長くのばすときに無理なくのびる。生地を指で押さえて、跡が残るくらいが目安。

Q132 成形するときに、とじ目をつまんだり、押さえたりするのはなぜですか？
➡P.175

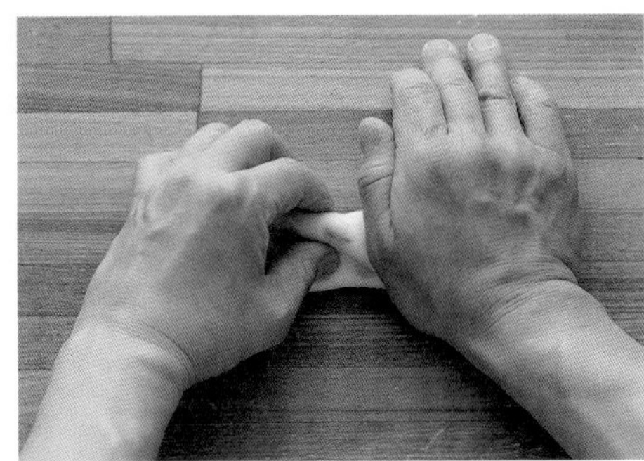

10 生地を手のひらで押さえてガスを抜く。とじ目を上にし、向こう側から半分に折りながら、手のひらのつけ根で生地の端をしっかりと押さえてとじる。Q132

Q173 棒状の成形がうまくいきません。
➡P.191

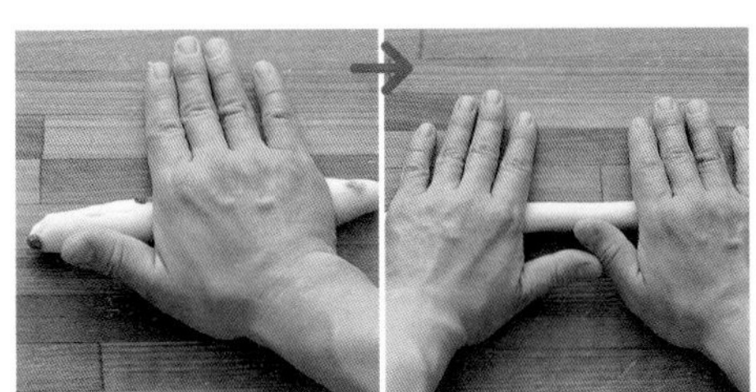

11 上から軽く押さえながら転がし、25cm長さの棒状にする。Q173

※生地を長くのばすときは、まず片手で生地の中央を転がして細くする。次に両手で転がしながら、中央から端に向かってのばしていく。

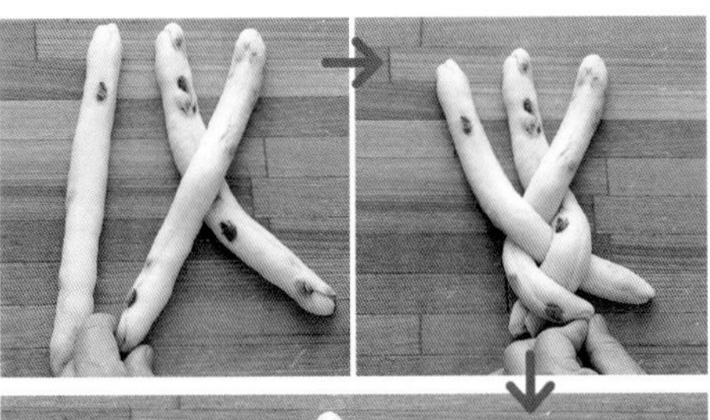

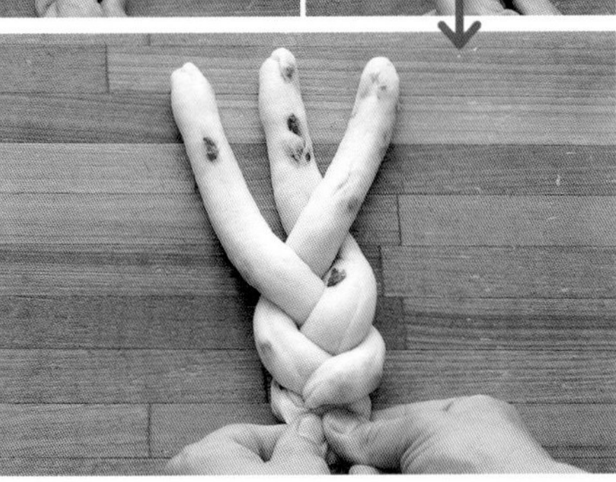

12 **10**のとじ目を上にして生地を3本並べ、手前半分を三つ編みにする。編み終わりの端をつまんで、しっかりとくっつける。

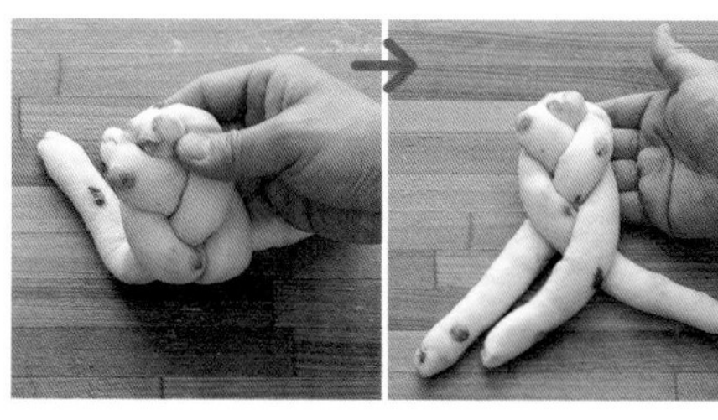

13 手前が向こう側、とじ目が下になるように生地をひっくり返す。

14 残りの部分も三つ編みにし、編み終わりをつまんでしっかりとくっつける。

15 編み上がり。

※上半分と下半分に分けて編むことで、きれいな形になる。

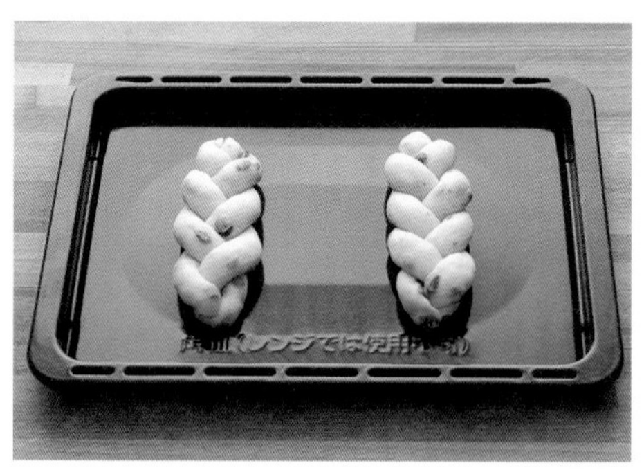

16 とじ目を下にして、[Q133] オーブンプレートに並べる。[Q134]

Q133 **とじ目を下にして生地を並べるのはなぜですか?**
➡P.175

Q134 **オーブンプレートに生地を並べるときに注意することはありますか?**
➡P.175

最終発酵

17 発酵器に入れ、38℃で45分発酵させる。[Q113]

Q113 **最終発酵の見極め方を教えてください。**
➡P.166

Q142 **溶き卵を上手に塗るポイントを教えてください。**
➡P.179

Q143 **溶き卵を塗るときに注意する点は何ですか?**
➡P.179

焼成

18 生地の表面に溶き卵を塗る。[Q142,143]

※編み目に沿って塗り、くぼみに溶き卵がたまらないように気をつける。

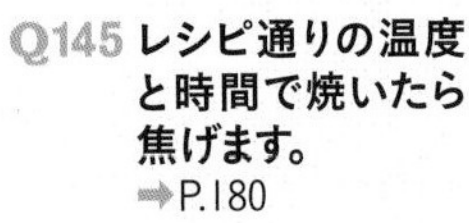

Q145 **レシピ通りの温度と時間で焼いたら焦げます。**
➡P.180

Q147 **焼成後すぐにオーブンプレートからはずしたり、型から出したりするのはなぜですか?**
➡P.180

19 アーモンド、あられ糖をふる。210℃のオーブンで14分焼き、[Q145]クーラーにのせて冷ます。[Q147]

ツォップフの編み方

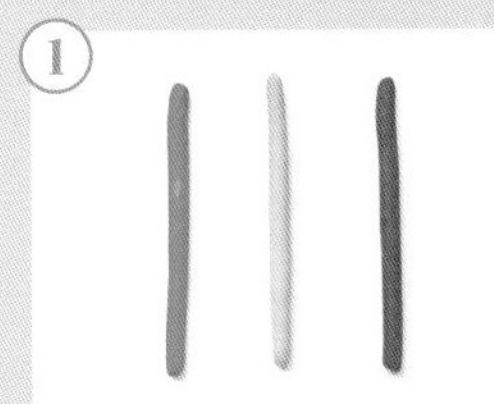

① 3本を平行に並べる。

② 赤を黄の上に持ってきて交差させる。

③ 緑を赤の上に持ってきて交差させる。このとき、緑と黄は平行。

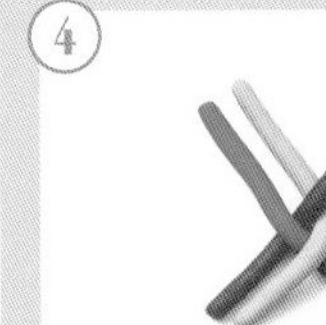

④ 黄を緑の上に持ってきて交差させる。このとき、黄と赤は平行。

⑤ 赤を黄の上に持ってきて交差させる。このとき、赤と緑は平行。

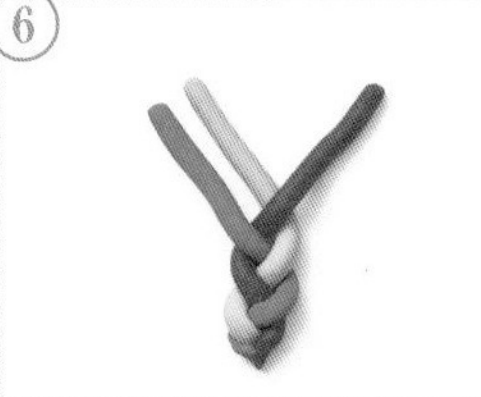

⑥ 一番外側にある生地を左右交互に真ん中に持ってきて交差させながら、端まで編む。

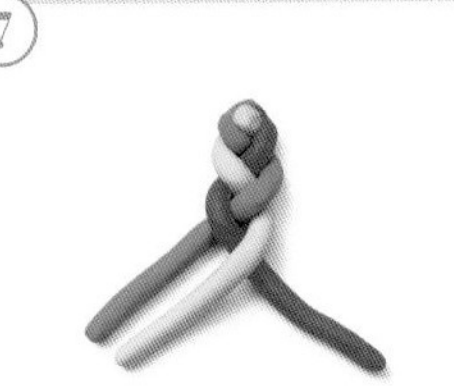

⑦ 手前が向こう側になるようにひっくり返す。上になっていた面が下になるように。

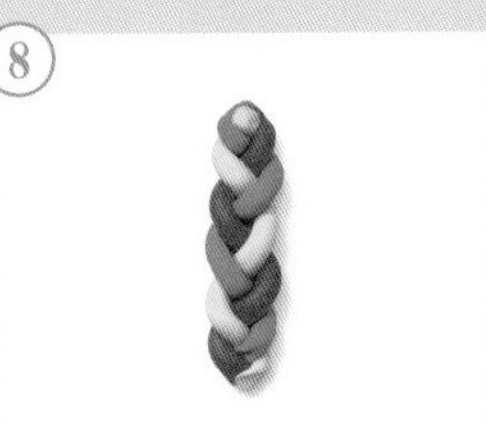

⑧ ⑥と同様にして端まで編む。

山食パン

食パンは日本で最もなじみの深い食事パンです。
型に蓋をしないと山食パンに、蓋をすると角食パンに焼き上がります。
砂糖や油脂が入るので食感はソフトですが、
量が多くないので、リーン寄りに分類されます。

材料（1斤型1個分）

	分量(g)	ベーカーズパーセント(%) Q71
強力粉	250	100
砂糖	12.5	5
塩	5	2
スキムミルク	5	2
バター	10	4
ショートニング	10	4
インスタントドライイースト	2.5	1
水	195	78
卵（焼成用）	適量	

※1斤型の容積は1700㎤ Q159

下準備

- 水は調温する。Q80
- バターは室温で戻す。Q42
- 発酵用のボウル、型にショートニングを塗る。
- 焼成用の卵はよく溶きほぐし、茶こしでこし、卵の⅕量の水で薄める。
  ※焼成時間が長めなので、水で薄めて焼き色が濃くなるのを防ぐ。

こね上げ温度	26℃
発酵	60分（30℃）＋30分（30℃）
分割	2等分
ベンチタイム	30分
最終発酵	60分（38℃）
焼成	30分（210℃）

Q71 ベーカーズパーセントって何ですか？ ➡P.149

Q159 レシピと同じサイズの食パンの型がありません。 ➡P.185

Q80 仕込み水の温度はどうやって決めたらいいですか？ ➡P.152

Q42 バターを室温で戻すとは、どんな状態になればいいのですか？ ➡P.141

Q158 食パンにたんぱく質の量が多い強力粉を使うのはなぜですか？ ➡P.185

Q85 水以外の材料を先に混ぜ合わせておくのはなぜですか？ ➡P.154

Q78 仕込み水、調整水って何ですか？ ➡P.152

Q86 水を加えたら、すぐに混ぜたほうがいいですか？ ➡P.154

こね

1 ボウルに強力粉、Q158 砂糖、塩、スキムミルク、インスタントドライイーストを入れ、泡立て器で全体を混ぜ合わせる。Q85

2 分量の水から調整水を取り分ける。Q78

3 残りの水を1に加え、手で混ぜ合わせる。Q86

4 徐々に粉気がなくなり、生地がまとまってくる。

5 生地のかたさを確かめながら、2の調整水を加え、[Q83,84] さらに混ぜ合わせる。

※粉気の残っているところに加えると、生地がまとまりやすい。

Q83 **調整水はいつ入れたらいいのですか？**
➡P.153

Q84 **調整水は全部使っていいですか？**
➡P.153

6 粉気がなくなってひとまとまりになるまでさらに混ぜ合わせ、生地を作業台に取り出す。ボウルについた生地もカードを使い、きれいにこそげ取る。

15分

7 両手を大きく前後に動かして、手のひらで生地を台にこすりつけるようにしてこねる。[Q89,91]

※生地はひとまとまりになっているが、材料が均質に混ざっていないので、場所によって生地のかたさにむらがある。まずは全体が同じかたさになるまでこねる。

Q89 **手ごねのときに、生地を台にこすりつけたり、たたきつけたりするのはなぜですか？**
➡P.155

Q91 **手ごねでは、何分こねたらいいですか？**
➡P.157

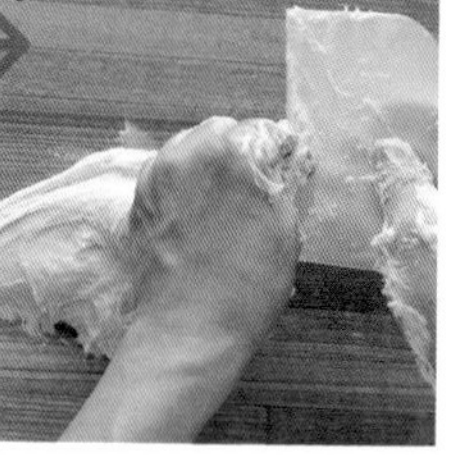

8 こねている途中で生地が台に広がりすぎたら、カードでかき集めてまとめる。カードや手についた生地も落とし、[Q99] 再び台にこすりつけるようにしてさらにこねる。

Q99 **手やカードについた生地をきれいに取るのはなぜですか？**
➡P.160

9 ときどき8のように台やカード、手についた生地を落としながら、全体が均質な状態になるようにこねる。

※かたさにむらがなくなり、見た目にもなめらかな状態になるにつれ、生地がやわらかく感じられる。さらにこねていくと、生地は粘りを増し、重くなってくる。

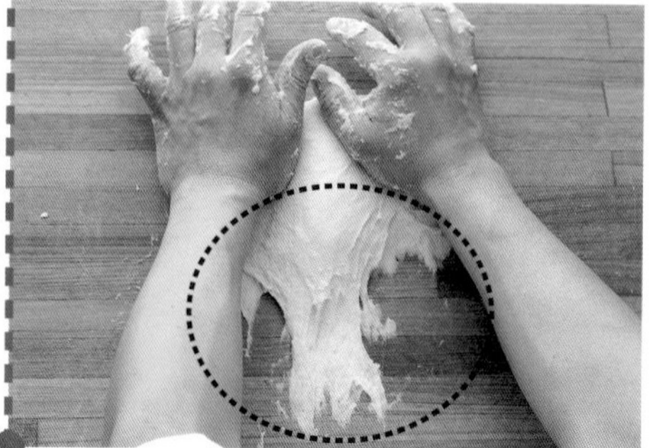

10 さらにこねていくと、生地の端の一部が台からはがれるようになってくる（写真の点線囲み部分参照）。

※粘りに加えて弾力が出てきて、生地がはがれるようになる。この状態になったら、たたきつけに移る。

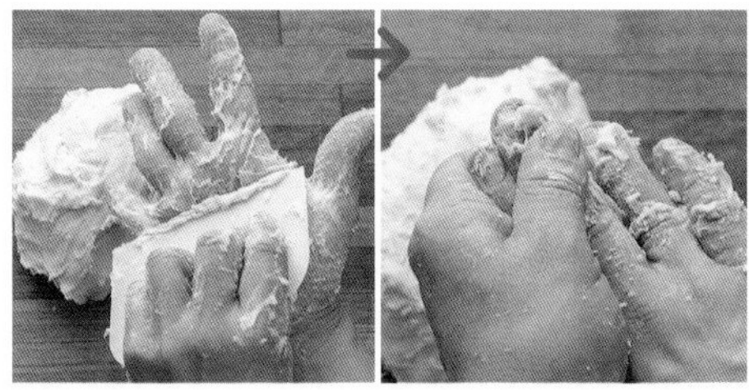

11 台やカード、手についた生地をていねいに取り、生地をひとつにまとめる。

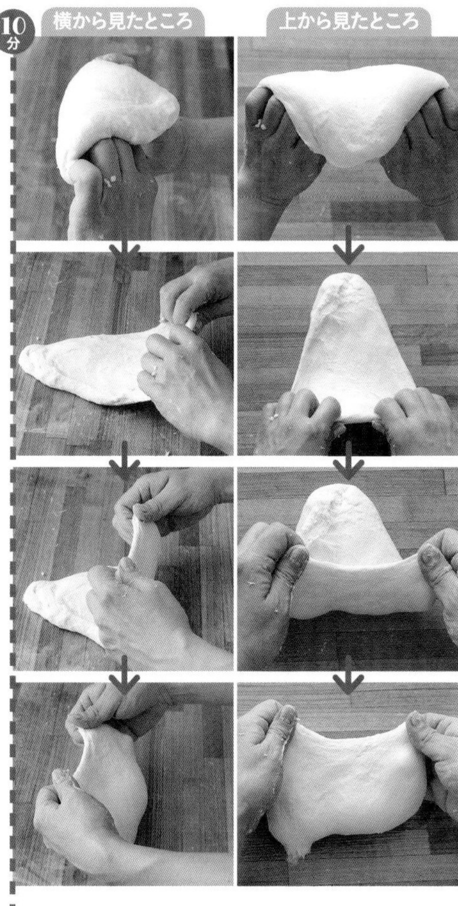

12 生地を持ち上げて台にたたきつけ、手前に軽く引っ張ってから、向こう側に返す。

※生地を持ち上げるときは、手首を使って振り上げる。反動で生地がのびるので、それを台にたたきつける。

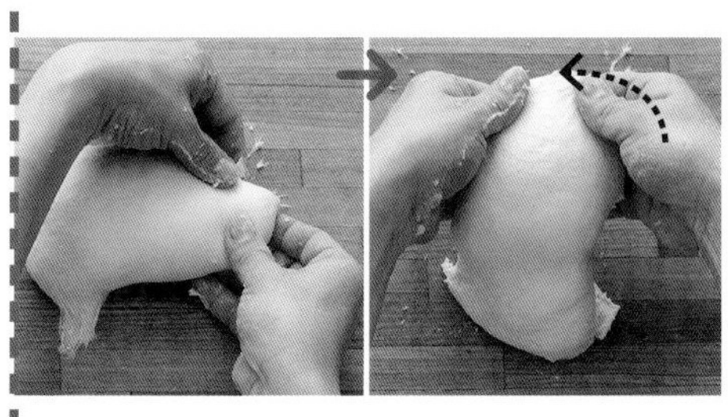

13 生地を持つ位置を90度変え、生地の向きを変える。

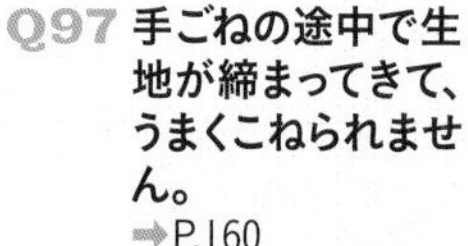

Q97 手ごねの途中で生地が締まってきて、うまくこねられません。
➡P.160

Q98 たたきつけてこねるときに、生地が破れたり穴があいたりします。
➡P.160

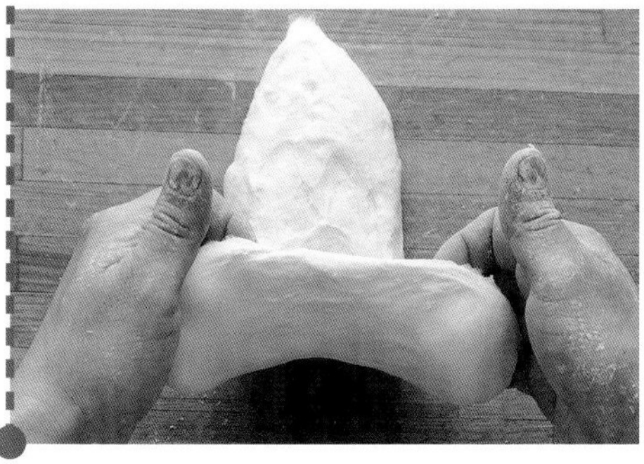

14 12〜13の動作を繰り返し、台にたたきつけながら生地の表面がなめらかになるまでこねる。[Q97,98]

※たたきはじめは生地のつながりが弱く、ちぎれやすいので、たたきつける力加減に注意する。生地に弾力が出てきたら、強くたたきつけるようにする。

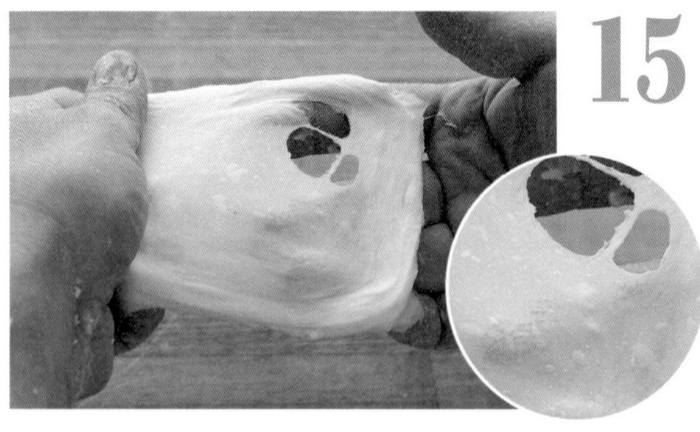

15 生地の一部を取って指先を使ってのばし、生地の状態を確認する。

※生地につながりができ、のびるようになっているが、まだ少し厚みがある。こねることで生地に空気が入り、表面に小さな気泡が確認できる。この状態になったら、油脂を加える。

16 生地をまとめ、押さえて広げる。バターとショートニングをのせ、[Q41]手でつぶして生地全体に広げる。[Q87]

Q41 ショートニングとバターを併用することがあるのはなぜですか？

➡P.141

Q87 バターなどの油脂を後から加えるのはなぜですか？

➡P.154

17 生地を半分に折りたたみ、両手で引きちぎる。生地が細かくなるまで、引きちぎる動作を繰り返す。

※生地を細かくして表面積を増やすことで、油脂と生地が混ざりやすくなる。

5分

18 細かくなった生地を台にこすりつけるようにしてこねる。

※細かかった生地は徐々にひとまとまりになってくるが、油脂が入っているので生地がすべって台にくっつきにくい。

19 ときどき8のように台やカード、手についた生地を落としながら、生地の端の一部が台からはがれるようになるまでこねる。

※生地が台にくっつくようになってきたら、さらにこねて、生地が台からはがれるようになったら、たたきつけに移る。

20 台やカード、手についた生地をひとつにまとめ、12〜13の要領で、再び台にたたきつけてこねる。

※生地が台からきれいにはがれるようになり、表面がなめらかになるまでしっかりとこねる。

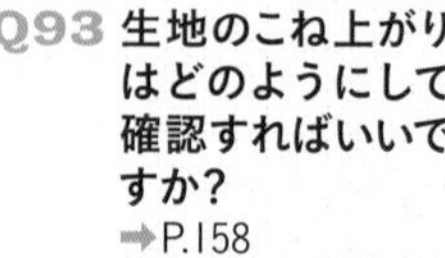

Q93 生地のこね上がりはどのようにして確認すればいいですか？
➡P.158

Q95 こね足りなかったり、こねすぎたりするとどうなりますか？
➡P.159

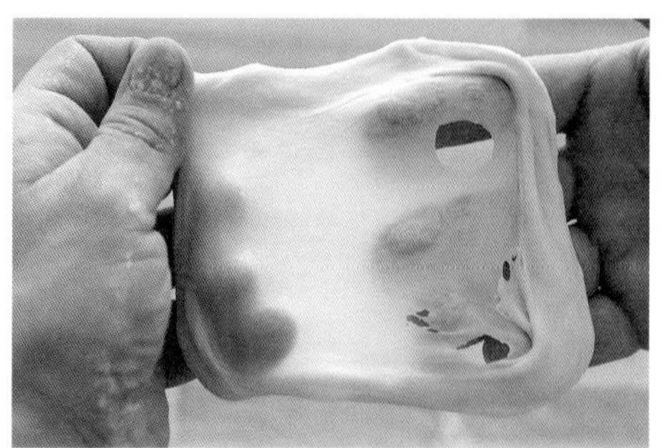

21 生地の一部を取って指先を使ってのばし、生地の状態を確認する。[Q93,95]

※油脂を入れる前は少し厚みのあった生地が、指紋が透けて見えるくらい薄くのびるようになったらこね上がり。生地にあいた穴の縁はなめらかな状態がよい。

22 生地をまとめ、両手で軽く手前に引き寄せ、生地の表面を張る。

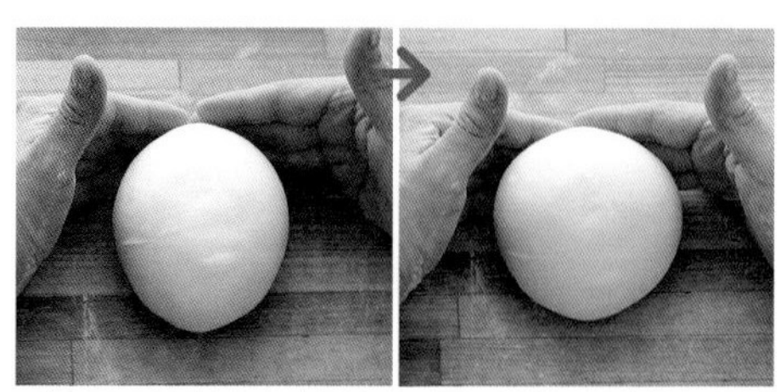

23 向きを90度変え、生地を引き寄せる。これを数回繰り返し、生地の表面が張るように、丸く形を整える。

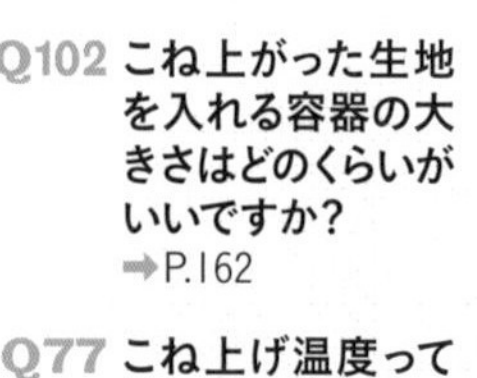

Q102 こね上がった生地を入れる容器の大きさはどのくらいがいいですか？
➡P.162

Q77 こね上げ温度って何ですか？
➡P.151

Q96 こね上げ温度が目標通りにならなかったら、どうしたらいいですか？
➡P.159

Q57 発酵器って何ですか？
➡P.145

Q104 発酵のベストな状態の見極め方を教えてください。
➡P.162

24 ボウルに入れ、[Q102]生地のこね上げ温度をはかる。[Q77]こね上げ温度の目安は26℃。[Q96]

発酵

25 発酵器に入れ、[Q57]30℃で60分発酵させる。[Q104]

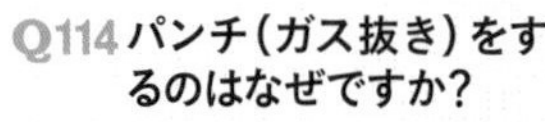

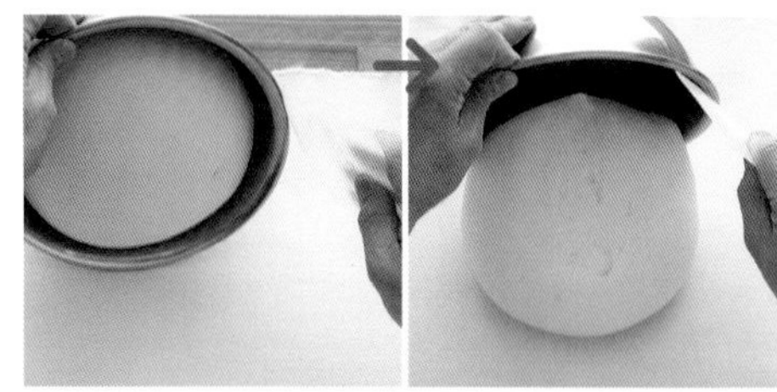

パンチ[Q114,118]

26

作業台に布を敷き、[Q63]生地が裏返しになるようにボウルから取り出す。

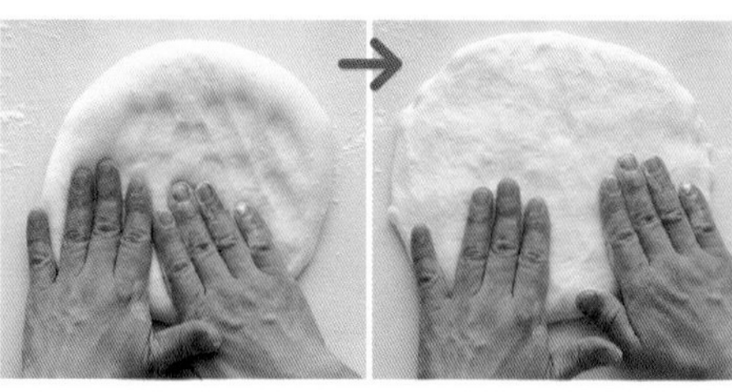

27

生地の中央から外側へと全体を押さえる。[Q115,116]

※パンチ、分割、成形の工程で生地がべたつくときは、必要に応じて生地や台に打ち粉をふる。[Q75]

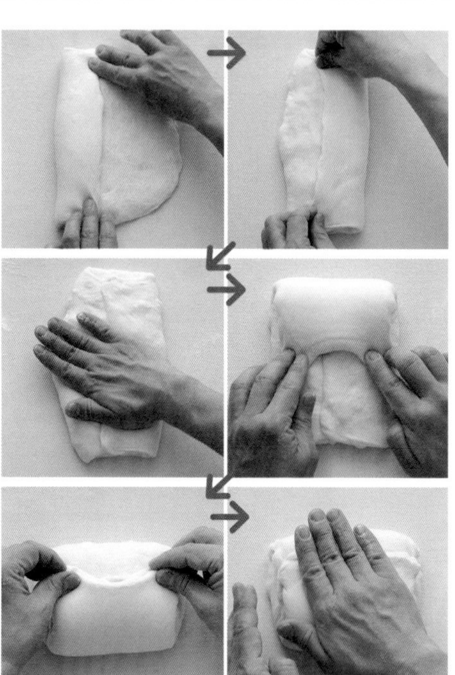

28

まず生地の左から⅓を折り返し、さらに右から⅓を折り返し、全体を押さえる。次に向こう側から⅓を折り返し、さらに手前から⅓を折り返し、全体を押さえる。

※ボリュームのあるパンにするため、しっかり押さえてガスを抜く。[Q160]

29

生地を裏返してきれいな面を上にし、丸く形を整えてボウルに戻す。

Q114 パンチ（ガス抜き）をするのはなぜですか？
➡P.167

Q118 生地があまり膨らんでいなくても、時間になればパンチを行ったほうがいいですか？
➡P.169

Q63 生地をのせる布はどのようなものが適していますか？
➡P.147

Q115 パンチをするときに押さえるようにするのはなぜですか？
➡P.168

Q116 パンチはどのパンも同じようにするのですか？
➡P.168

Q75 打ち粉って何ですか？
➡P.151

Q160 食パンで、強いパンチを行うのはなぜですか？
➡P.186

発酵

30 発酵器に戻し、30℃でさらに30分発酵させる。

分割

31 まずボウルごと生地の重さ（A）を計量する。次に生地が裏返しになるようにボウルから取り出し、ボウルの重さ（B）を計量する。AからBを引き、生地の重さを出す。これを2で割り、1個あたりの生地の重さを出す。

Q120 分割するときに、カードなどで押し切るのはなぜですか？
➡P.169

32 目分量で2等分に切り分け、[Q120]片方の生地を計量する。

Q121 均等に分割するのはなぜですか？
➡P.170

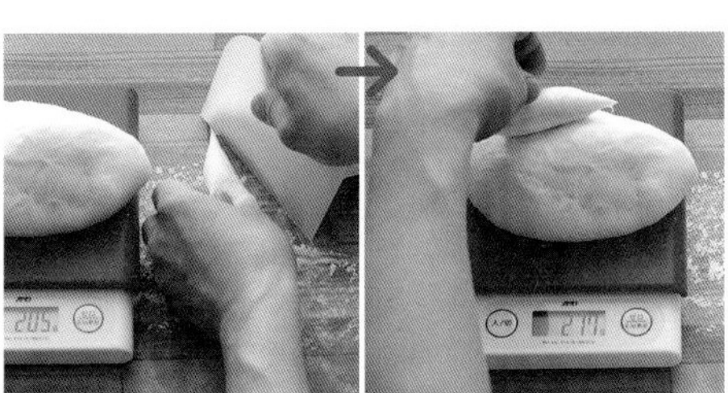

33 **31**で計算した1個あたりの生地の重さになるように、生地を足したり、切り取ったりして調整する。[Q121]

※次の工程できれいな面が表になるように丸めるので、生地を足す場合はその面を避けてのせる。

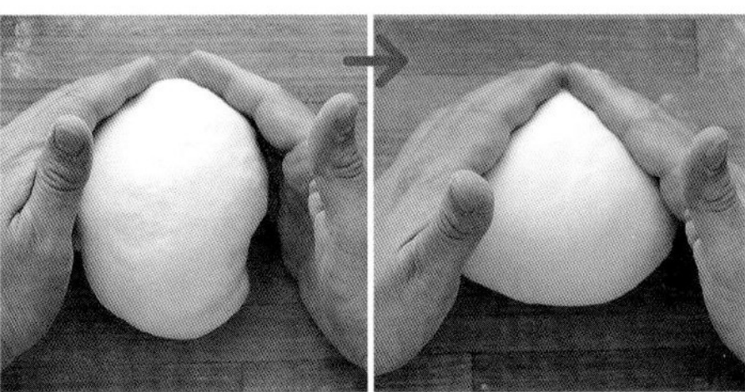

丸め

34 きれいな面を上にし、両手で生地を軽く手前に引き寄せ、表面を張る。

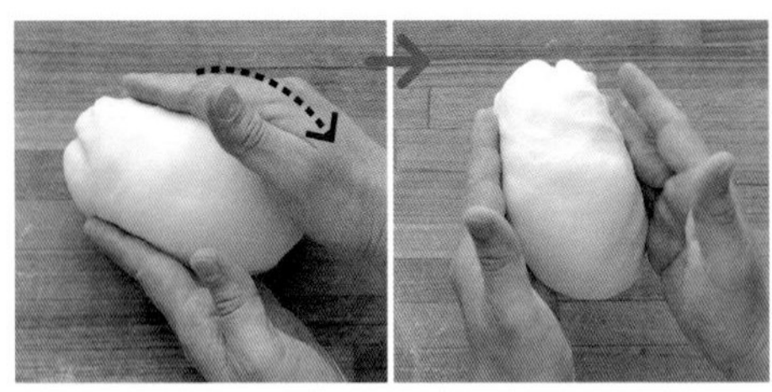

35 生地の向きを90度変える。

36 34〜35を数回繰り返し、生地の表面を張りながら、[Q124]丸く形を整える。

Q124 丸めるときに生地の表面を張るのはなぜですか?
➡P.171

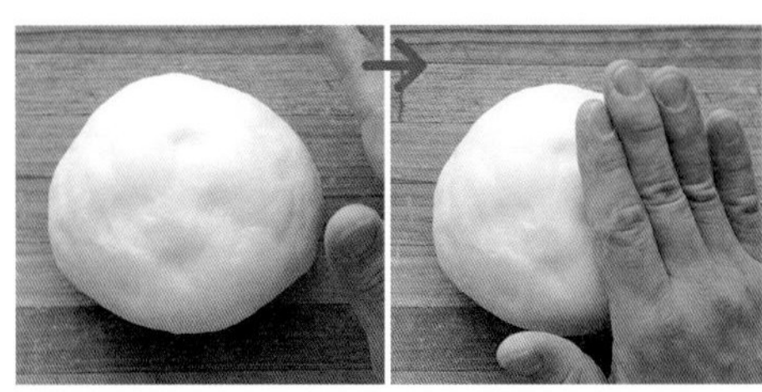

37 途中、生地の表面に大きな気泡が出てきたら、軽くたたいてつぶす。

38 布を敷いた板の上に並べる。

※丸め、成形の工程で、置いている生地が乾燥しすぎるようなら、必要に応じてビニールをかける。

ベンチタイム[Q128]

39 発酵器に戻し、30分休ませる。[Q130]

Q128 なぜベンチタイムが必要なのですか?
➡P.173

Q130 ベンチタイム終了の見極め方を教えてください。
➡P.174

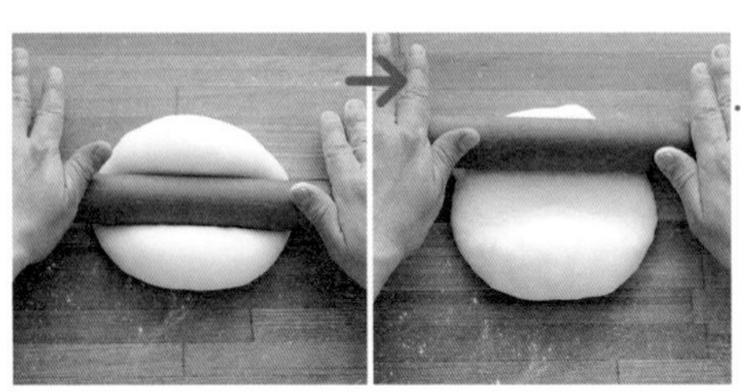

成形

40 生地を作業台に出し、中央から向こう側へ向かって麺棒をかける。

41 次に中央から手前に向かって麺棒をかける。

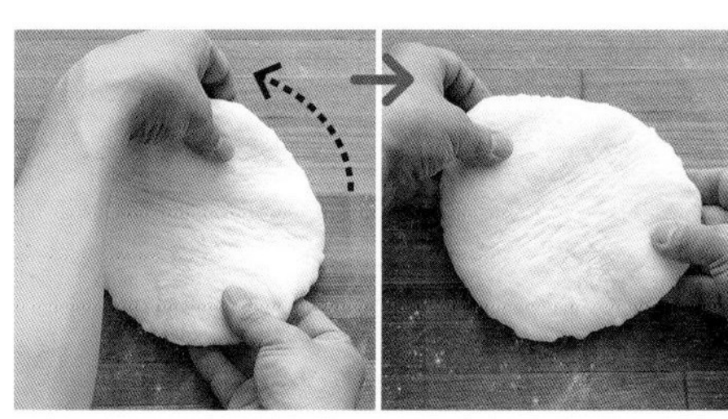

42 生地の向きを90度変え、さらに裏返す。

43 **40〜41**をもう一度繰り返し、しっかりとガスを抜く。

※なるべく四角形になるように形を整えながら、ガスを抜く。18cm四方の正方形が目安。

44 きれいな面を下にして、向こう側から⅓を折り返し、手のひらで全体を押さえる。

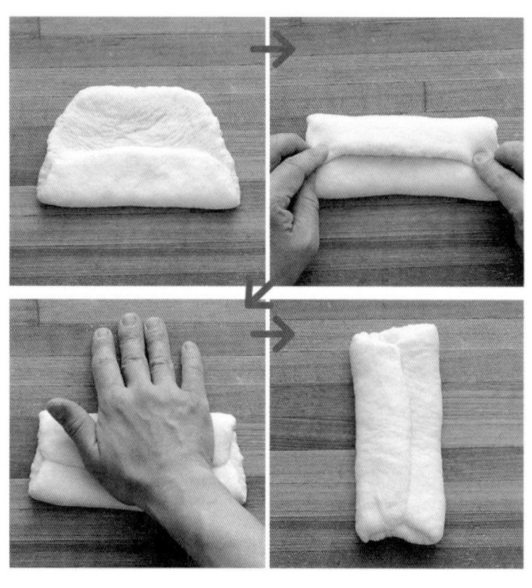

45 生地の向きを180度変え、向こう側から⅓を折り返し、全体を押さえる。生地の向きを90度変える。

※型の幅より狭くなるように折り返す。次の巻く工程で、幅が少し広がることも考慮する。また、きれいな形に成形できるように、生地全体の厚みをそろえるように押さえる。

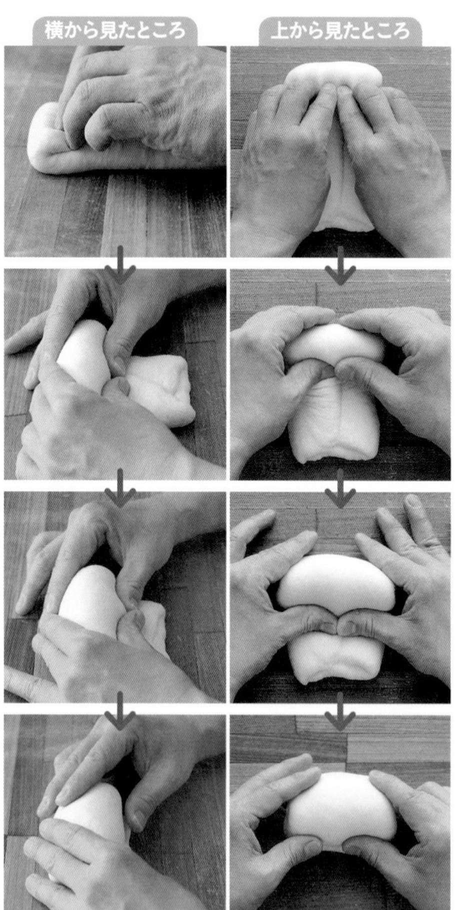

46 向こう側の端を少し折り返して軽く押さえる。表面が張るように、親指で生地を軽く締めながら、向こう側から手前に向かって巻く。

※強く巻きすぎると、生地の表面が切れたり、最終発酵に時間がかかったりする。

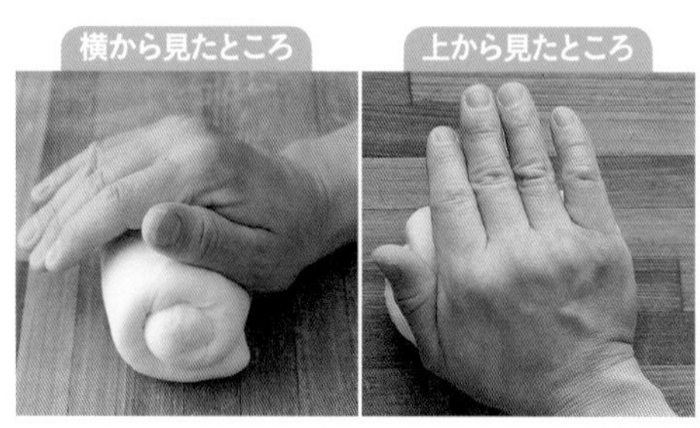

47 巻き終わりを手のひらのつけ根で押さえてとじる。[Q132]

Q132 成形するときに、とじ目をつまんだり、押さえたりするのはなぜですか？
➡P.175

Q133 とじ目を下にして生地を並べるのはなぜですか?
➡P.175

48 巻き終わりを下にして、[Q133] 2個の生地を型に入れる。

最終発酵

49 発酵器に入れ、38℃で60分発酵させる。

※生地の一番高い部分が、型の高さまで膨らんでいるのが目安。

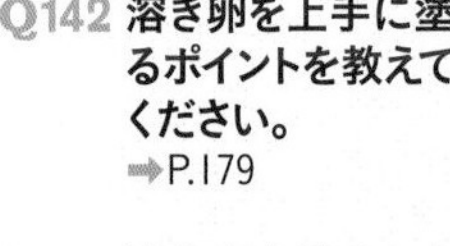

Q142 溶き卵を上手に塗るポイントを教えてください。
➡P.179

Q143 溶き卵を塗るときに注意する点は何ですか?
➡P.179

Q145 レシピ通りの温度と時間で焼いたら焦げます。
➡P.180

Q164 パンの上面が焦げてしまいます。
➡P.187

焼成

50 生地の表面に水で薄めた溶き卵を塗り、[Q142,143] オーブンプレートにのせる。210℃のオーブンで30分焼く。[Q145]

※溶き卵が山と山の間のくぼみにたまったり、生地と型との間にたれないように気をつける。焼成途中で上面の焼き色が濃くなりすぎたら、アルミホイルやオーブンペーパーをかぶせて焼き色を調整する。[Q164]

Q165 食パンを焼き上がり直後に台に打ちつけるのはなぜですか?
➡P.187

Q147 焼成後すぐにオーブンプレートからはずしたり、型から出したりするのはなぜですか?
➡P.180

Q148 型から抜けないのは、どうしてですか?
➡P.181

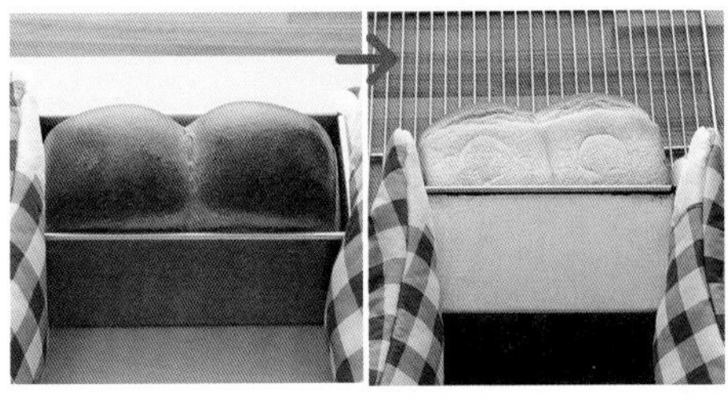

51 オーブンから取り出し、板の上に型ごと打ちつけて、[Q165] すぐに型から出す。[Q147,148]

Q163 山食パンの2つの山がそろいません。
➡P.187

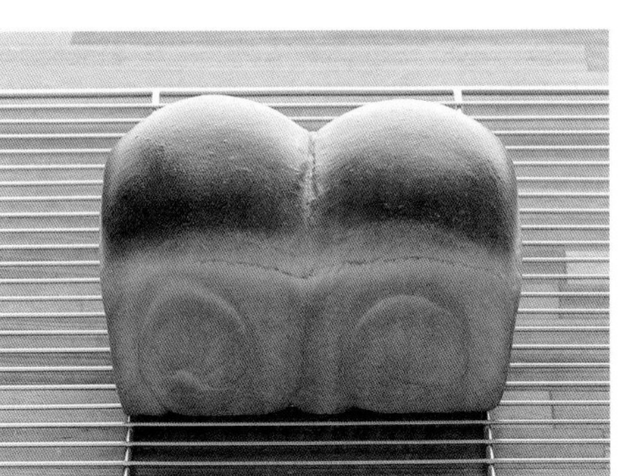

52 クーラーにのせて冷ます。[Q163]

山食パン生地を使ったアレンジ——①

黒ごま食パン

山食パンの生地に黒ごまを足しただけのシンプルなバラエティブレッドです。
バラエティブレッドとは、クラムの白いパン（ホワイトブレッド）に対して
ドライフルーツやナッツ、雑穀などを練り込んだもののことをいいます。
好みの厚さにスライスしてトーストすれば、ごまの香ばしい風味が増します。
焼かずに、好きな具材をはさんでサンドイッチにするのもおすすめです。

材料（1斤型1個分）

	分量(g)	ベーカーズパーセント(%) Q71
強力粉	250	100
砂糖	12.5	5
塩	5	2
スキムミルク	5	2
バター	10	4
ショートニング	10	4
インスタントドライイースト	2.5	1
水	195	78
黒ごま	12.5	5

※1斤型の容積は1700㎤ Q159

下準備

- 水は調温する。Q80
- バターは室温で戻す。Q42
- 発酵用のボウル、型と蓋にショートニングを塗る。

こね上げ温度	26℃
発酵	60分（30℃）＋30分（30℃）
分割	3等分
ベンチタイム	30分
最終発酵	50分（38℃）
焼成	30分（220℃）

Q71 ベーカーズパーセントって何ですか？
➡P.149

Q159 レシピと同じサイズの食パンの型がありません。
➡P.185

Q80 仕込み水の温度はどうやって決めたらいいですか？
➡P.152

Q42 バターを室温で戻すとは、どんな状態になればいいのですか？
➡P.141

こね

1 山食パン（P.38）の1～21と同様にして生地をこねる。生地を押さえて広げ、全体に黒ごまをふる。

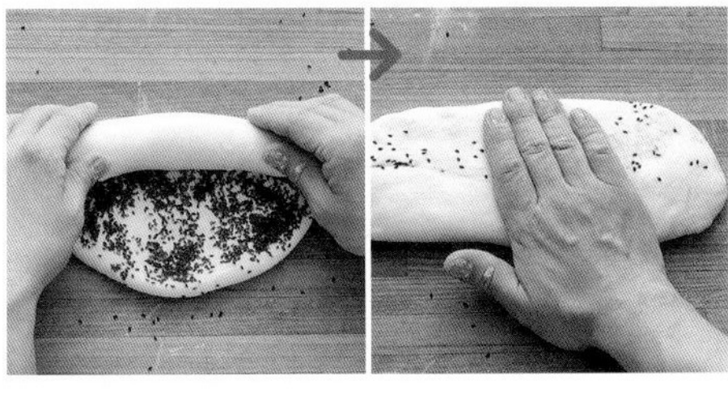

2 向こう側から手前に向かって生地を巻き、巻き終わりを上にして全体を押さえる。

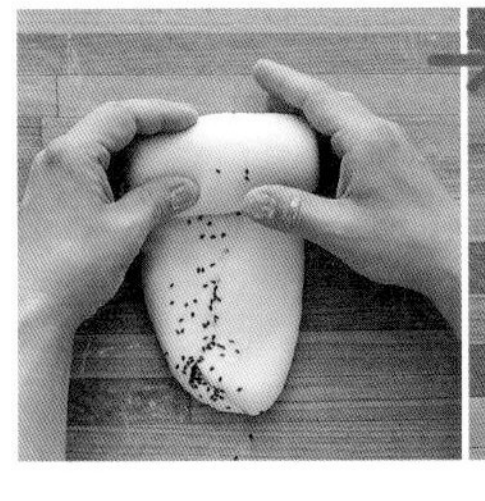

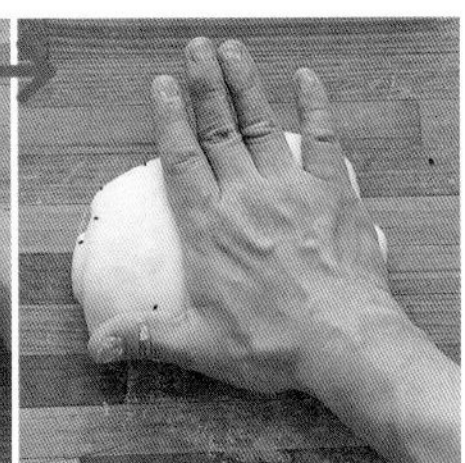

3 生地の向きを90度変えて、2と同様に生地を巻いて押さえる。これを黒ごまが生地全体に混ざるまで繰り返す。

4 山食パン（P.38）の22～23と同様にして生地を丸くまとめる。

5 ボウルに入れ、[Q102]生地のこね上げ温度をはかる。[Q77]こね上げ温度の目安は26℃。[Q96]

Q102 こね上がった生地を入れる容器の大きさはどのくらいがいいですか?
➡P.162

Q77 こね上げ温度って何ですか?
➡P.151

Q96 こね上げ温度が目標通りにならなかったら、どうしたらいいですか?
➡P.159

発酵

6 発酵器に入れ、[Q57]30℃で60分発酵させる。[Q104]

Q57 発酵器って何ですか?
➡P.145

Q104 発酵のベストな状態の見極め方を教えてください。
➡P.162

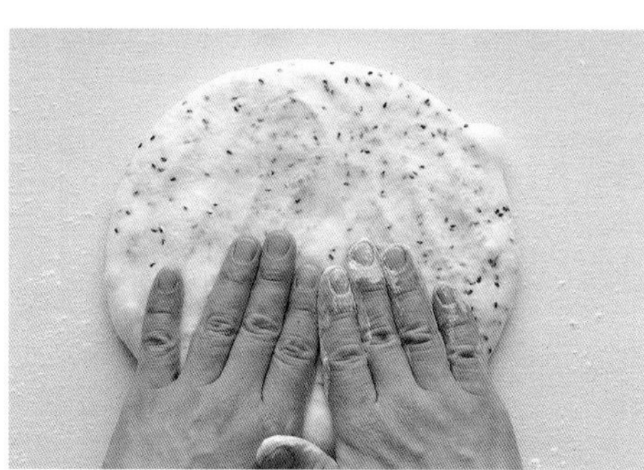

パンチ[Q114,118]

7 山食パン(P.38)の**26〜28**と同様にして、パンチをする。[Q116,160]

※パンチ、分割、成形の工程で生地がべたつくときは、必要に応じて生地や台に打ち粉をふる。[Q75]

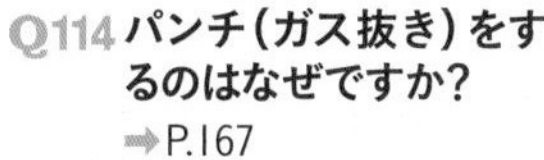

Q114 パンチ(ガス抜き)をするのはなぜですか?
➡P.167

Q118 生地があまり膨らんでいなくても、時間になればパンチを行ったほうがいいですか?
➡P.169

Q116 パンチはどのパンも同じようにするのですか?
➡P.168

Q160 食パンで、強いパンチを行うのはなぜですか?
➡P.186

Q75 打ち粉って何ですか?
➡P.151

8 生地を裏返してきれいな面を上にし、丸く形を整えてボウルに戻す。

発酵

9 発酵器に戻し、30℃でさらに30分発酵させる。

Q124 丸めるときに生地の表面を張るのはなぜですか?
➡P.171

Q63 生地をのせる布はどのようなものが適していますか?
➡P.147

分割〜丸め

10 山食パン（P.38）の**31〜33**と同様の方法で、生地を3等分にする。**34〜36**と同様にして生地を丸め、[Q124]布を敷いた板の上に並べる。[Q63]

Q128 なぜベンチタイムが必要なのですか?
➡P.173

Q130 ベンチタイム終了の見極め方を教えてください。
➡P.174

ベンチタイム[Q128]

11 発酵器に戻し、30分休ませる。[Q130]

Q133 とじ目を下にして生地を並べるのはなぜですか?
➡P.175

成形

12 山食パン（P.38）の**40〜47**と同様にして、生地を成形する。巻き終わりを下にして、[Q133]3個の生地を型に入れる。

Q161 角食パンの最終発酵が山食パンより短いのはなぜですか?
➡P.186

Q165 食パンを焼き上がり直後に台に打ちつけるのはなぜですか?
➡P.187

Q147 焼成後すぐにオーブンプレートからはずしたり、型から出したりするのはなぜですか?
➡P.180

Q148 型から抜けないのは、どうしてですか?
➡P.181

Q162 角食パンの角がきれいに出ません。
➡P.186

最終発酵

13 発酵器に入れ、38℃で50分発酵させる。[Q161]

※生地の一番高い部分が、型の高さの七分目まで膨らんでいるのが目安。発酵させすぎると、角が出すぎてケーブインしやすくなる。

焼成

14 型に蓋をしてオーブンプレートにのせて、220℃のオーブンで30分焼く。オーブンから取り出し、板の上に型ごと打ちつけて、[Q165]すぐに型から出し、[Q147,148]クーラーにのせて冷ます。[Q162]

※蓋をして焼くので、山食パンより焼成温度を高くする。

山食パン生地を使ったアレンジ―― 2

シュガーバターコッペ

山食パン生地にバターと砂糖をトッピングするだけの簡単アレンジ。
定番のコッペパンも、ちょっと工夫をすれば、こんなおやつパンになります。
じゅわっとしみ込んだバター、砂糖の甘さとしゃりっとした食感が相まって、
後引くおいしさのパンに仕上がりました。

材料（4個分）

	分量(g)	ベーカーズパーセント(%) Q71
強力粉	250	100
砂糖	12.5	5
塩	5	2
スキムミルク	5	2
バター	10	4
ショートニング	10	4
インスタントドライイースト	2.5	1
水	195	78

バター	60g
グラニュー糖	60g

下準備

- 水は調温する。Q80
- バターは室温で戻す。Q42
- 発酵用のボウル、オーブンプレートにショートニングを塗る。

こね上げ温度	26℃
発酵	60分（30℃）＋30分（30℃）
分割	4等分
ベンチタイム	20分
最終発酵	50分（38℃）
焼成	15分（220℃）

Q71 ベーカーズパーセントって何ですか？
➡P.149

Q80 仕込み水の温度はどうやって決めたらいいですか？
➡P.152

Q42 バターを室温で戻すとは、どんな状態になればいいのですか？
➡P.141

Q75 打ち粉って何ですか？
➡P.151

Q128 なぜベンチタイムが必要なのですか？
➡P.173

Q130 ベンチタイム終了の見極め方を教えてください。
➡P.174

こね～発酵～分割～丸め

1 山食パン（P.38）の**1**～**30**と同様にして生地をこね、発酵させる。**31**～**33**と同様の方法で、生地を4等分にする。**34**～**37**と同様にして生地を丸め、布を敷いた板の上に並べる。

※パンチ、分割、成形の工程で生地がべたつくときは、必要に応じて生地や台に打ち粉をふる。Q75

ベンチタイム Q128

2 発酵器に戻し、20分休ませる。Q130

成形

3 生地を手のひらで押さえてガスを抜く。

4 生地のきれいな面を下にして、向こう側から⅓を折り返し、指先で生地の端を押さえてくっつける。

※指先で強く押さえると、成形した生地の表面に指の跡が残り、でこぼこすることがある。

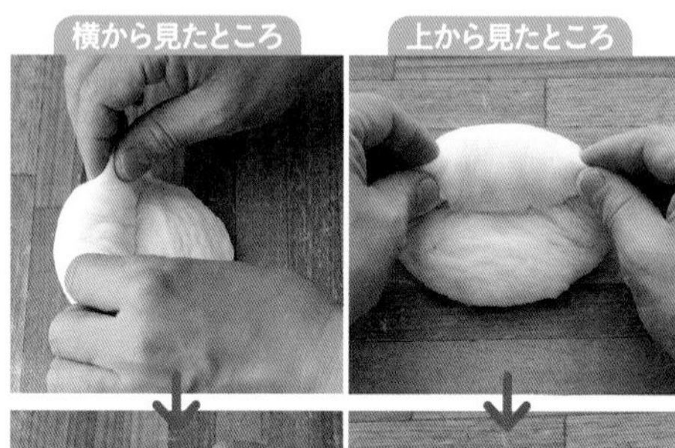

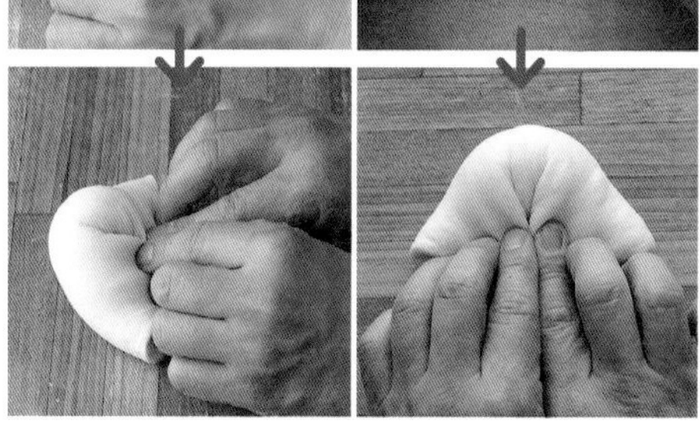

5 両側の角を生地中央に向かって折り込み、生地の端を押さえてくっつける。

POINT

点線部分を折り込む。

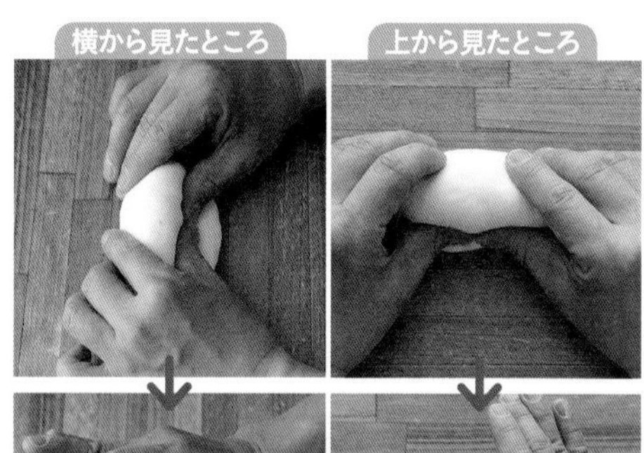

6 向こう側から半分に折り、手のひらのつけ根で生地の端をしっかりと押さえてとじる。Q132

Q132 成形するときに、とじ目をつまんだり、押さえたりするのはなぜですか?

➡P.175

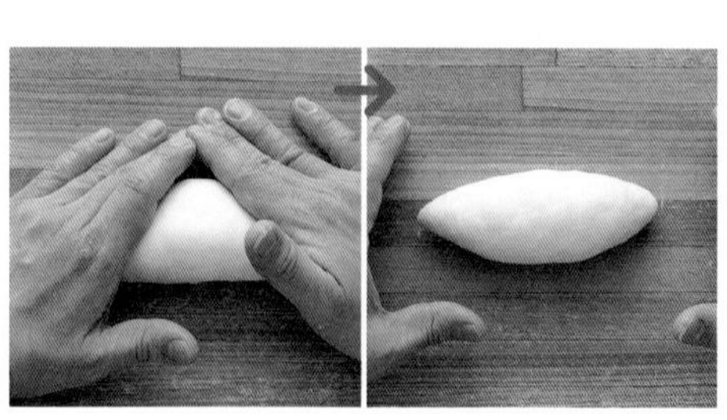

7 上から軽く押さえながら転がし、両端が細くなるように形を整える。

※両手の小指側を少し下げるように手のひらを傾けて転がすと細くなる。

Q133 **とじ目を下にして生地を並べるのはなぜですか？**
➡P.175

Q134 **オーブンプレートに生地を並べるときに注意することはありますか？**
➡P.175

8 6のとじ目を下にして、[Q133]オーブンプレートに並べる。[Q134]

Q113 **最終発酵の見極め方を教えてください。**
➡P.166

最終発酵

9 発酵器に入れ、38℃で50分発酵させる。[Q113]

焼成

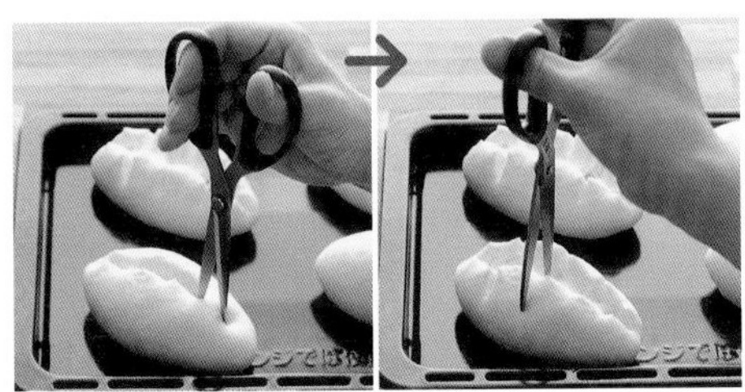

10 生地の中央にはさみで縦に切り込みを入れる。縦に入れた切り込みの両側に、さらに数か所ずつ切り込みを入れる。

※切り込みは生地の厚みの半分を超えるくらいまで深めに入れる。焼成中に生地がよく開き、バターやグラニュー糖がよくしみ込み、火の通りもよくなる。

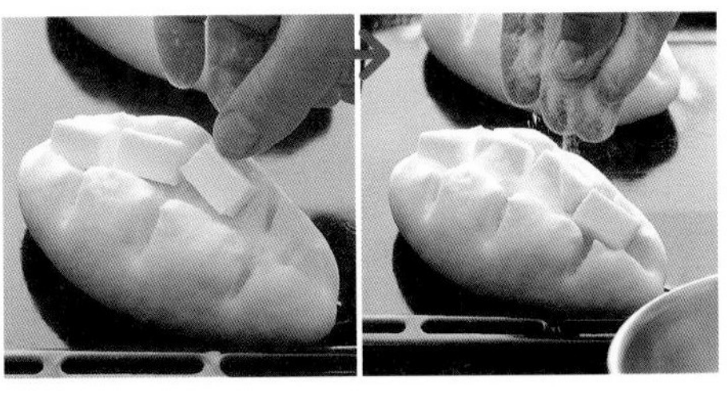

11 切り口にバターをのせ、グラニュー糖をふる。

Q139 **霧を吹いてから焼くとどうなりますか？**
➡P.177

Q145 **レシピ通りの温度と時間で焼いたら焦げます。**
➡P.180

Q147 **焼成後すぐにオーブンプレートからはずしたり、型から出したりするのはなぜですか？**
➡P.180

12 生地の表面が軽くぬれる程度に霧を吹く。[Q139]220℃のオーブンで15分焼き、[Q145]クーラーにのせて冷ます。[Q147]

フランスパン

パンの基本材料である小麦粉、塩、イースト、水で作る、リーンでハードなパンの代表格。
シンプルな配合なので、小麦の風味をストレートに感じることができ、
外側のパリッとしたクラストと、内側のもちっとしたクラムの、異なる2つの食感が楽しめます。

材料（2個分）

	分量(g)	ベーカーズパーセント(%) Q71
フランスパン用粉	250	100
塩	5	2
インスタントドライイースト	1	0.4
モルトエキス	1	0.4
水	185	74

※インスタントドライイーストは低糖生地用のもの Q20

下準備

- 水は調温する。Q80
- 発酵用のボウルにショートニングを塗る。

こね上げ温度	24℃
発酵	10分(28℃)＋80分(28℃)＋90分(28℃)
分割	2等分
ベンチタイム	20分
最終発酵	60分(32℃)
焼成	25分(240℃)

Q71 ベーカーズパーセントって何ですか？ ➡P.149

Q20 イーストにはどんな種類がありますか？ ➡P.130

Q80 仕込み水の温度はどうやって決めたらいいですか？ ➡P.152

Q168 フランスパンの粉選びのコツは何ですか？ ➡P.189

Q78 仕込み水、調整水って何ですか？ ➡P.152

こね

1 ボウルにフランスパン用粉を入れる。Q168

2 分量の水から調整水を取り分ける。Q78

Q47 モルトエキスって何ですか？ ➡P.143

Q49 モルトエキスがなかったら、どうしたらいいですか？ ➡P.144

3 2の残りの水のうちの少量をモルトエキスに加えて溶きのばす。Q47,49 これを残りの水の入ったボウルに戻して混ぜ合わせる。

※モルトエキスは粘度があり、使用量もごく少量なので、溶け残りのないように指先でていねいに混ぜて溶かす。

Q86 水を加えたら、すぐに混ぜたほうがいいですか？ ➡P.154

4 3を1に加え、手で混ぜ合わせる。Q86

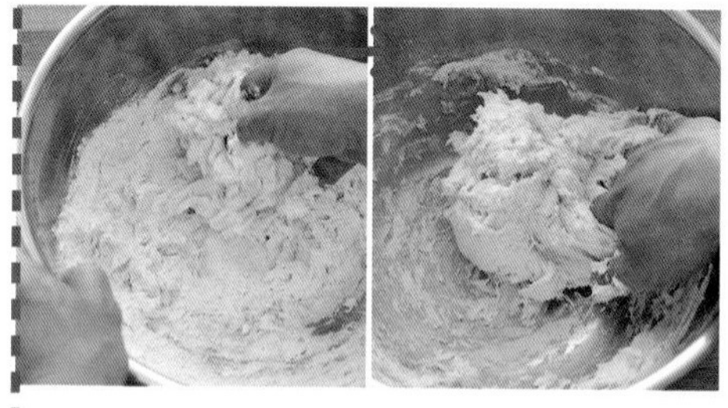

5 徐々に粉気がなくなり、生地がまとまってくる。

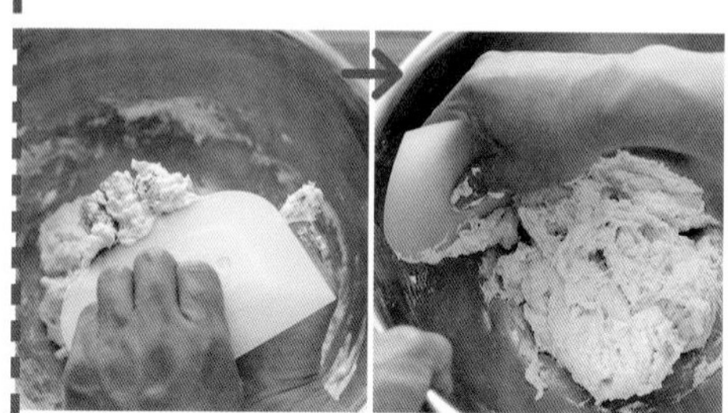

6 生地全体が均質な状態になるように、途中で手やボウルについた生地を落としながら、[Q99] さらに混ぜる。

Q99 手やカードについた生地をきれいに取るのはなぜですか?
➡P.160

7 粉気がなくなって少し粘りが出るまで混ぜ合わせ、ひとつにまとめる。手やボウルについた生地もきれいに取る。

※オートリーズ前に水と粉をなるべくむらなく混ぜておく。[Q170]

Q170 オートリーズって何ですか?
➡P.189

8 インスタントドライイーストをふりかけ、[Q171] 生地が乾燥しないようにボウルにビニールをかける。

Q171 オートリーズ前にインスタントドライイーストを表面にふりかけるのはなぜですか?
➡P.190

9 室温で20分休ませる（オートリーズ）。

※オートリーズの前後で見た目に大きな変化はないが、生地全体がゆるんでいる。生地を引っ張ると、オートリーズ前はすぐにちぎれるが、オートリーズ後はよくのびるようになっている。

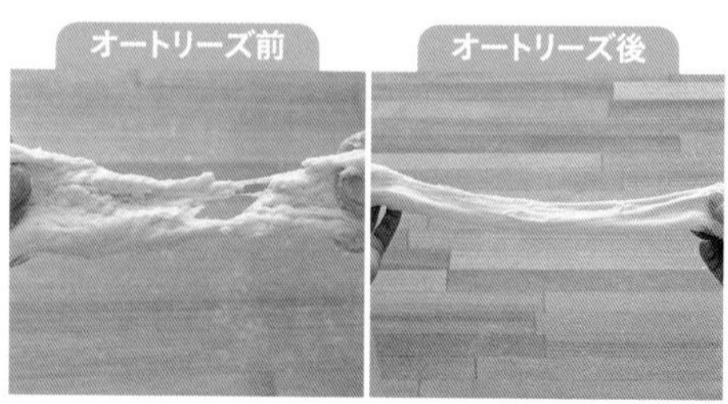

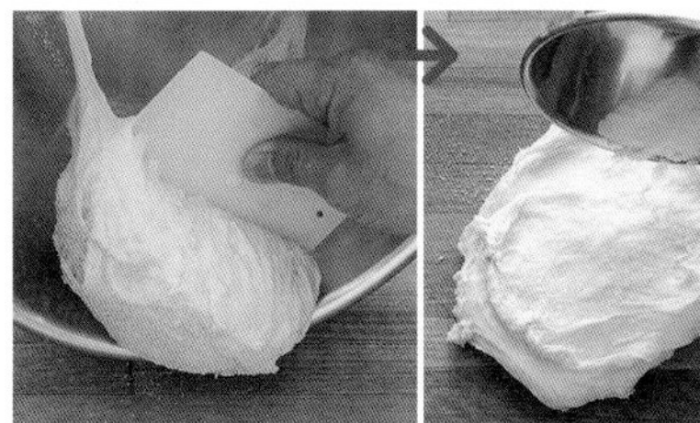

10 生地を作業台に取り出し、押さえて平らにし、塩をふる。

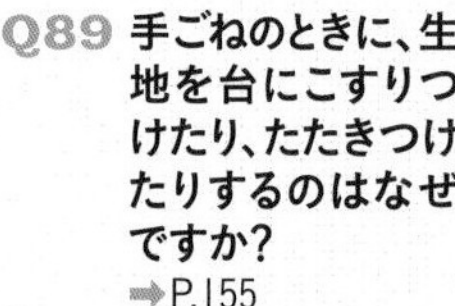

Q89 手ごねのときに、生地を台にこすりつけたり、たたきつけたりするのはなぜですか?
➡P.155

Q91 手ごねでは、何分こねたらいいですか?
➡P.157

18分

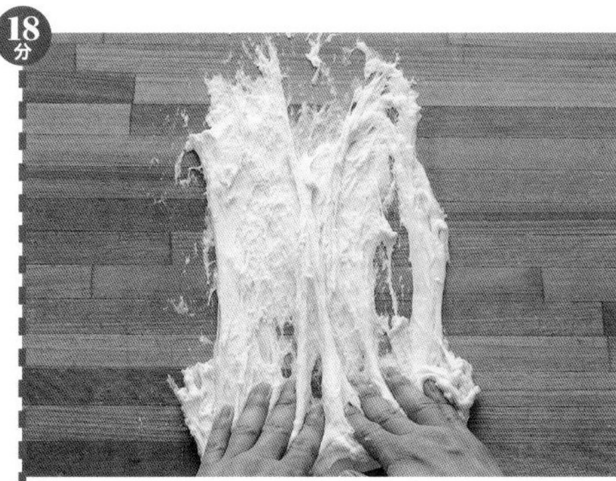

11 両手を大きく前後に動かして、手のひらで生地を台にこすりつけるようにしてこねる。[Q89,91]

※水と粉はほぼ混ざっているが、場所によって生地のかたさに少しむらがある。まずは、全体が同じかたさになるようにこねながら、イーストと塩をむらなく生地に混ぜる。

Q83 調整水はいつ入れたらいいのですか?
➡P.153

Q84 調整水は全部使っていいですか?
➡P.153

12 生地のかたさを確かめながら、**2**の調整水を加え、[Q83,84]さらに混ぜ合わせる。

Q169 フランスパンのミキシングで、生地をたたきつけないのはなぜですか?
➡P.189

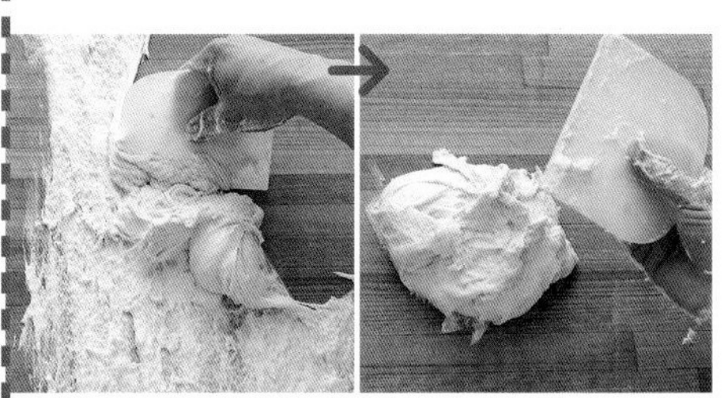

13 こねている途中で生地が台に広がりすぎたら、カードでかき集めてまとめる。カードや手についた生地も落とし、再び台にこすりつけるようにしてさらにこねる。[Q169]

14 **13**のように台やカード、手についた生地を落としながら、全体が均質で粘りが強い状態になるようにこねる。

※とてもやわらかい生地なので、こね上がるまでに何度も生地をかき集めてこねる。かたさにむらがなくなり、見た目もなめらかな状態になるにつれ、生地がやわらかく感じられる。さらにこねていくと、生地は粘りを増してくる。

15 生地が台に広がった状態で、勢いをつけて手前から持ち上げると、台からはがれるようになってくる。

※粘りが出るまでは生地を持ち上げても台からはがれずにちぎれるが、粘りが増すにつれてはがれて持ち上がるようになる。

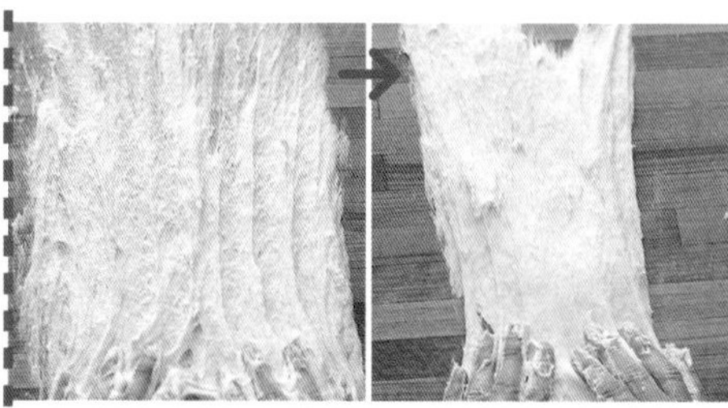

16 さらにこねると、生地の見た目がよりなめらかな状態になり、徐々に弾力が出てくる。

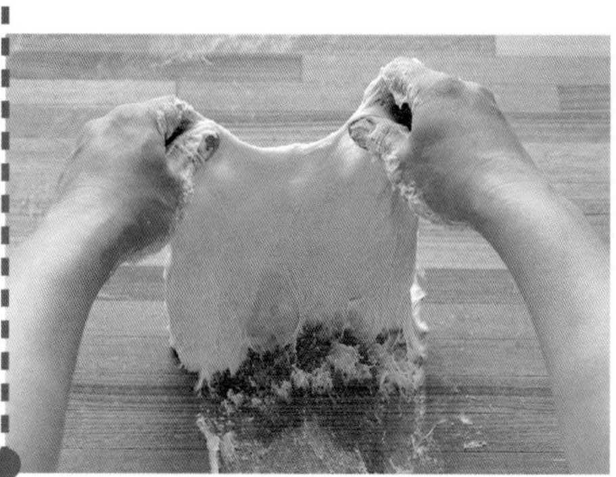

17 生地をかき集め、勢いをつけて手前から持ち上げると、全体がはがれるようになる。

※生地が少し台について残っているが、きれいにはがれるまではこねなくてもよい。この状態をこね上がりとして、発酵の途中でパンチを2回行って生地のつながりを強くしていく。

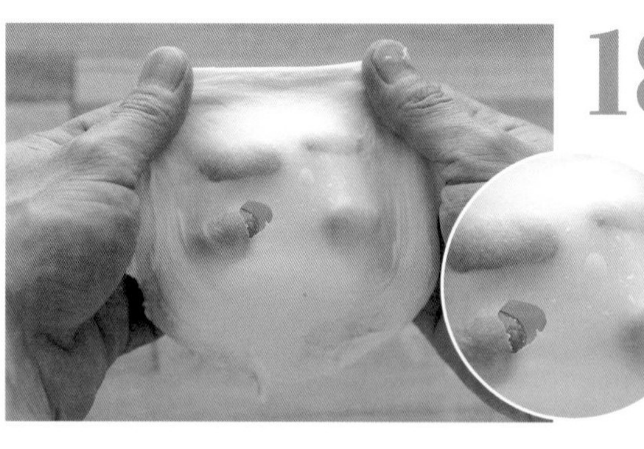

18 生地の一部を取って指先を使ってのばし、生地の状態を確認する。[Q93,95]

※生地につながりができ、のびるようになっているが、少し厚みがある。こねることで生地に空気が入り、表面に気泡が確認できるが、たたきつけていないので、気泡は大きめ。生地にあいた穴の縁はややギザギザしている。

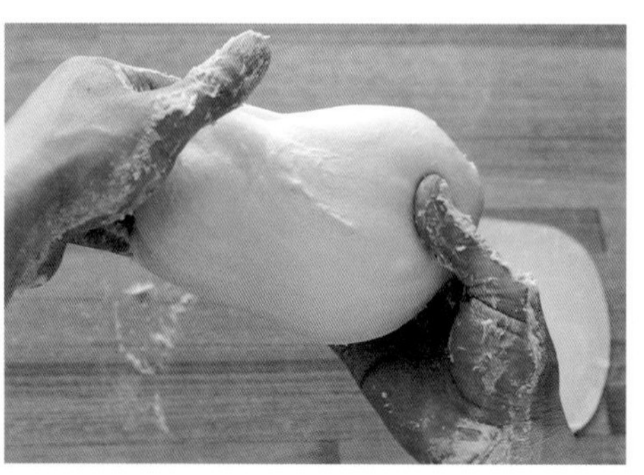

19 生地を持ち上げ、表面を張るようにして、できるだけ丸くまとめる。

※生地がやわらかくべたついているので、持つ手を変えながら、重みでたれ下がる生地を手早くまとめる。

Q93 **生地のこね上がりはどのようにして確認すればいいですか?**
➡P.158

Q95 **こね足りなかったり、こねすぎたりするとどうなりますか?**
➡P.159

20 ボウルに入れ、[Q102]生地のこね上げ温度をはかる。[Q77]こね上げ温度の目安は24℃。[Q96]

発酵

21 発酵器に入れ、[Q57]28℃で10分発酵させる。

※発酵の早い段階でパンチを一度行いたいので、ここでの発酵は生地を休ませることが目的。

Q102 こね上がった生地を入れる容器の大きさはどのくらいがいいですか?
➡P.162

Q77 こね上げ温度って何ですか?
➡P.151

Q96 こね上げ温度が目標通りにならなかったら、どうしたらいいですか?
➡P.159

Q57 発酵器って何ですか?
➡P.145

パンチ[Q114,118]（1回目）

22 作業台に布を敷き、[Q63]生地が裏返しになるようにボウルから取り出す。

23 生地の中央から外側へと全体を押さえる。[Q115,116]

※生地に弾力をつけるために、1回目のパンチはしっかり押さえる。パンチ、分割、成形の工程で生地がべたつくときは、必要に応じて生地や台に打ち粉をふる。[Q75]

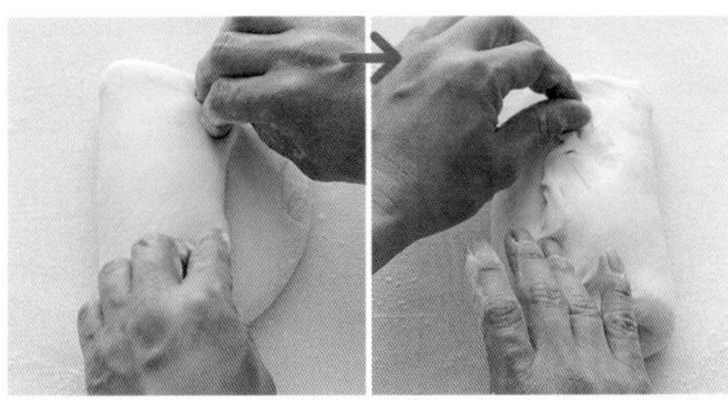

24 生地の左から⅓を折り返し、さらに右から⅓を折り返し、全体を押さえる。

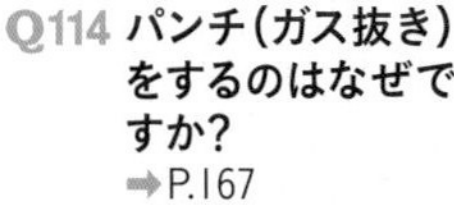

Q114 パンチ(ガス抜き)をするのはなぜですか?
➡P.167

Q118 生地があまり膨らんでいなくても、時間になればパンチを行ったほうがいいですか?
➡P.169

Q63 生地をのせる布はどのようなものが適していますか?
➡P.147

Q115 パンチをするときに押さえるようにするのはなぜですか?
➡P.168

Q116 パンチはどのパンも同じようにするのですか?
➡P.168

Q75 打ち粉って何ですか?
➡P.151

25 向こう側から⅓を折り返し、さらに手前から⅓を折り返し、全体を押さえる。

26 生地を裏返してきれいな面を上にし、丸く形を整えてボウルに戻す。

発酵

27 発酵器に戻し、28℃でさらに80分発酵させる。Q172,104

Q172 なぜフランスパンの発酵時間は長いのですか？
➡P.190

Q104 発酵のベストな状態の見極め方を教えてください。
➡P.162

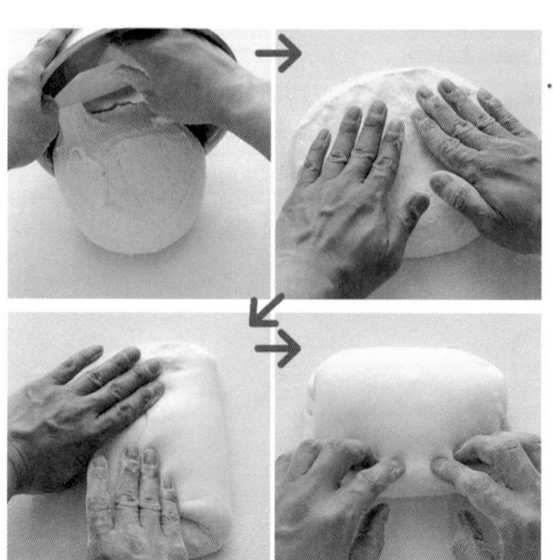

パンチ（2回目）

28 22〜25と同様にして、生地を作業台に出してパンチをする。

※2回目のパンチはボウルから取り出して軽く押さえた後は、折り返すだけにする。

29 生地を裏返してきれいな面を上にし、丸く形を整えてボウルに戻す。

発酵

30 発酵器に戻し、28℃でさらに90分発酵させる。

分割

31 まずボウルごと生地の重さ（A）を計量する。次に生地が裏返しになるようにボウルから取り出し、ボウルの重さ（B）を計量する。AからBを引き、生地の重さを出す。これを2で割り、1個あたりの生地の重さを出す。

Q120 分割するときに、カードなどで押し切るのはなぜですか?
➡P.169

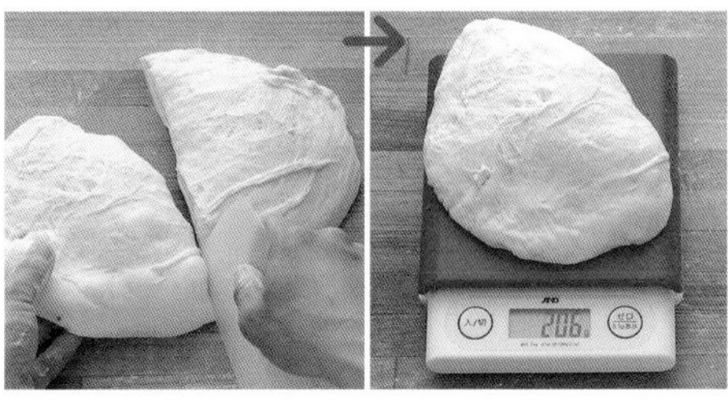

32 目分量で2等分に切り分け、Q120 片方の生地を計量する。

33 31で計算した1個あたりの生地の重さになるように、生地を足したり、切り取ったりして調整する。Q121
※次の工程できれいな面が表になるようにまとめるので、生地を足す場合はその面を避けてのせる。

Q121 均等に分割するのはなぜですか?
➡P.170

まとめ

34 生地のきれいな面を下にして、生地の向こう側から1/3を折り返し、生地の端を軽く押さえてくっつける。

35 向こう側から折り返し、生地の表面が張るように両手で軽く手前に引き寄せる。
※やわらかい生地なので、きつく寄せすぎると生地切れをおこす。Q127 生地の状態は、表面は張っているが、指で押さえると跡が残る程度。きれいな棒状に成形できるように、生地の太さをなるべくそろえる。生地の表面に大きな気泡が出てきたら、軽くたたいてつぶす。

Q127 生地切れとはどういう状態ですか?
➡P.172

36 布を敷いた板の上に並べる。
※まとめ、成形の工程で、置いている生地が乾燥しすぎるようなら、必要に応じてビニールをかける。

ベンチタイム Q128

37 発酵器に戻し、20分休ませる。Q130

Q128 なぜベンチタイムが必要なのですか?
➡P.173

Q130 ベンチタイム終了の見極め方を教えてください。
➡P.174

成形

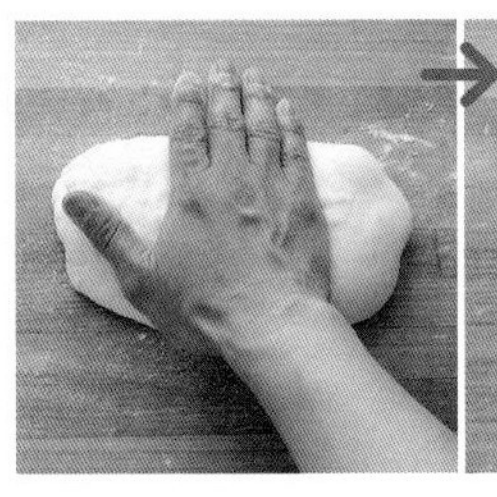

38 生地を手のひらで押さえてガスを抜く。

39 きれいな面を下にして、向こう側から⅓を折り返し、生地の端を押さえてくっつける。

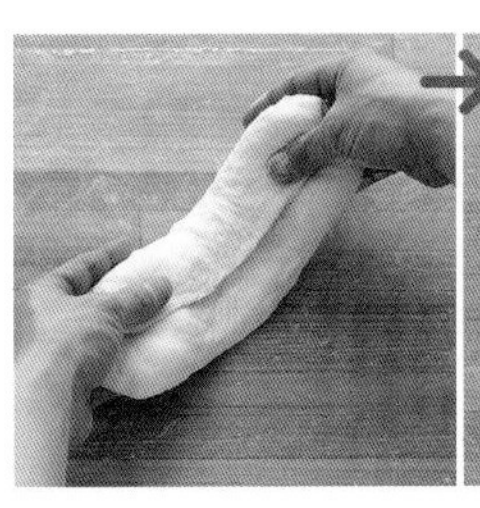
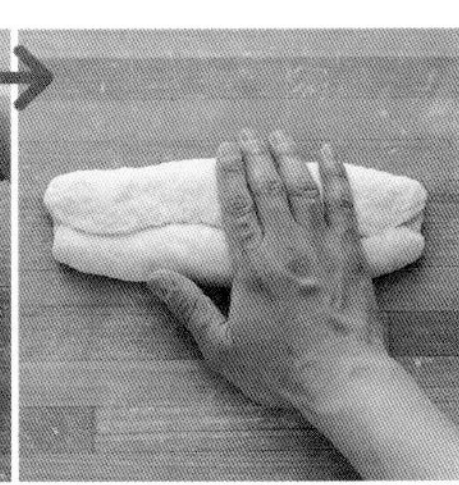

40 生地の向きを180度変え、向こう側から⅓を折り返し、生地の端を押さえてくっつける。

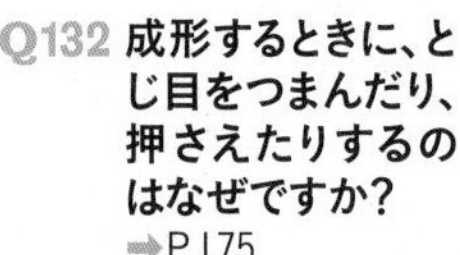

Q132 成形するときに、とじ目をつまんだり、押さえたりするのはなぜですか？
➡P.175

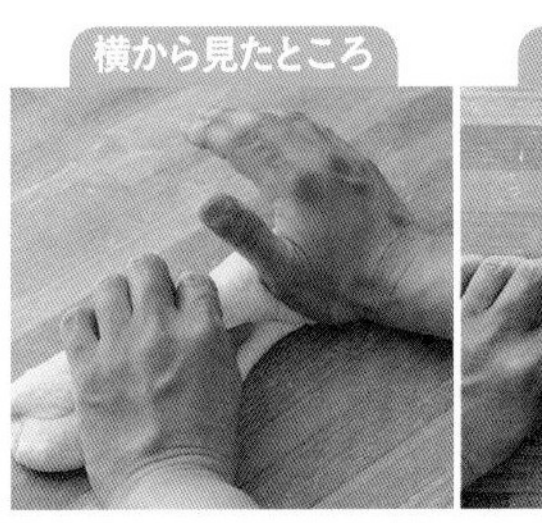

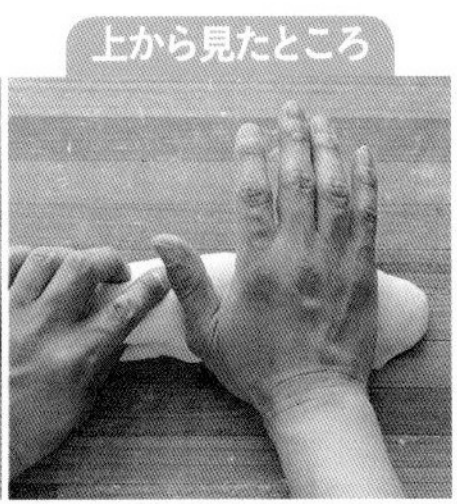

41 向こう側から半分に折りながら、手のひらのつけ根で生地の端を押さえてとじる。[Q132]

※手のひらのつけ根で生地の端を押さえることで、生地の表面がしっかりと張る。

Q173 棒状の成形がうまくいきません。
➡P.191

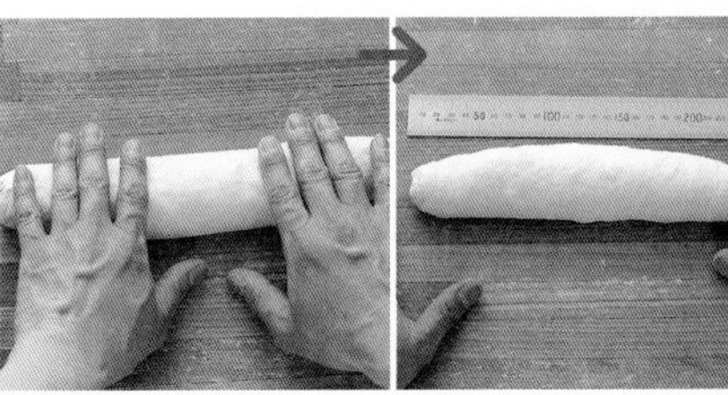

42 上から軽く押さえながら転がし、25cm長さの棒状にする。[Q173]

※生地を長くのばすときは、まず片手で生地の中央を転がして細くする。次に両手で転がしながら、中央から端に向かってのばしていく。

43 板に布を敷き、向こう側の端にひだを作る。

※生地の弾力が弱く、発酵中に生地がゆるんでダレやすいので、ひだを作って形を保持する。ひだは生地よりも2cm程度高くなるようにする。

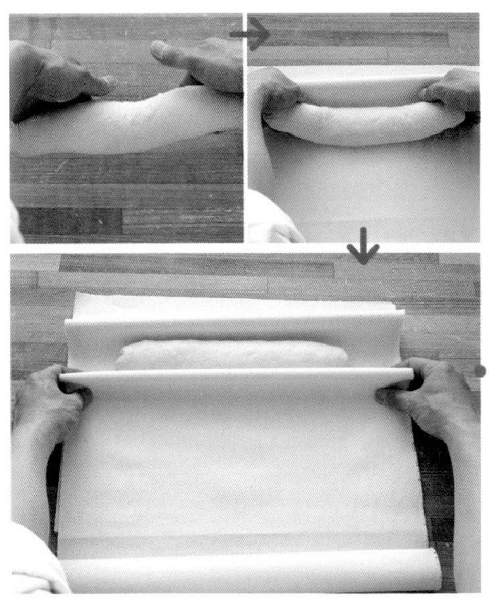

44

41のとじ目を下にして生地をのせ、[Q133] 手前にもひだを作る。

Q133 とじ目を下にして生地を並べるのはなぜですか？

➡P.175

POINT

ひだと生地の間は、わずかにすき間をあける。

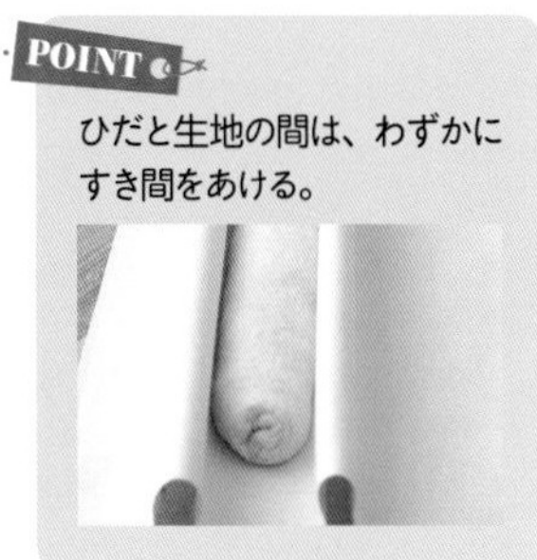

45

もうひとつの生地も38〜42と同様にして棒状に成形し、とじ目を下にしてのせ、手前にひだを作る。

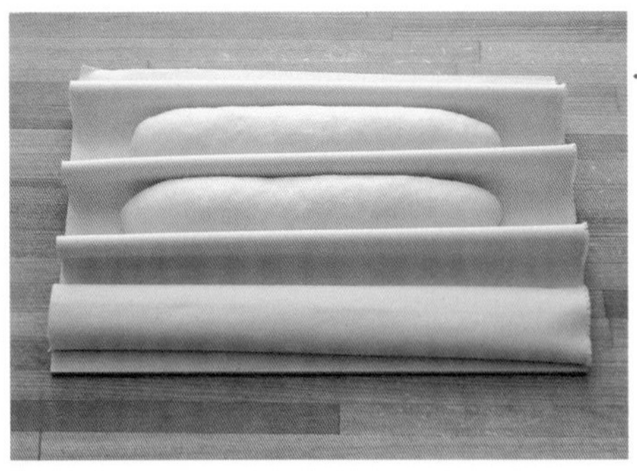

最終発酵

46

発酵器に入れ、32℃で60分発酵させる。[Q113]

※発酵させすぎると、焼成前にクープを入れたときに、生地がしぼんでしまうので注意。

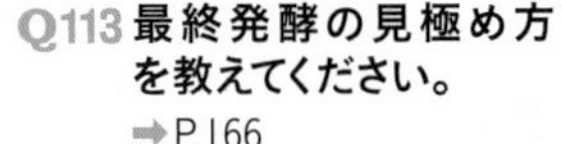

Q113 最終発酵の見極め方を教えてください。

➡P.166

焼成

47

8cm幅×30cm長さに切ったオーブンペーパーを2枚準備し、並べて板の上にのせる。

※オーブンプレートへ移しやすいように、オーブンペーパーに生地をのせる。

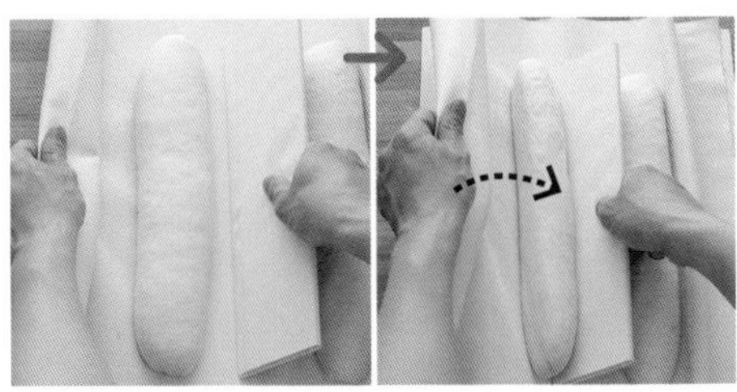

48 布のひだをのばし、生地のすぐ近くに布を張った板（P.11参照）を斜めにそえる。反対の手で布ごと生地を返すようにして、板の上に裏返しにのせる。

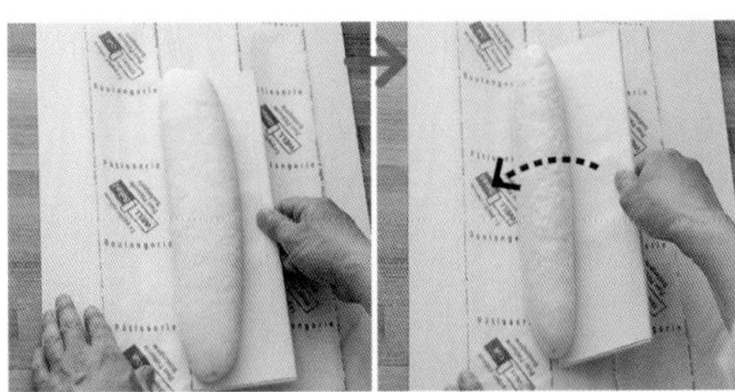

49 **47**のオーブンペーパーの端に板をそえ、板を返して生地をオーブンペーパーの上にのせる。

Q176 クープを入れるときのコツは何ですか?
➡P.192

Q178 クープを入れるときに注意する点は何ですか?
➡P.194

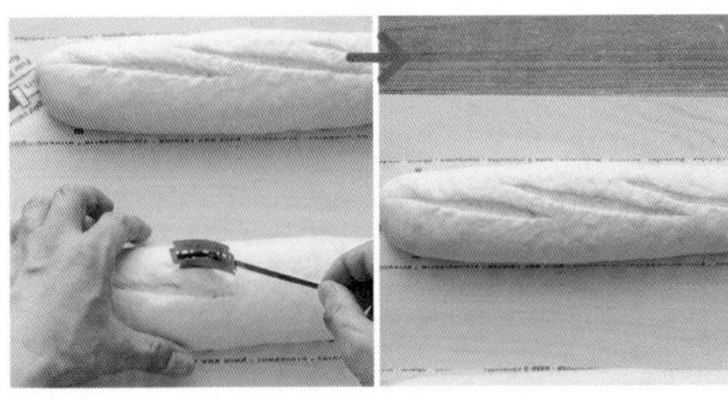

50 生地の表面にクープを3本入れる。[Q176,178]

Q62 オーブンプレートは熱しておいたほうがいいですか?
➡P.147

Q134 オーブンプレートに生地を並べるときに注意することはありますか?
➡P.175

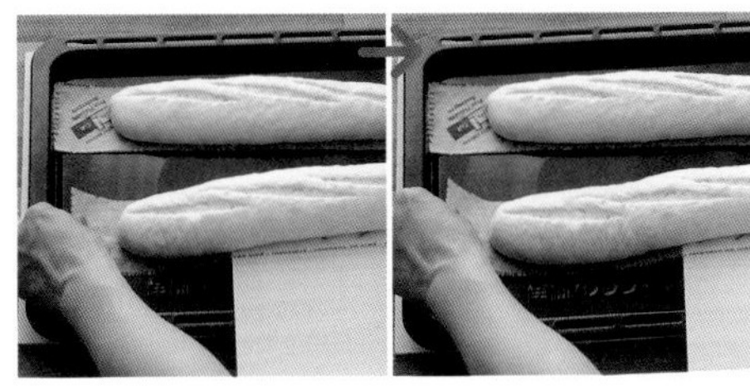

51 予熱の際に一緒に熱しておいたオーブンプレートの上に、[Q62]板を引くようにしてオーブンペーパーごと生地を静かにのせる。[Q134]
※オーブンプレートが熱いので注意する。発酵させた生地にクープを入れているため、衝撃を与えるとしぼみやすいので気をつける。

Q139 霧を吹いてから焼くとどうなりますか?
➡P.177

Q145 レシピ通りの温度と時間で焼いたら焦げます。
➡P.180

52 生地の表面がぬれる程度に霧を吹き、[Q139]240℃のオーブンで25分焼く。[Q145]
※霧を吹きすぎると、クープに水がたまって開きにくくなる。反対に少なすぎても、焼成中に生地表面が早く乾いてクープが開きにくい。

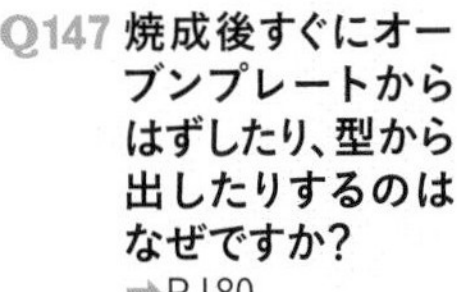

Q147 焼成後すぐにオーブンプレートからはずしたり、型から出したりするのはなぜですか?
➡P.180

53 オーブンから取り出し、クーラーにのせて冷ます。[Q147]

フランスパン生地を使ったアレンジ——❶

ベーコンエピ

みんなが大好きなおなじみのベーコンエピ。
エピとはフランス語で「麦の穂」の意味です。
フランスパン生地とベーコン、マスタードだけでもいいのですが、
ここでは、さらにひと工夫。
粗びき黒こしょうを生地に練り込んでアクセントにしました。

材料（4個分）

	分量(g)	ベーカーズパーセント(%) Q71
フランスパン用粉	250	100
塩	5	2
インスタントドライイースト	1	0.4
モルトエキス	1	0.4
水	185	74
粗びき黒こしょう	1	0.4

ベーコン（2mm厚さ）	4枚
粒マスタード	適量

※インスタントドライイーストは低糖生地用のもの Q20

下準備

- 水は調温する。Q80
- 発酵用のボウル、オーブンプレートにショートニングを塗る。

こね上げ温度	24℃
発酵	10分（28℃）＋80分（28℃）＋90分（28℃）
分割	4等分
ベンチタイム	20分
最終発酵	50分（32℃）
焼成	20分（240℃）

Q71 ベーカーズパーセントって何ですか？
➡P.149

Q20 イーストにはどんな種類がありますか？
➡P.130

Q80 仕込み水の温度はどうやって決めたらいいですか？
➡P.152

こね

1 フランスパン（P.58）の**1**～**18**と同様にして生地をこねる。生地を広げ、全体に粗びき黒こしょうをふる。

2 カードで生地を折り返してまとめる。

3 生地を台にこすりつけるようにして、生地全体に均一に混ぜ込む。
※こしょうはつぶれないので、こすりつけて混ぜ込んでいく。

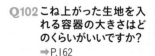

4 フランスパン（P.58）の19と同様にして生地を丸くまとめ、ボウルに入れ、[Q102]生地のこね上げ温度をはかる。[Q77]こね上げ温度の目安は24℃。[Q96]

Q102 こね上がった生地を入れる容器の大きさはどのくらいがいいですか？
➡P.162

Q77 こね上げ温度って何ですか？
➡P.151

Q96 こね上げ温度が目標通りにならなかったら、どうしたらいいですか？
➡P.159

発酵

5 発酵器に入れ、[Q57]28℃で10分発酵させる。

※発酵の早い段階でパンチを一度行いたいので、ここでの発酵は生地を休ませることが目的。

Q57 発酵器って何ですか？
➡P.145

パンチ[Q114,118]（1回目）

6 フランスパン（P.58）の22〜25と同様にして、パンチをする。[Q116]

※パンチ、分割、成形の工程で生地がべたつくときは、必要に応じて生地や台に打ち粉をふる。[Q75]

Q114 パンチ（ガス抜き）をするのはなぜですか？
➡P.167

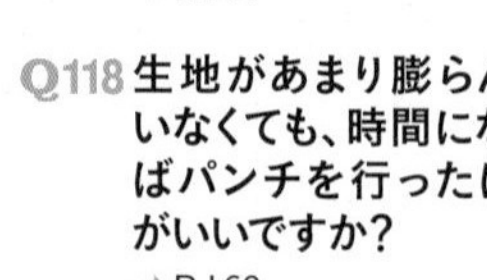

Q118 生地があまり膨らんでいなくても、時間になればパンチを行ったほうがいいですか？
➡P.169

Q116 パンチはどのパンも同じようにするのですか？
➡P.168

7 生地を裏返してきれいな面を上にし、丸く形を整えてボウルに戻す。

Q75 打ち粉って何ですか？
➡P.151

発酵

8 発酵器に戻し、28℃でさらに80分発酵させる。[Q172,104]

Q172 なぜフランスパンの発酵時間は長いのですか？
➡P.190

Q104 発酵のベストな状態の見極め方を教えてください。
➡P.162

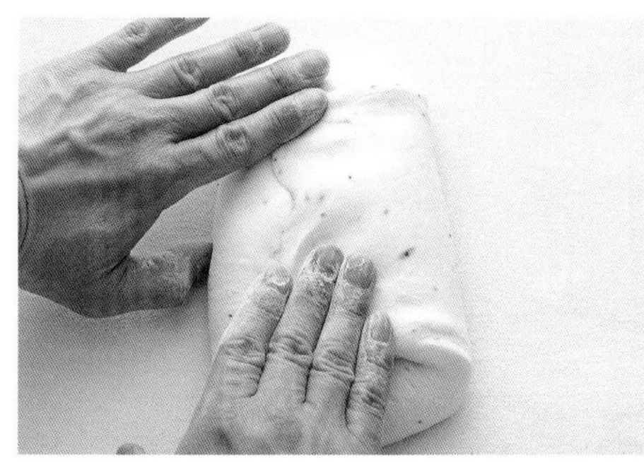

パンチ（2回目）

9 フランスパン（P.58）の**28**と同様にして、パンチをする。

10 生地を裏返してきれいな面を上にし、丸く形を整えてボウルに戻す。

発酵

11 発酵器に戻し、28℃でさらに90分発酵させる。

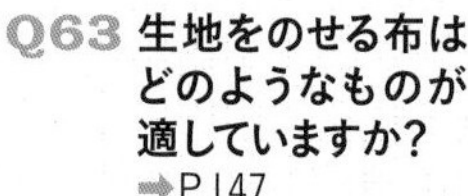

Q63 **生地をのせる布はどのようなものが適していますか？**
➡P.147

分割～まとめ

12 フランスパン（P.58）の**31～33**と同様の方法で、生地を4等分にする。**34～35**と同様にして生地をまとめ、布を敷いた板の上に並べる。[Q63]

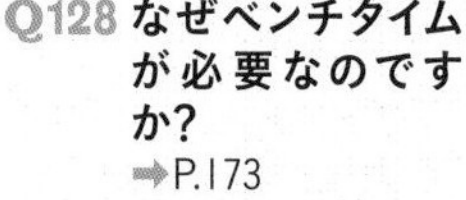

Q128 **なぜベンチタイムが必要なのですか？**
➡P.173

Q130 **ベンチタイム終了の見極め方を教えてください。**
➡P.174

ベンチタイム[Q128]

13 発酵器に戻し、20分休ませる。[Q130]

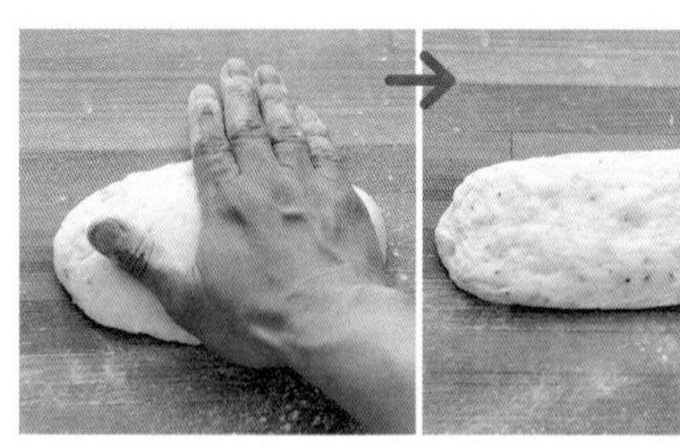

成形

14 生地を手のひらで押さえてガスを抜く。

15 きれいな面を下にして、ベーコンをのせ、粒マスタードを塗る。

※ベーコンがはみ出すようなら、生地を軽く引っ張ってのばす。

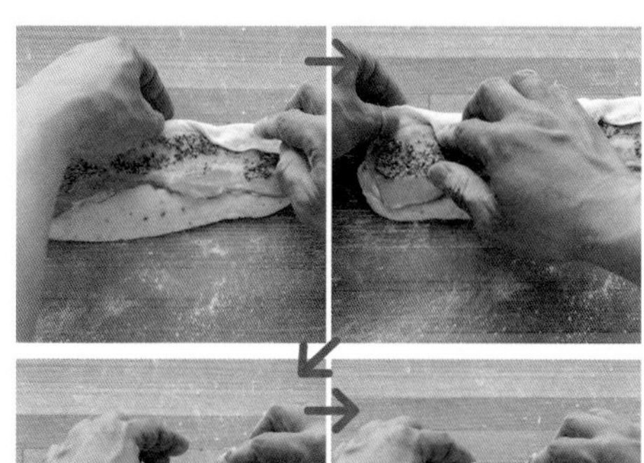

16 端を少しずつ折り返しながら、生地を巻いていく。

※余分な空気が入ると、大きな穴があいたり、でこぼこに焼き上がることがあるので、できるだけすき間ができないように巻く。

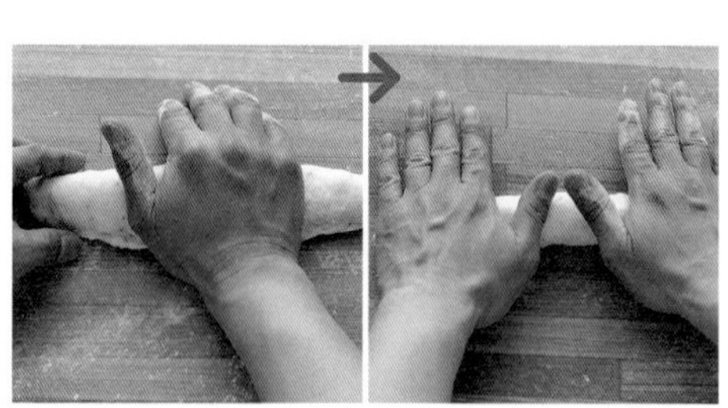

17 巻き終わりを手のひらのつけ根で押さえてとじる。Q132 上から軽く押さえながら転がし、20cm長さの棒状にする。Q173

18 17のとじ目を下にして、Q133 オーブンプレートにのせる。Q134

※棒の中央部分をまずプレートにつけ、とじ目が真下になっていることを確かめながら、両端をおろしていく。4本の生地が等間隔になるように並べる。

Q132 成形するときに、とじ目をつまんだり、押さえたりするのはなぜですか?
➡P.175

Q173 棒状の成形がうまくいきません。
➡P.191

Q133 とじ目を下にして生地を並べるのはなぜですか?
➡P.175

Q134 オーブンプレートに生地を並べるときに注意することはありますか?
➡P.175

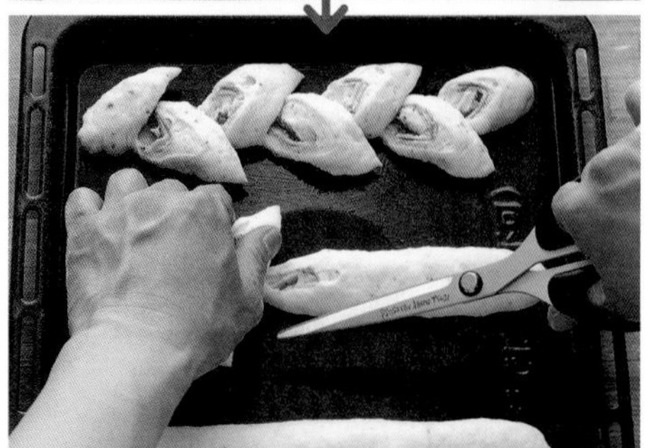

19 生地に対して斜め45度にはさみを入れて生地を切り、切った部分が互い違いになるように開く。

POINT

切り込みが浅いと生地が開きにくいので、生地が完全に切れてしまう直前まではさみを入れる。

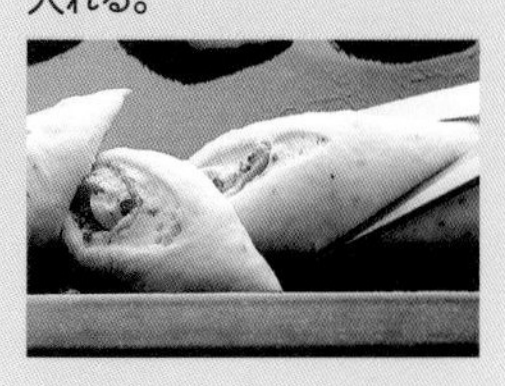

20 成形が終わった状態。

最終発酵

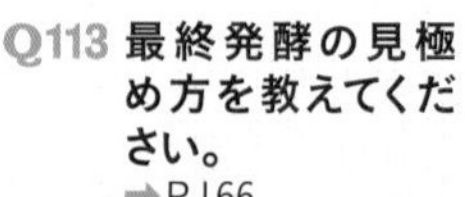

Q113 最終発酵の見極め方を教えてください。
➡P.166

21 発酵器に入れ、32℃で50分発酵させる。Q113

焼成

Q139 霧を吹いてから焼くとどうなりますか？
➡P.177

Q145 レシピ通りの温度と時間で焼いたら焦げます。
➡P.180

Q147 焼成後すぐにオーブンプレートからはずしたり、型から出したりするのはなぜですか？
➡P.180

22 生地の表面がぬれる程度に霧を吹く。Q139 240℃のオーブンで20分焼き、Q145 クーラーにのせて冷ます。Q147

フランスパン生地を使ったアレンジ――②

レーズンナッツスティック

ナッツとレーズンを粉とほぼ同量、たっぷりと練り込むので、
ぎっしり詰まった焼き上がりになります。
ガリッとした生地の食感と、ナッツの香ばしさ、
レーズンのほのかな甘みがマッチしたパンに仕上がりました。
ワインやチーズにもよく合います。

材料(12個分)

	分量(g)	ベーカーズパーセント(%) Q71
フランスパン用粉	250	100
塩	5	2
インスタントドライイースト	1	0.4
モルトエキス	1	0.4
水	185	74
カリフォルニアレーズン	75	30

アーモンド(ホール)	75g
くるみ(半割り)	75g

※インスタントドライイーストは低糖生地用のもの Q20

下準備

- 水は調温する。Q80
- 発酵用のボウル、オーブンプレートにショートニングを塗る。
- カリフォルニアレーズンはぬるま湯でさっと洗い、Q53 ざるに上げて水気をしっかりと切る。
- アーモンドとくるみは150℃のオーブンで10〜15分ローストし、Q52 アーモンドは½に、くるみは¼に切る。

こね上げ温度	24℃
発酵	90分(28℃)+90分(28℃)
最終発酵	50分(32℃)
焼成	10分(220℃)+8分(200℃)

こね

1 フランスパン(P.58)の1〜18と同様にして生地をこねる。生地を広げ、全体にレーズンを散らす。カードで生地を折り返しながら、レーズンを生地全体に均一に混ぜ込む。
※台にこすりつけるとレーズンがつぶれるので、折り返すだけでは混ざりにくいときは、生地を広げて引きちぎるようにして混ぜる。

2 フランスパン(P.58)の19と同様にして生地を丸くまとめ、ボウルに入れ、Q102 生地のこね上げ温度をはかる。Q77 こね上げ温度の目安は24℃。Q96

発酵

3 発酵器に入れ、Q57 28℃で90分発酵させる。Q172,104

Q71 ベーカーズパーセントって何ですか? ➡P.149
Q20 イーストにはどんな種類がありますか? ➡P.130
Q80 仕込み水の温度はどうやって決めたらいいですか? ➡P.152
Q53 レーズンをぬるま湯で洗ってから使うのはどうしてですか? ➡P.144
Q52 生地に混ぜ込むナッツはローストしたほうがいいですか? ➡P.144
Q102 こね上がった生地を入れる容器の大きさはどのくらいがいいですか? ➡P.162
Q77 こね上げ温度って何ですか? ➡P.151
Q96 こね上げ温度が目標通りにならなかったら、どうしたらいいですか? ➡P.159
Q57 発酵器って何ですか? ➡P.145
Q172 なぜフランスパンの発酵時間は長いのですか? ➡P.190
Q104 発酵のベストな状態の見極め方を教えてください。 ➡P.162

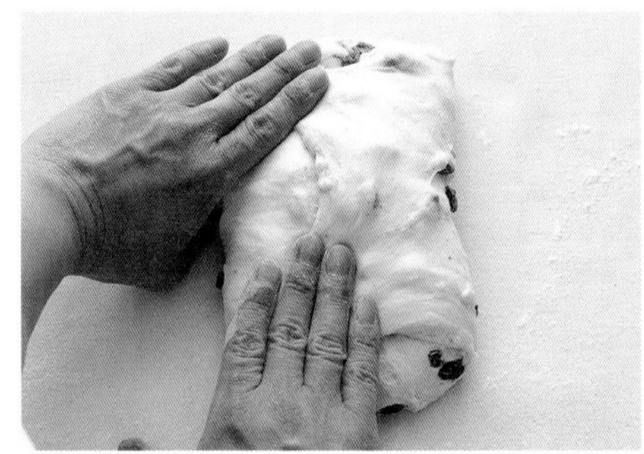

パンチ[Q114]

4 フランスパン（P.58）の28と同様にして、パンチをする。[Q116]

※レーズンやナッツの食感を生かして、ボリュームを押さえて焼き上げるので、フランスパンとは異なり、パンチは1回でよい。生地がべたつくときは、必要に応じて生地や台に打ち粉をふる。[Q75]

5 生地を裏返してきれいな面を上にし、丸く形を整えてボウルに戻す。

発酵

6 発酵器に戻し、28℃でさらに90分発酵させる。

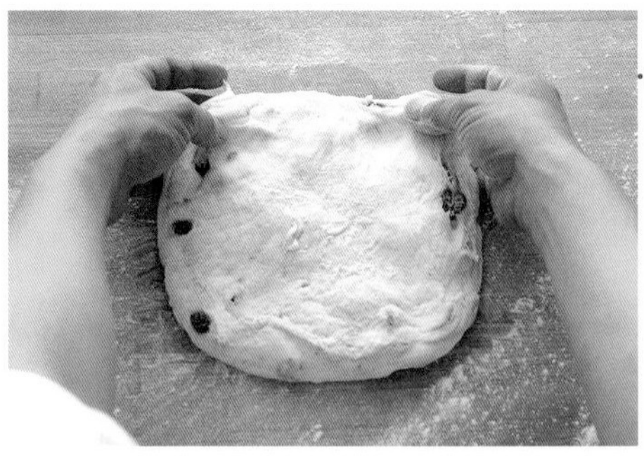

成形

7 生地が裏返しになるようにボウルから取り出し、軽く引っ張って四角形にする。

※べたつく生地であり、また、打ち粉が焼き上がりの模様にもなるので、成形するときには多めに打ち粉をふる。

8 生地の中央から向こう側へ、次に中央から手前に向かって麺棒をかける。これを繰り返し、横25cm×縦35cmになるようにのばす。

※途中で生地が台にくっつくようなら、麺棒で生地を巻き取って持ち上げ、打ち粉をふる。

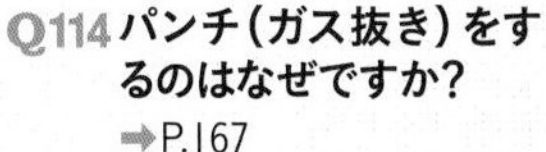

Q114 パンチ（ガス抜き）をするのはなぜですか？
➡P.167

Q116 パンチはどのパンも同じようにするのですか？
➡P.168

Q75 打ち粉って何ですか？
➡P.151

9 生地の手前半分にアーモンドとくるみを散らし、向こう側から半分に折る。

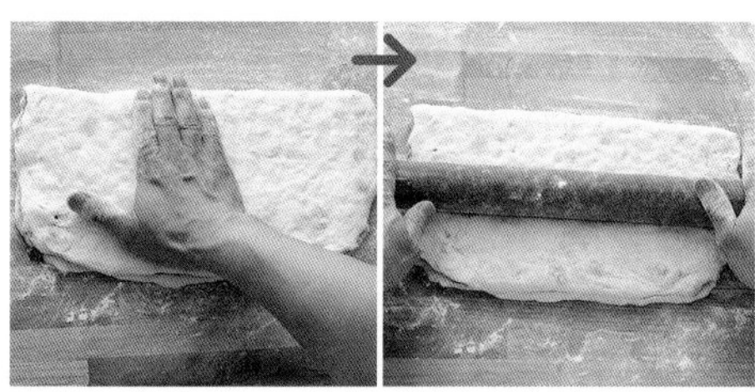

10 手で押さえて生地とナッツをなじませる。打ち粉をふり、さらに軽く麺棒をかけて形を整える。

※ナッツがかたいので、強く麺棒をかけて、生地を破らないように気をつける。ナッツが少し透けて見える程度が目安。

11 包丁で上から押し切るようにして12等分に切り分ける。

※生地を中央で2等分にする。それを2等分にし、さらに3等分にして切り分けると、端から12等分するよりも均等に切り分けることができる。

12 生地を数回ねじって20cm長さにし、オーブンプレートに等間隔にのせる。[Q134,135]

※ねじった生地が戻りそうなときは、プレートにくっつけるように両端を少し押さえる。

Q134 オーブンプレートに生地を並べるときに注意することはありますか？
➡P.175

Q135 成形したパンが一度に焼けないときはどうしたらいいですか？
➡P.175

最終発酵

13 発酵器に入れ、32℃で50分発酵させる。[Q113]

Q113 最終発酵の見極め方を教えてください。
➡P.166

焼成

14 生地の表面が軽くぬれる程度に霧を吹く。[Q139] 220℃のオーブンで10分焼き、温度を200℃に下げて8分焼く。[Q145] クーラーにのせて冷ます。[Q147]

※霧を吹くときは、表面についた打ち粉が消えない程度にする。

Q139 霧を吹いてから焼くとどうなりますか？
➡P.177

Q145 レシピ通りの温度と時間で焼いたら焦げます。
➡P.180

Q147 焼成後すぐにオーブンプレートからはずしたり、型から出したりするのはなぜですか？
➡P.180

ブリオッシュ

バターと卵がたっぷり入った、リッチでソフトなパンです。
さまざまな形がありますが、オーソドックスな形のひとつが
この「ブリオッシュ・ア・テット（頭つきブリオッシュ）」です。

材料（10個分）

	分量（g）	ベーカーズパーセント（%）[Q71]
フランスパン用粉	200	100
砂糖	20	10
塩	4	2
スキムミルク	6	3
バター	100	50
インスタントドライイースト	4	2
卵	50	25
卵黄	20	10
水	76	38
卵（焼成用）	適量	

下準備

- 水は調温する。[Q80]
- バターは冷たくてかたい状態のものを1cm角に切り、使う直前まで冷蔵庫に入れておく。[Q182]
  ※長くこねる生地なので、こね上げ温度が上がりすぎないように、[Q77]冷やしておく。気温の高い季節は、バターだけでなく、すべての材料を冷やしておくとよい。
- 発酵用のボウルにショートニングを塗り、型には室温でやわらかくしたバターを塗る。
- 焼成用の卵はよく溶きほぐし、茶こしでこす。

こね上げ温度	24℃
発酵	30分（28℃）
冷蔵発酵	12時間（5℃）
分割	10等分
ベンチタイム	20分〜
最終発酵	50分（30℃）
焼成	12分（220℃）

Q71 ベーカーズパーセントって何ですか？
→P.149

Q80 仕込み水の温度はどうやって決めたらいいですか？
→P.152

Q182 バターを冷たくしておく理由を教えてください。
→P.196

Q77 こね上げ温度って何ですか？
→P.151

Q85 水以外の材料を先に混ぜ合わせておくのはなぜですか？
→P.154

Q78 仕込み水、調整水って何ですか？
→P.152

Q86 水を加えたら、すぐに混ぜたほうがいいですか？
→P.154

こね

1 ボウルにフランスパン用粉、砂糖、塩、スキムミルク、インスタントドライイーストを入れ、泡立て器で全体を混ぜ合わせる。[Q85]

2 分量の水から調整水を取り分け、[Q78]残りの水に卵、卵黄を加えて混ぜる。
※卵や卵黄は生地に大きな影響を与えるので、へらなどを使って残さず加える。

3 2を1に加え、手で混ぜ合わせる。[Q86]

※徐々に粉気がなくなり、生地がまとまってくる。

4 生地のかたさを確かめながら、**2** の調整水を加え、[Q83,84] さらに混ぜ合わせる。

※粉気の残っているところに加えると、生地がまとまりやすい。

Q83 調整水はいつ入れたらいいのですか？
➡P.153

Q84 調整水は全部使っていいですか？
➡P.153

5 粉気がなくなってひとまとまりになるまでさらに混ぜ合わせ、生地を作業台に取り出す。ボウルについた生地もカードを使い、きれいにこそげ取る。

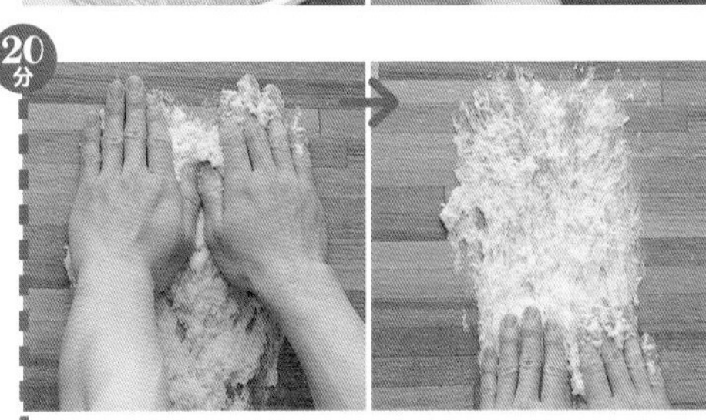

6 両手を大きく前後に動かして、手のひらで生地を台にこすりつけるようにしてこねる。[Q89,91]

※生地はひとまとまりになっているが、材料が均質に混ざっていないので、場所によって生地のかたさにむらがある。まずは全体が同じかたさになるまでこねる。

Q89 手ごねのときに、生地を台にこすりつけたり、たたきつけたりするのはなぜですか？
➡P.155

Q91 手ごねでは、何分こねたらいいですか？
➡P.157

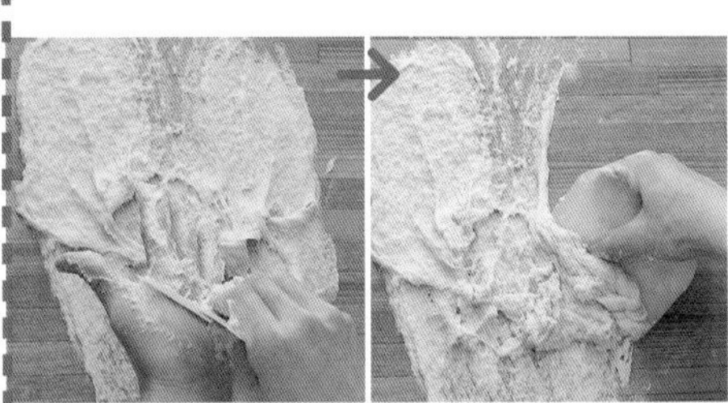

7 途中で生地が台に広がりすぎたら、カードでかき集めてまとめる。手やカードについた生地も落とし、[Q99] 再び台にこすりつけるようにしてさらにこねる。

※とてもやわらかい生地なので、こね上がるまでに何度もかき集めてこねる。

Q99 手やカードについた生地をきれいに取るのはなぜですか？
➡P.160

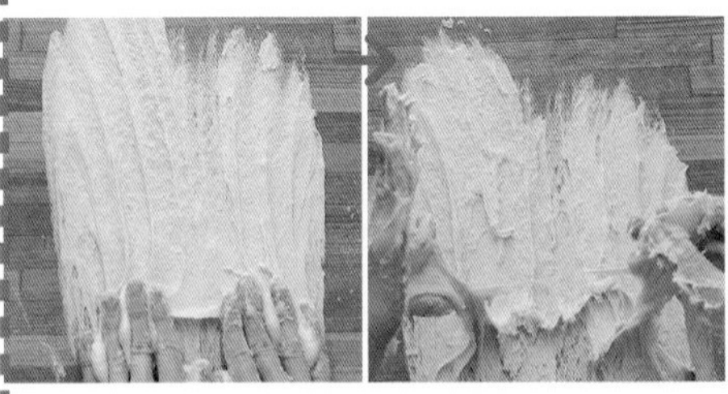

8 かたさにむらがなくなり、見た目にもなめらかな状態になってくる。

※卵や卵黄が多く入っているので、生地はやわらかく非常にべたついている。この段階が手と台に一番くっつきやすい。

9 ときどき **7** のように台やカード、手についた生地を落としながら、さらにこねていくと、生地の端の一部が少し台からはがれるようになってくる（写真の点線囲み部分参照）。

※生地の弾力が除々に増し、重く感じられるようになってくる。べたつきはややおさまり、手にくっつく生地の量が少なくなってくる。

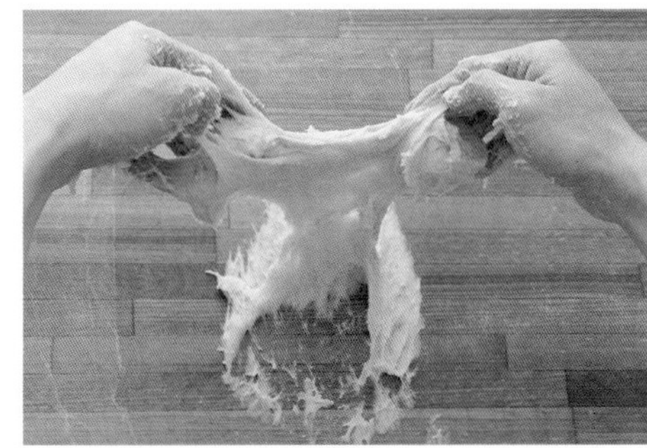

10 生地をかき集め、勢いをつけて端から持ち上げると、全体がはがれるようになっている。

※生地に弾力が出て、台からはがれるようになる。この状態になったらバターを加える。

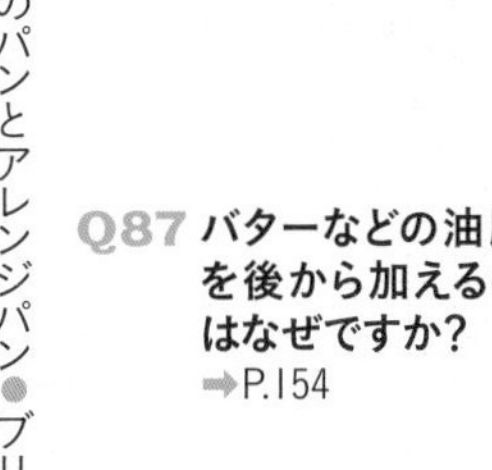

Q87 **バターなどの油脂を後から加えるのはなぜですか?**
➡P.154

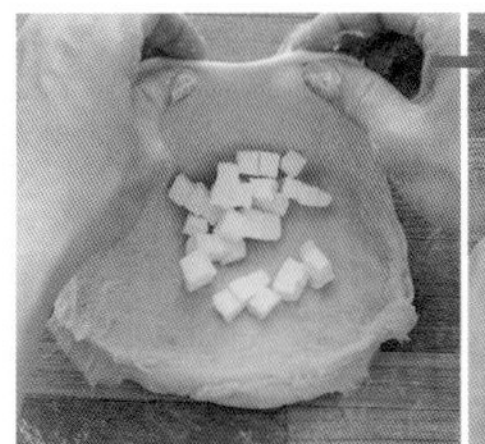

11 カードで生地をまとめ、押さえて広げる。バターの1/3量をのせて生地を半分に折る。[Q87]

※バターの使用量が多く、一度に入れると混ざりにくいので3回に分けて混ぜ込んでいく。

10分

12 生地を台にこすりつけるようにして、バターのかたまりがほぼ見えなくなるまで、生地とバターをなじませる。

※ときどき台やカード、手についた生地を落とす。

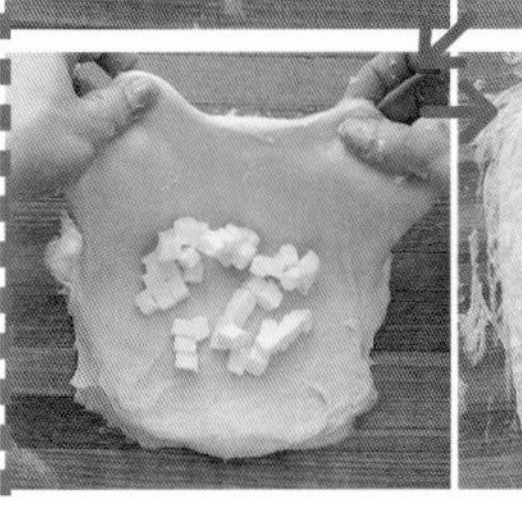

13 **11〜12**をさらに2回繰り返し、すべてのバターを生地に加えてなじませる。

※バターがなじむにつれ、弾力が弱くなり、生地がなめらかになってくる。バターが多く入っているので手にはほとんどくっつかない。

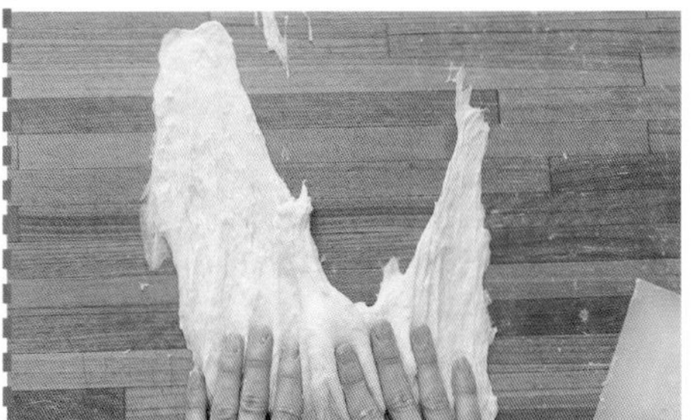

14 さらに生地を台にこすりつけてこねると、弾力が戻って生地の端が台から再びはがれるようになり、まとまってくる。

※この状態になったら、たたきつけに移る。

15

生地をひとつにまとめ、持ち上げて台にたたきつけ、手前に軽く引っ張ってから、向こう側に返す。

※生地を持ち上げるときは、手首を使って振り上げる。反動で生地がのびるので、それを台にたたきつける。たたきはじめは、生地が非常にやわらかく、のびやすいので、力加減に注意する。

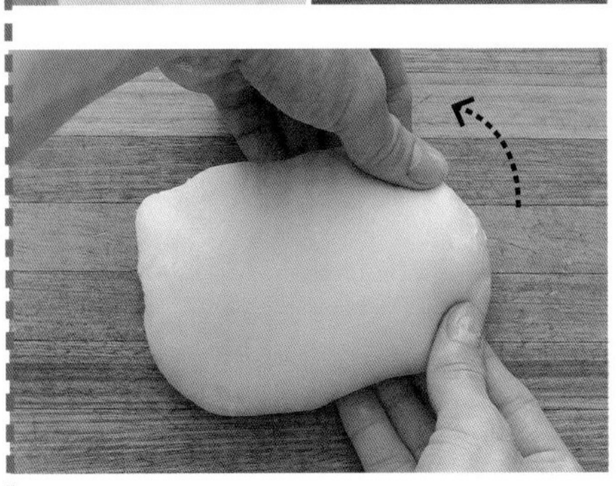

16

生地を持つ位置を90度変え、生地の向きを変える。

17

15〜16の動作を繰り返し、台にたたきつけながら生地の表面がなめらかになるまでこねる。Q97,98

※生地に弾力が出てきたら、強くたたきつけるようにする。バターが溶け出さないうちに手早くこね上げる。バターがにじむくらい生地の温度が高くなったら、氷水を入れたビニールをあてて生地を冷やす。

Q97 手ごねの途中で生地が締まってきて、うまくこねられません。
➡P.160

Q98 たたきつけてこねるときに、生地が破れたり穴があいたりします。
➡P.160

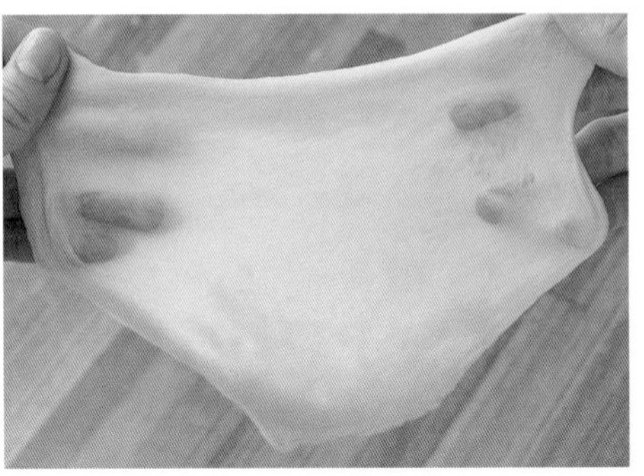

18

生地の一部を取って指先を使ってのばし、生地の状態を確認する。Q93,95

※指紋が透けて見えるくらい非常に薄く、しなやかにのびるようになればこね上がり。

Q93 生地のこね上がりはどのようにして確認すればいいですか？
➡P.158

Q95 こね足りなかったり、こねすぎたりするとどうなりますか？
➡P.159

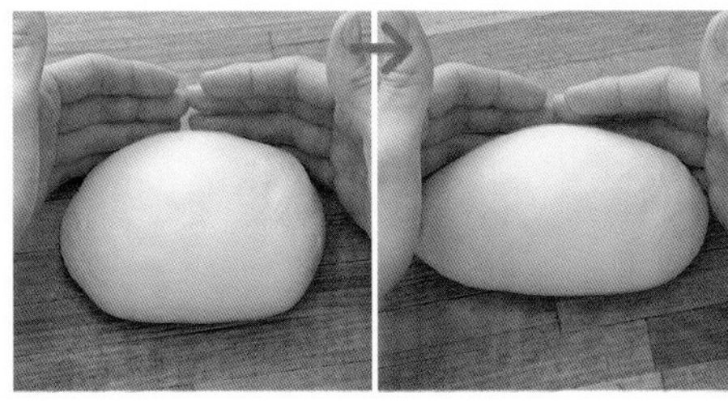

19 生地をまとめ、両手で軽く手前に引き寄せ、生地の表面を張る。

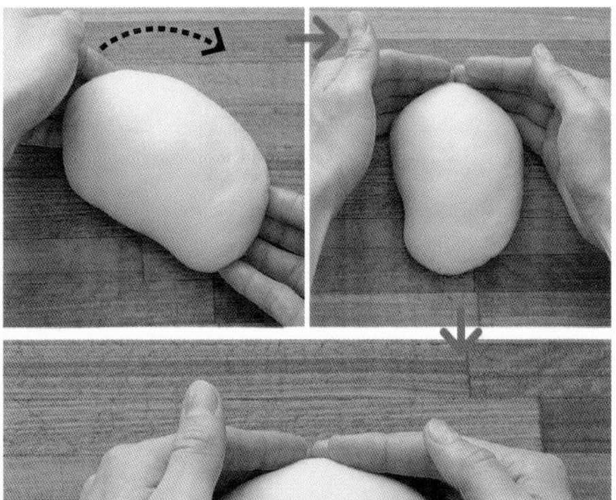

20 向きを90度変え、生地を引き寄せる。これを数回繰り返し、生地の表面が張るように、丸く形を整える。

21 ボウルに入れ、[Q102]生地のこね上げ温度をはかる。こね上げ温度の目安は、24℃。[Q96,183]

※バターの使用量が多いので、こね上げ温度が高いと、バターが溶けてにじんでくる。

Q102 こね上がった生地を入れる容器の大きさはどのくらいがいいですか?
➡P.162

Q96 こね上げ温度が目標通りにならなかったら、どうしたらいいですか?
➡P.159

Q183 ブリオッシュのこね上げ温度が上がってしまいます。
➡P.196

Q57 発酵器って何ですか?
➡P.145

発酵

22 発酵器に入れ、[Q57]28℃で30分発酵させる。

※パンチ後に冷蔵発酵させるので、生地がゆるむまで発酵させずに、早い段階でパンチをする。

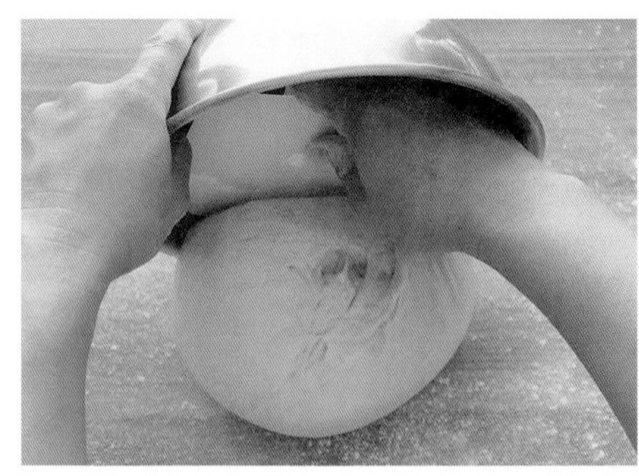

パンチ[Q114]

23 生地が裏返しになるようにボウルから取り出す。

※パンチ、分割、成形の工程で生地がべたつくときは、必要に応じて生地や台に打ち粉をふる。[Q75]

Q114 パンチ(ガス抜き)をするのはなぜですか?
➡P.167

Q75 打ち粉って何ですか?
➡P.151

24 生地の中央から外側へと全体を押さえる。[Q115,116]

Q115 パンチをするときに押さえるようにするのはなぜですか?
➡P.168

Q116 パンチはどのパンも同じようにするのですか?
➡P.168

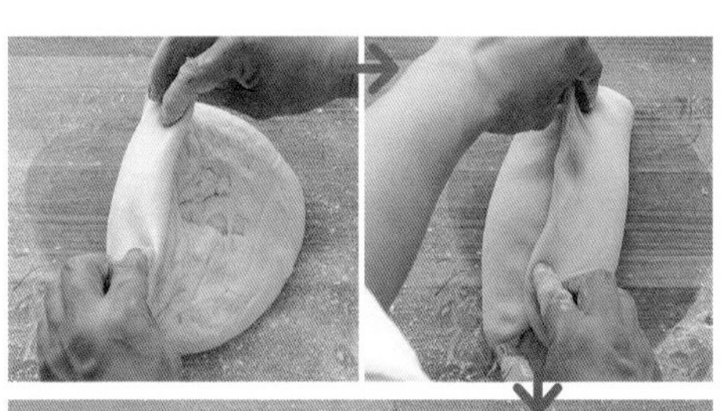

25 生地の左から⅓を折り返し、さらに右から⅓を折り返し、全体を押さえる。

26 向こう側から⅓を折り返し、さらに手前から⅓を折り返す。

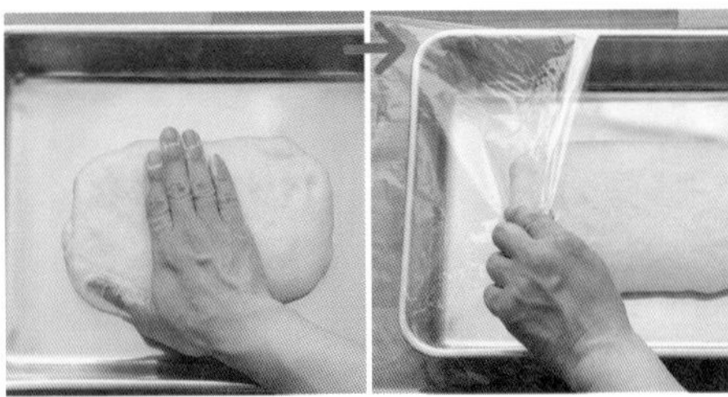

27 生地を裏返し、きれいな面を上にしてバットに入れる。上から全体をしっかり押さえて平らにし、ビニール袋に入れる。
※生地全体が早く均一に冷えるように、厚みをそろえる。熱伝導のよい金属製のバットにのせて生地をすばやく冷やす。

冷蔵発酵 Q184

28 5℃の冷蔵庫に12時間入れる。

※生地が冷えてかたくなることで、作業がしやすくなる。生地が冷えるまでは温度を一定にしたいので、冷蔵庫の開閉はなるべく控える。発酵時間は8〜16時間であれば問題はない。

Q184 **ブリオッシュの生地を冷蔵庫で発酵させるのはなぜですか?**
➡P.196

分割

29 バットからカードで生地を取り出して重さを計量する。これを10で割り、1個あたりの生地の重さを出す。

30 きれいな面を下にして作業台にのせ、上から軽く手のひらで押さえる。

31 まず生地の向こう側と手前からそれぞれ折り返して三つ折りにする。次に裏返してとじ目を下にし、手で押さえて平らにする。
※分割作業がしやすいように、形や厚みを整えるとともに、冷蔵発酵中にゆるんだ生地の弾力を回復させる。

32 目分量で全体の1/10量の生地を切り取り、[Q120]計量する。

Q120 **分割するときに、カードなどで押し切るのはなぜですか?**
➡P.169

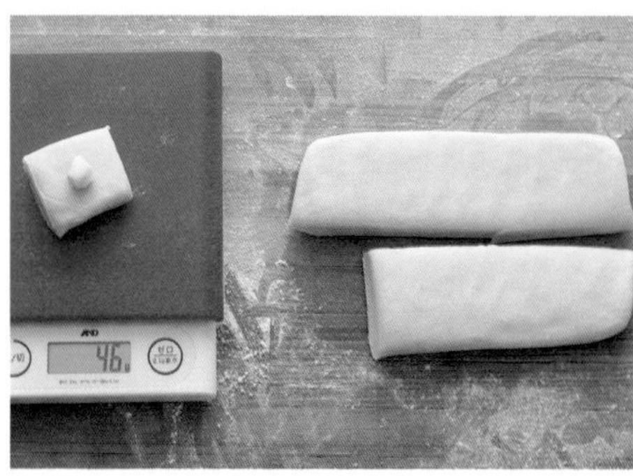

33 29で計算した1個あたりの生地の重さになるように、生地を足したり、切り取ったりして調整する。[Q121]

Q121 **均等に分割するのはなぜですか?**
➡P.170

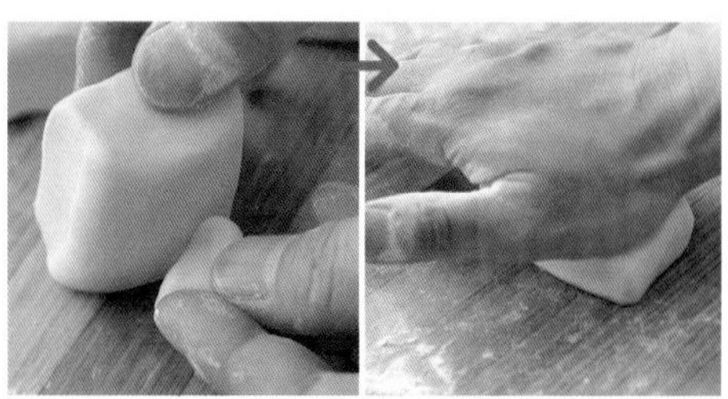

34 きれいな面を上にし、重さ調整で足した小さな生地があれば、下にくっつけてから、上から軽く押さえて平らにする。[Q185]

※ベンチタイムで、すべての生地が均一にゆるむように厚みをそろえる。

Q185 **ブリオッシュの生地をベンチタイムの前に押さえて平らにするのはなぜですか?**
➡P.197

35 布を敷いた板の上に並べ、[Q63]ビニールをかける。

Q63 **生地をのせる布はどのようなものが適していますか?**
➡P.147

ベンチタイム

36 室温で20分休ませる。

※外側と内側の温度に差がつきすぎないように、生地の温度をゆっくりと上げる。環境によっては、30分以上かかる場合もある。

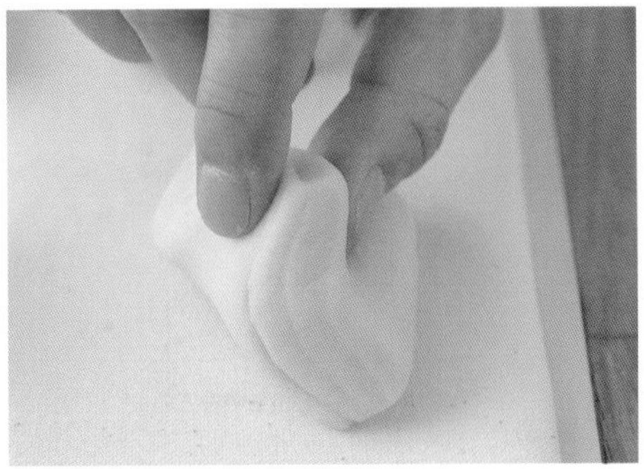

37 生地の温度が均一になり、写真のように生地がやわらかくなればよい。

※正確に状態を見極めたい場合は、生地の側面から中央あたりまで温度計を差し込み、中心温度が18～20℃になっていればよい。

成形

38 生地を手のひらにのせて押さえ、ガスを抜く。きれいな面を上にして、反対の手で生地を包み込む。

※手の熱でバターが溶け出さないうちに、すべての生地を手早く成形する。

横から見たところ　上から見たところ

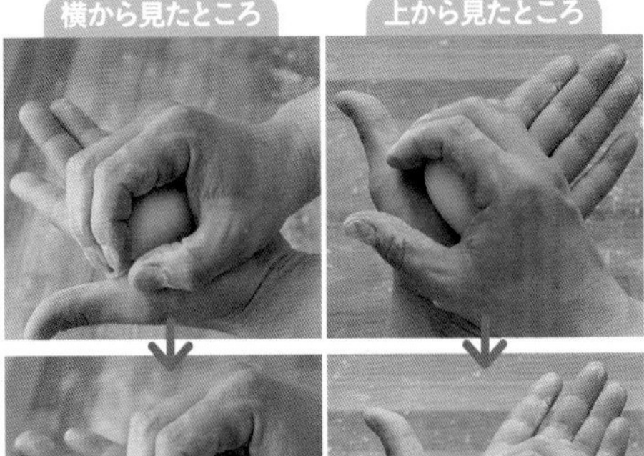

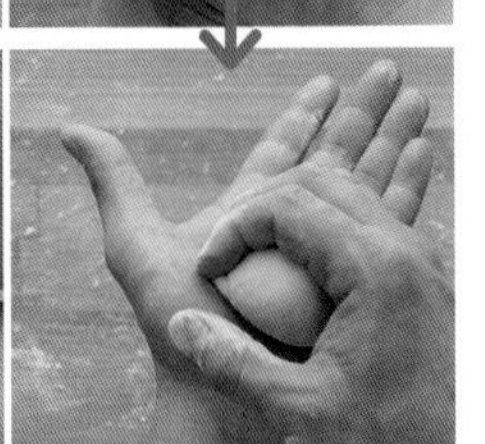

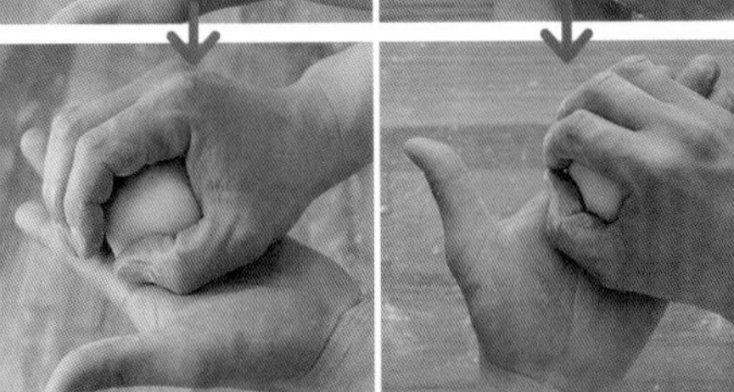

Q123 丸めのコツを教えてください。また、どの程度まで丸めればいいですか？
➡P.170

Q124 丸めるときに生地の表面を張るのはなぜですか？
➡P.171

39 生地を包み込んでいる右手を反時計回り（左手で丸める場合は時計回り）に動かし、生地を丸めて表面を張る。[Q123,124]

※張りが出るようにしっかりと丸める。丸め、成形の工程で、置いている生地が乾燥しすぎるようなら、必要に応じてビニールをかける。

Q132 成形するときに、とじ目をつまんだり、押さえたりするのはなぜですか？
➡P.175

40 底をつまんでしっかりととじ、[Q132]布の上に並べる。ビニールをかけ、生地が少しゆるむまで室温で休ませる。

※休ませることで生地が無理なくのびるようになり、成形しやすくなる。生地を指で押さえて、跡が少し残るくらいが目安。

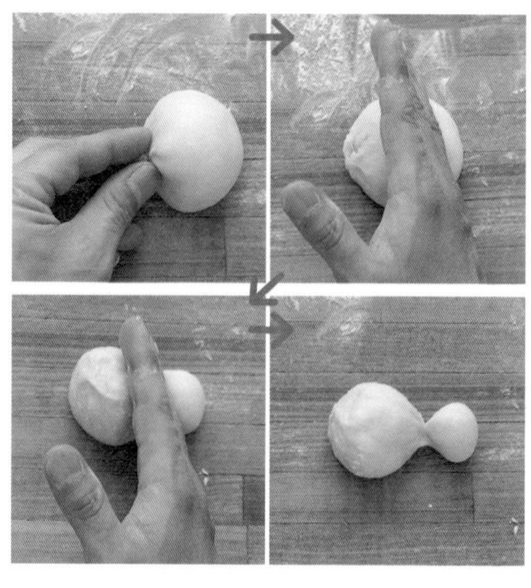

41 40のとじ目が横になるように台にのせ、手のひらをたてて小指の側面で生地を前後に転がして、とじ目から⅔あたりにくびれを作る。

※くびれは生地がちぎれる寸前まで細くする。

42 くびれ部分をつまんで持ち上げ、大きいほうの生地を型に入れ、小さいほうの生地を大きい生地の中心に押し込む。

※小さいほうの生地をつぶさないように気をつけ、指先が型の底にあたるまで押し込む。

43 オーブンプレートに並べる。Q134

Q134 オーブンプレートに生地を並べるときに注意することはありますか?

➡P.175

最終発酵

44 発酵器に入れ、30℃で50分発酵させる。Q113

※温度が高すぎるとバターが溶け出し、ボリュームのない焼き上がりになる。

Q113 最終発酵の見極め方を教えてください。

➡P.166

Q142 **溶き卵を上手に塗るポイントを教えてください。**
➡P.179

Q143 **溶き卵を塗るときに注意する点は何ですか?**
➡P.179

Q145 **レシピ通りの温度と時間で焼いたら焦げます。**
➡P.180

焼成

45 生地の表面に溶き卵を塗り、[Q142,143]220℃のオーブンで12分焼く。[Q145]

※塗りにくいので、型を持って塗るとよい。型や、大きい生地と小さい生地の境目に溶き卵がたまらないように気をつける。

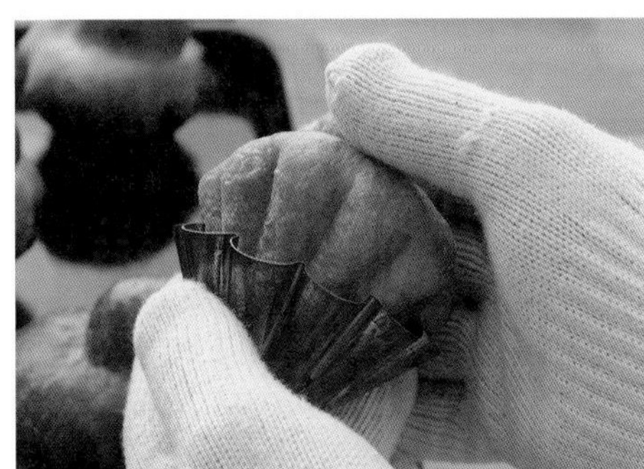

46 オーブンから取り出し、側面にも焼き色がついていることを確認する。

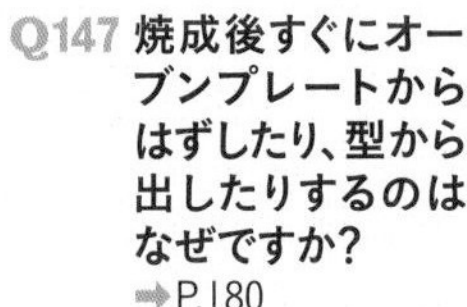

Q147 **焼成後すぐにオーブンプレートからはずしたり、型から出したりするのはなぜですか?**
➡P.180

47 板の上に型を軽く打ちつけてショックを与え、すぐに型から出す。[Q147]

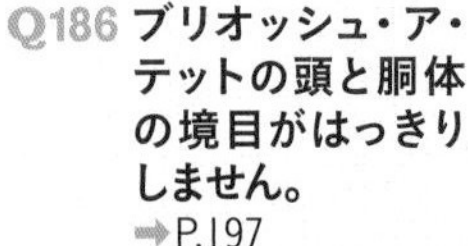

Q186 **ブリオッシュ・ア・テットの頭と胴体の境目がはっきりしません。**
➡P.197

Q187 **ブリオッシュ・ア・テットで、上部の頭が傾いて焼き上がったのはなぜですか?**
➡P.197

48 クーラーにのせて冷ます。[Q186,187]

ブリオッシュ生地を使ったアレンジ——1

パン・オ・レザン

ブリオッシュ生地でカスタードクリームとレーズンを巻いた、
フランスではおなじみの甘いパンです。
仕上がりがうず巻き状なのは、
ロールケーキのように生地を巻き、端から切って焼くから。
リッチな生地とコクのあるクリームで、ぜいたくな味わいです。

材料(8個分)

	分量(g)	ベーカーズパーセント(%) Q71
フランスパン用粉	200	100
砂糖	20	10
塩	4	2
スキムミルク	6	3
バター	100	50
インスタントドライイースト	4	2
卵	50	25
卵黄	20	10
水	76	38

カスタードクリーム	120g
サルタナレーズン	50g
卵(焼成用)	適量
粉砂糖	適量

※カスタードクリームの作り方はP.95を参照
※アルミケースのサイズは底部直径9cm、高さ2cm

下準備

- 水は調温する。Q80
- バターは冷たくてかたい状態のものを1cm角に切り、使う直前まで冷蔵庫に入れておく。Q182
  ※長くこねる生地なので、こね上げ温度が上がりすぎないように、Q77 冷やしておく。気温の高い季節は、バターだけでなく、すべての材料を冷やしておくとよい。
- 発酵用のボウルにショートニングを塗る。
- 焼成用の卵はよく溶きほぐし、茶こしでこす。
- サルタナレーズンはぬるま湯でさっと洗い、Q53 ざるに上げて水気をしっかりと切る。

こね上げ温度	24℃
発酵	30分(28℃)
冷蔵発酵	12時間(5℃)
分割	8等分
最終発酵	40分(30℃)
焼成	12分(210℃)

Q71 ベーカーズパーセントって何ですか?
➡P.149

Q80 仕込み水の温度はどうやって決めたらいいですか?
➡P.152

Q182 バターを冷たくしておく理由を教えてください。
➡P.196

Q77 こね上げ温度って何ですか?
➡P.151

Q53 レーズンをぬるま湯で洗ってから使うのはどうしてですか?
➡P.144

Q184 ブリオッシュの生地を冷蔵庫で発酵させるのはなぜですか?
➡P.196

Q75 打ち粉って何ですか?
➡P.151

こね〜発酵〜冷蔵発酵 Q184

1 ブリオッシュ(P.80)の**1**〜**28**と同様にして生地をこね、発酵、パンチ、冷蔵発酵を行う。
※パンチ、成形の工程で生地がべたつくときは、必要に応じて生地や台に打ち粉をふる。Q75

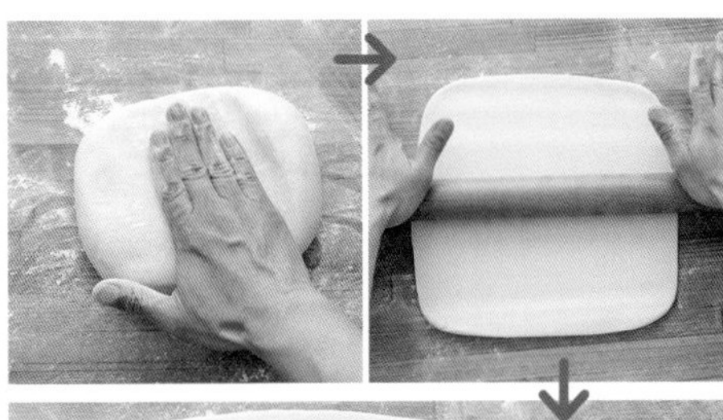

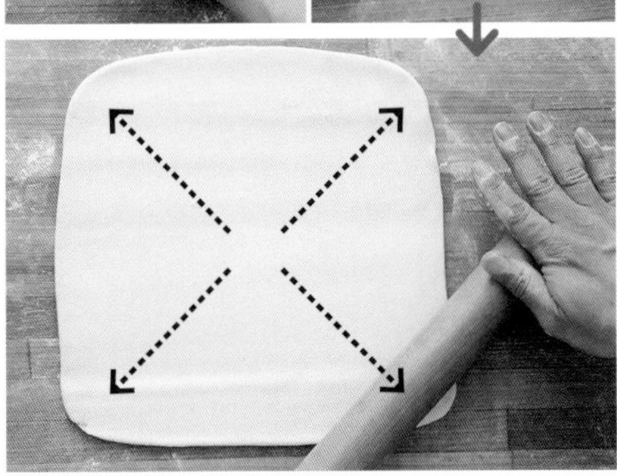

成形

2 生地を作業台に出し、手のひらで押さえて平らにする。生地の中央から向こう側へ向かって麺棒をかけ、次に中央から手前に向かって麺棒をかける。生地の向きを90度変えながら、これを繰り返し、24cm四方の正方形になるように薄くのばす。角が丸くなってきたら、生地の中央から斜め45度の方向に四隅に麺棒をかけて角を出し、なるべく四角形になるようにする。
※できるだけ手早くのばす。生地がやわらかくなったら、冷蔵庫や冷凍庫に入れて冷やす。

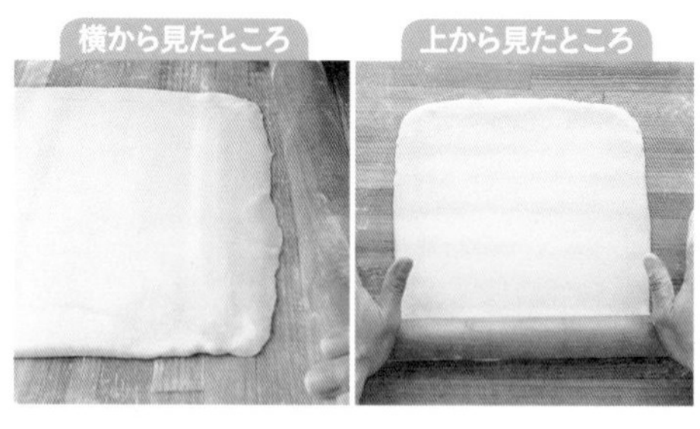

3 余分な打ち粉をはらい、きれいな面を下にし、手前の端から2cmの部分に麺棒をかけて薄くする。

4 薄くした部分を残して、カスタードクリームを塗り広げる。

※カスタードクリームは、塗りやすいようにへらで軽く練ってやわらかくしておく。中央にクリームをのせ、外側に向かってカードで塗り広げる。

5 サルタナレーズンを散らす。薄くした部分に、刷毛で水を塗る。

6 向こう側から手前に向かって少しずつ巻いていき、生地の巻き終わりをしっかりとくっつける。Q132

※すき間ができないように巻く。

Q132 成形するときに、とじ目をつまんだり、押さえたりするのはなぜですか？
➡P.175

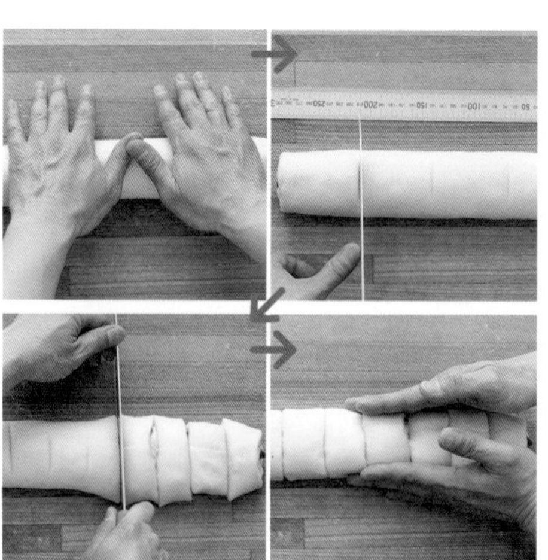

7 軽く転がして、太さを均一にする。長さをはかって8等分の印をつける。包丁で上から押し切るようにして切り分け、形を整える。

Q134 オーブンプレートに生地を並べるときに注意することはありますか？
➡P.175

Q135 成形したパンが一度に焼けないときはどうしたらいいですか？
➡P.175

8 アルミケースに入れて、オーブンプレートに並べ、[Q134,135] 上から押さえる。
※焼き色や焼き加減にむらができないように、なるべく高さをそろえて平らにする。

9 成形が終わった状態。

Q113 最終発酵の見極め方を教えてください。
➡P.166

Q142 溶き卵を上手に塗るポイントを教えてください。
➡P.179

Q143 溶き卵を塗るときに注意する点は何ですか？
➡P.179

Q145 レシピ通りの温度と時間で焼いたら焦げます。
➡P.180

Q147 焼成後すぐにオーブンプレートからはずしたり、型から出したりするのはなぜですか？
➡P.180

最終発酵

10 発酵器に入れ、30℃で40分発酵させる。[Q113]
※温度が高すぎるとバターが溶け出し、ボリュームのない焼き上がりになる。

焼成

11 生地の表面に溶き卵を塗る。[Q142,143] 210℃のオーブンで12分焼き、[Q145] クーラーにのせて冷ます。[Q147] 完全に冷めたら、表面に粉砂糖をふる。
※溶き卵は上面だけでなく、側面にも塗る。

カスタードクリーム

材料（約300g分）

薄力粉	25g
牛乳	250g
バニラのさや	¼本
卵黄	60g
砂糖	75g

1. バニラのさやは縦半分に切り、種をこそげ取る。
2. 鍋に牛乳、バニラのさやと種を入れ、中火で沸騰直前まで温める。
3. 卵黄をボウルに入れ、泡立て器で溶きほぐし、砂糖を加え、白っぽくなるまでしっかりと混ぜ合わせる。
4. ③に薄力粉を加えて混ぜ合わせ、②の牛乳を少しずつ加えながら混ぜ合わせる。
5. 牛乳を温めた鍋に④をこしながら戻し入れ、中火にかける。泡立て器で混ぜながら沸騰させ、しっかりと煮る。
6. つやが出て、なめらかなクリーム状になったら、バットに流し入れる。表面をラップで覆い、氷水にあてて冷ます。

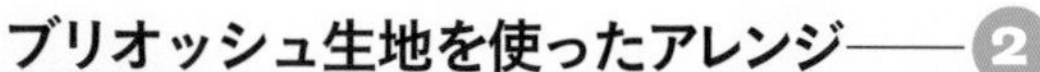

オレンジとチョコレートのブリオッシュ

オレンジのさわやかな酸味とちょっぴりほろ苦い風味は、
チョコレートと相性がよく、
お菓子の世界でも見られる組み合わせです。
マカロン生地を塗って焼いているので、
表面はカリッと、クラムはふわふわでしっとりと焼き上がります。

材料（8個分）

	分量(g)	ベーカーズパーセント(%) Q71
フランスパン用粉	200	100
砂糖	20	10
塩	4	2
スキムミルク	6	3
バター	100	50
インスタントドライイースト	4	2
卵	50	25
卵黄	20	10
水	76	38
オレンジピール	20	10
チョコチップ	40	20

アーモンドパウダー	30g
粉砂糖	30g
卵白	30〜35g
粉砂糖（仕上げ用）	適量

※紙ケースのサイズは底部直径6.5cm、高さ5cm

下準備

- 水は調温する。Q80
- バターは冷たくてかたい状態のものを1cm角に切り、使う直前まで冷蔵庫に入れておく。Q182
  ※長くこねる生地なので、こね上げ温度が上がりすぎないように、Q77 冷やしておく。気温の高い季節は、バターだけでなく、すべての材料を冷やしておくとよい。
- オレンジピールは2mm角に刻む。
- 発酵用のボウルにショートニングを塗る。

こね上げ温度	24℃
発酵	30分（28℃）
冷蔵発酵	12時間（5℃）
分割	8等分
ベンチタイム	20分〜
最終発酵	60分（30℃）
焼成	14分（190℃）

Q71 ベーカーズパーセントって何ですか？
➡P.149

Q80 仕込み水の温度はどうやって決めたらいいですか？
➡P.152

Q182 バターを冷たくしておく理由を教えてください。
➡P.196

Q77 こね上げ温度って何ですか？
➡P.151

こね

1 ブリオッシュ（P.80）の1〜18と同様にして生地をこねる。生地を広げ、全体にオレンジピール、チョコチップを散らす。

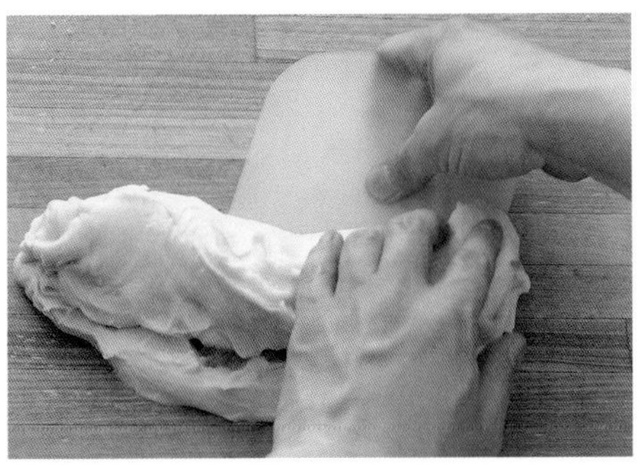

2 生地をカードで折り返してまとめる。

3 生地を台にこすりつけるようにして、生地全体に均一に混ぜ込む。

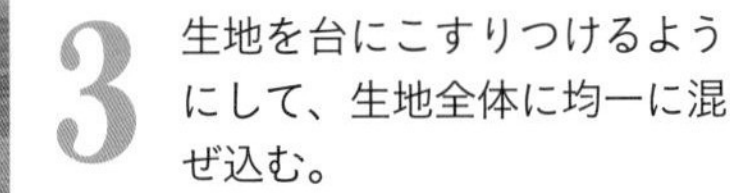

※手の熱や摩擦熱でチョコチップが溶けないように手早く行う。

4 ブリオッシュ(P.80)の**19～20**と同様にして生地を丸くまとめ、ボウルに入れ、[Q102]生地のこね上げ温度をはかる。こね上げ温度の目安は24℃。[Q96,183]

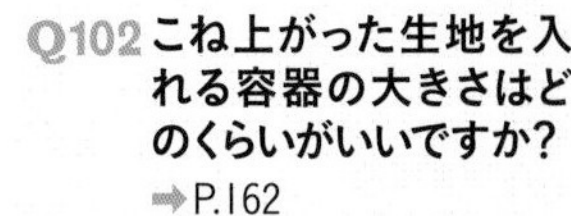

Q102 こね上がった生地を入れる容器の大きさはどのくらいがいいですか？
➡P.162

Q96 こね上げ温度が目標通りにならなかったら、どうしたらいいですか？
➡P.159

Q183 ブリオッシュのこね上げ温度が上がってしまいます。
➡P.196

発酵

5 発酵器に入れ、[Q57]28℃で30分発酵させる。

※パンチ後に冷蔵発酵させるので、生地がゆるむまで発酵させずに、早い段階でパンチをする。

Q57 発酵器って何ですか？
➡P.145

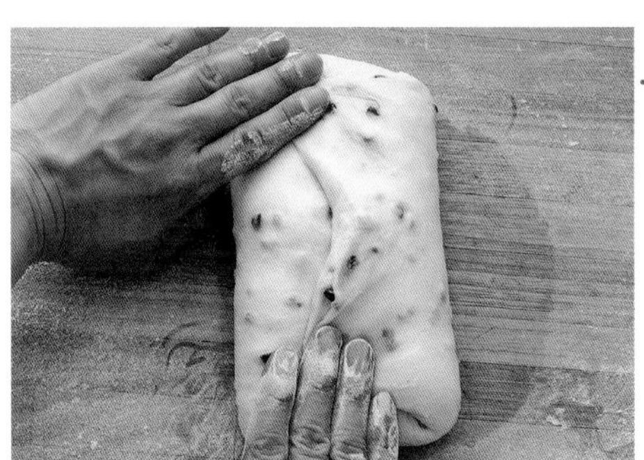

パンチ[Q114]

6 ブリオッシュ(P.80)の**23～26**と同様にしてパンチをする。

※パンチ、分割、成形の工程で生地がべたつくときは、必要に応じて生地や台に打ち粉をふる。[Q75]

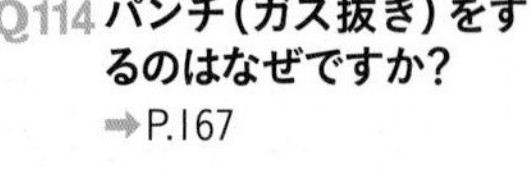

Q114 パンチ(ガス抜き)をするのはなぜですか？
➡P.167

Q75 打ち粉って何ですか？
➡P.151

7 生地を裏返し、きれいな面を上にしてバットに入れる。上から全体をしっかり押さえて平らにし、ビニール袋に入れる。

※生地全体が早く均一に冷えるように、厚みをそろえる。熱伝導のよい金属製のバットにのせて生地をすばやく冷やす。

冷蔵発酵[Q184]

8 5℃の冷蔵庫に12時間入れる。

※生地が冷えてかたくなることで、作業がしやすくなる。生地が冷えるまでは温度を一定にしたいので、冷蔵庫の開閉はなるべく控える。発酵時間は8～16時間であれば問題はない。

Q184 ブリオッシュの生地を冷蔵庫で発酵させるのはなぜですか？
➡P.196

分割

9 ブリオッシュ（P.80）の**29～33**と同様の方法で、生地を8等分にする。

Q185 ブリオッシュの生地をベンチタイムの前に押さえて平らにするのはなぜですか？
➡P.197

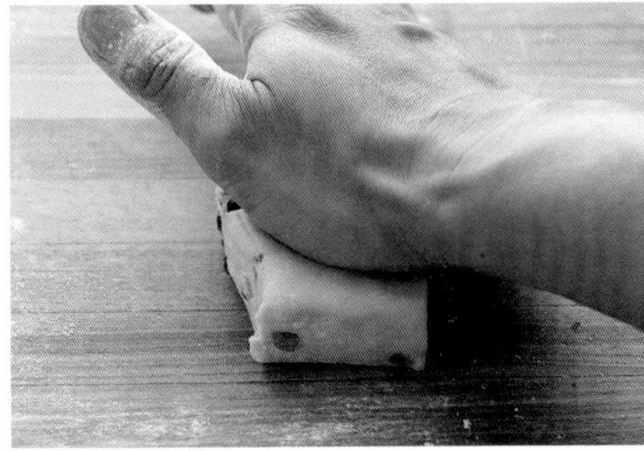

10 きれいな面を上にし、重さ調整で足した小さな生地があれば、下にくっつけてから、上から軽く押さえて平らにする。[Q185]
※ベンチタイムで、すべての生地が均一にゆるむように厚みをそろえる。

Q63 生地をのせる布はどのようなものが適していますか？
➡P.147

11 布を敷いた板の上に並べ、[Q63]ビニールをかける。

ベンチタイム

12 室温で20分休ませる。
※外側と内側の温度に差がつきすぎないように、生地の温度をゆっくりと上げる。環境によっては30分以上かかる場合もある。ブリオッシュ（P.80）の**37**のようになればよい。正確に状態を見極めたい場合は、生地の側面から中央あたりまで温度計を差し込み、中心温度が18～20℃になっているのが目安。

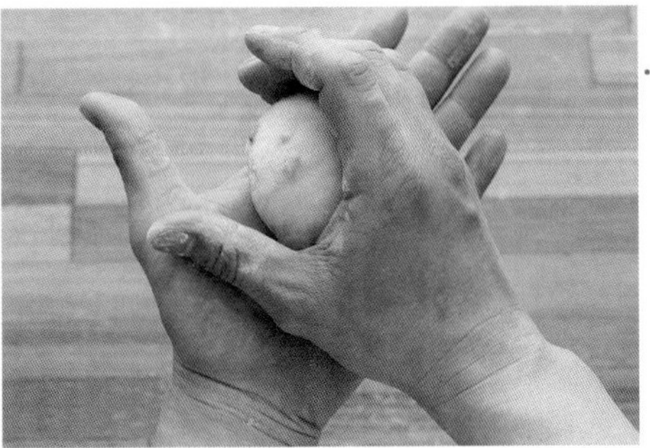

成形

13 ブリオッシュ（P.80）の**38～39**と同様にして、生地を丸める。

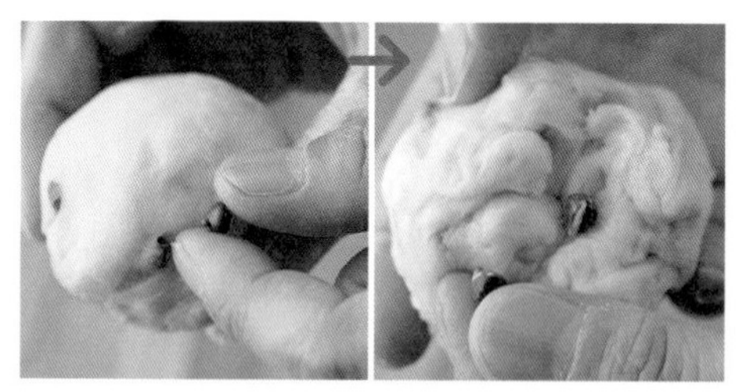

14 丸めている途中で表面に出てきたチョコチップは取り、底につける。

15 底をつまんでしっかりととじる。Q132

Q132 **成形するときに、とじ目をつまんだり、押さえたりするのはなぜですか?**
➡P.175

16 紙ケースに入れ、オーブンプレートに並べる。Q134

POINT
とじ目を下にして入れる。Q133

Q134 **オーブンプレートに生地を並べるときに注意することはありますか?**
➡P.175

Q133 **とじ目を下にして生地を並べるのはなぜですか?**
➡P.175

最終発酵

17 発酵器に入れ、30℃で60分発酵させる。Q113

※温度が高すぎるとバターが溶け出し、ボリュームのない焼き上がりになる。

POINT
生地の一番高い部分がケースの高さになるのが目安。

Q113 **最終発酵の見極め方を教えてください。**
➡P.166

マカロン生地

18 最終発酵の間にマカロン生地を作る。アーモンドパウダーと粉砂糖を泡立て器で混ぜ、ストレーナーでこす。

19 溶きほぐした卵白を少量残して加え、ダマが残らないようにしっかりと混ぜ合わせる。

20 残しておいた卵白で塗りやすいかたさに調整する。泡立て器ですくうとトロリと落ちるくらいが目安。

焼成

21 17の生地の表面にマカロン生地を塗る。

22 表面が白くなるまで粉砂糖をたっぷりとふり、溶けるまでしばらくおく。
※粉砂糖をふるときは紙などを敷いておくと、こぼれた粉砂糖を集めやすい。

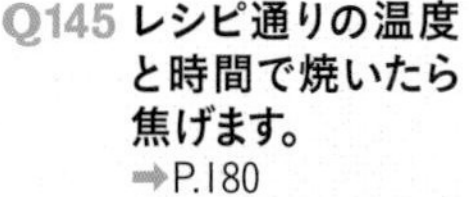

Q145 レシピ通りの温度と時間で焼いたら焦げます。
➡P.180

Q147 焼成後すぐにオーブンプレートからはずしたり、型から出したりするのはなぜですか？
➡P.180

23 表面の粉砂糖が溶け、写真のように半透明になったら、再び白くなるまで粉砂糖をたっぷりとふる。190℃のオーブンで14分焼き、[Q145]クーラーにのせて冷ます。[Q147]
※白く溶け残った粉砂糖が模様になるので、2回目の粉砂糖をふったら溶けないうちにオーブンに入れる。

クロワッサン

薄い生地が重なることで生まれるサクッとした軽い食感と、
バターの風味が、不動の人気を誇ります。
たっぷりのバターを、層になるように生地に折り込む、
パイ生地の製法で作る独特のパンです。

材料（8個分）

	分量(g)	ベーカーズパーセント(%)[Q71]
フランスパン用粉	200	100
砂糖	20	10
塩	4	2
スキムミルク	6	3
バター	20	10
インスタントドライイースト	4	2
卵	10	5
水	100	50
バター（折り込み用）	100	50
卵（焼成用）	適量	

下準備

- 水は調温する。[Q80]
- バターは使う直前まで冷蔵庫に入れておく。
- 発酵用のボウルにショートニングを塗る。
- 焼成用の卵はよく溶きほぐし、茶こしでこす。

こね上げ温度	24℃
発酵	20分（26℃）
冷蔵発酵	12時間（5℃）
折り込み	三つ折り×3回（1回ごとに－15℃で30〜40分休ませる）
最終発酵	60分（30℃）
焼成	12分（220℃）

Q71 ベーカーズパーセントって何ですか？
➡P.149

Q80 仕込み水の温度はどうやって決めたらいいですか？
➡P.152

Q78 仕込み水、調整水って何ですか？
➡P.152

Q85 水以外の材料を先に混ぜ合わせておくのはなぜですか？
➡P.154

こね

1 分量の水から調整水を取り分け、[Q78]残りの水にインスタントドライイーストをふり入れ、しばらくおく。

※こね時間が短く、粉と合わせておくだけではインスタントドライイーストが溶けない可能性があるので、水に溶かして使う。

2 ボウルにフランスパン用粉、砂糖、塩、スキムミルクを入れ、泡立て器で全体を混ぜ合わせる。[Q85]

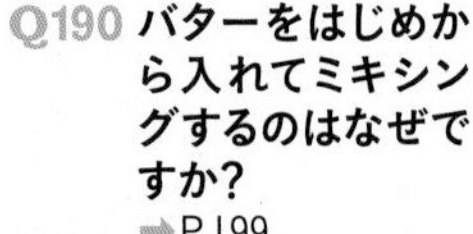

Q190 バターをはじめから入れてミキシングするのはなぜですか？
➡P.199

3 バターを加えてカードで刻む。[Q190] 7〜8㎜角になったら、バターと粉を両手でこすり合わせてなじませる。

※バターが溶けないうちに手早く行う。先に粉とバターをなじませることで、こね時間をできるだけ短くし、生地に弾力が出ないようにする。こねすぎて弾力が強くなりすぎると、のばしたときに生地が縮みやすく、折り込みの作業がしにくくなる。

4 1のイーストが溶けたら、溶きほぐした卵を加えて泡立て器で混ぜ合わせる。

※卵の使用量はほかの材料に比べて多くはないが、生地に大きな影響を与えるので、へらなどを使って、残さず加える。

5 4を3に加え、手で混ぜ合わせる。[Q86]

Q86 水を加えたら、すぐに混ぜたほうがいいですか？
➡P.154

6 生地のかたさを確かめながら、1の調整水を加え、[Q83,84]さらに混ぜ合わせる。

※粉気の残っているところに加えると、生地がまとまりやすい。

Q83 調整水はいつ入れたらいいのですか？
➡P.153

Q84 調整水は全部使っていいですか？
➡P.153

7 粉気がなくなってひとまとまりになるまで混ぜ合わせ、生地を作業台に取り出す。ボウルについた生地もカードを使い、きれいにこそげ取る。

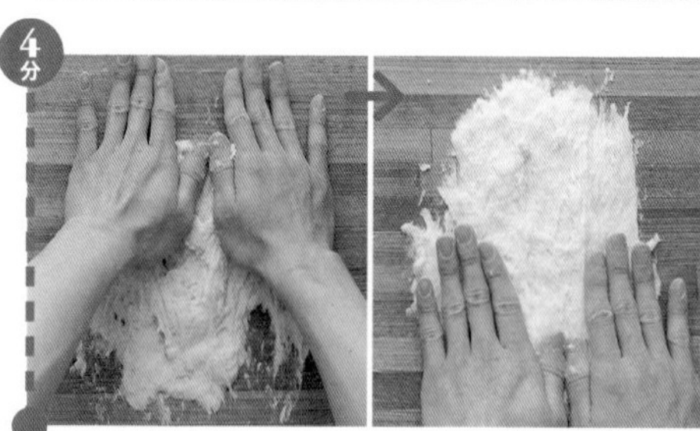

8 両手を前後に動かして、手のひらで生地を台に軽くこすりつけるようにしてこねる。[Q91]

※台に取り出したとき、生地はひとまとまりになっているが、材料が均質に混ざっていないので、場所によって生地のかたさにむらがある。こねすぎないように気をつけ、全体が同じかたさになればよい。

Q91 手ごねでは、何分こねたらいいですか？
➡P.157

9 台やカード、手についた生地をていねいに取る。[Q99]

Q99 手やカードについた生地をきれいに取るのはなぜですか？
➡P.160

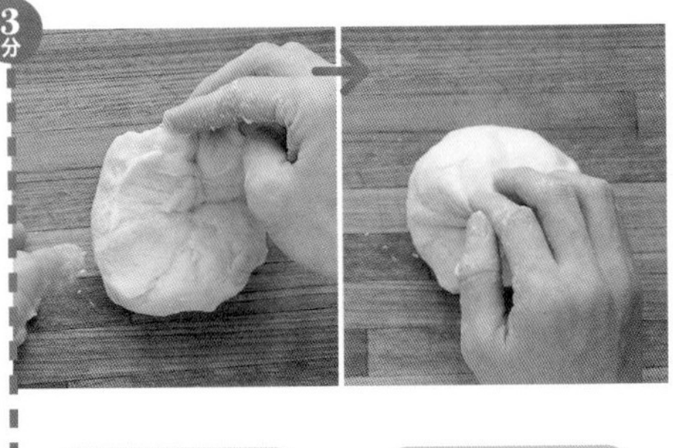

10 生地をひとつにまとめ、向こう側から手前に生地を折り返す。

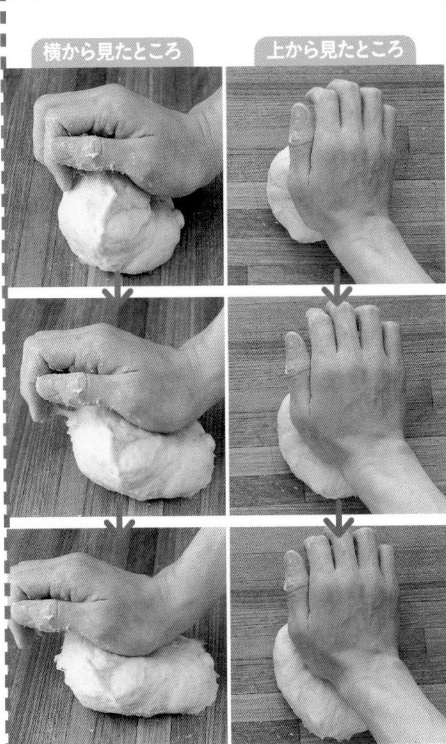

11 手前から向こう側に向かって、手のひらのつけ根で生地を押し出す。

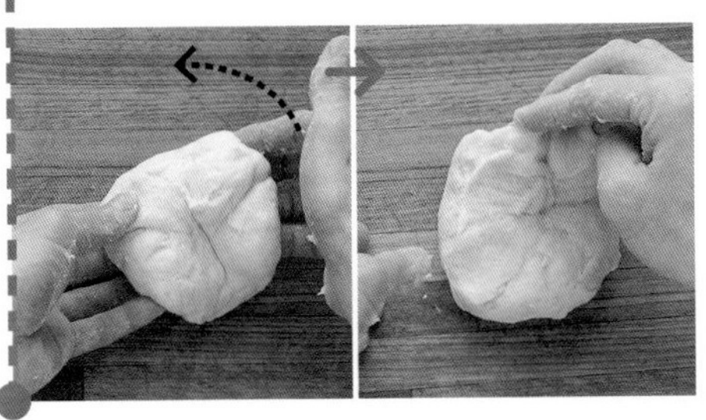

12 生地の向きを変えながら、10〜11を繰り返して生地をこねる。

※ややべたついているが、生地の表面が少しなめらかになる。

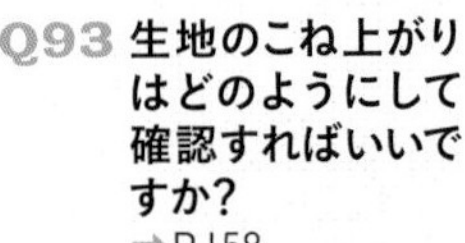

Q93 生地のこね上がりはどのようにして確認すればいいですか？
➡P.158

Q95 こね足りなかったり、こねすぎたりするとどうなりますか？
➡P.159

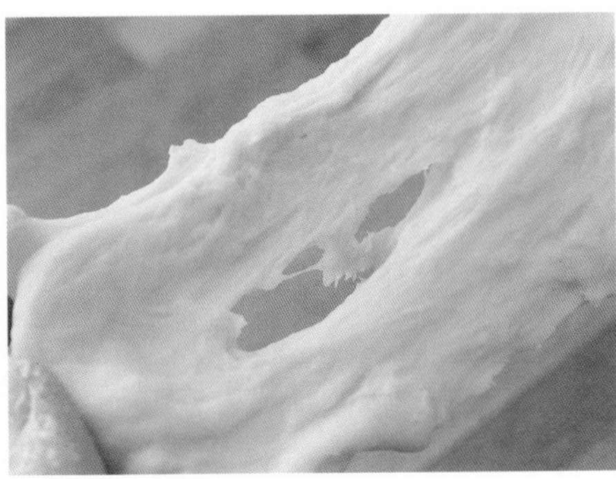

13 生地の一部を取って指先を使ってのばし、生地の状態を確認する。Q93,95

※生地はかたくてのびにくいので、強く引っ張るとすぐに破れるが、この写真の状態でこね上がり。

14 生地をまとめ、手で軽く手前に引き寄せ、生地の表面を張る。

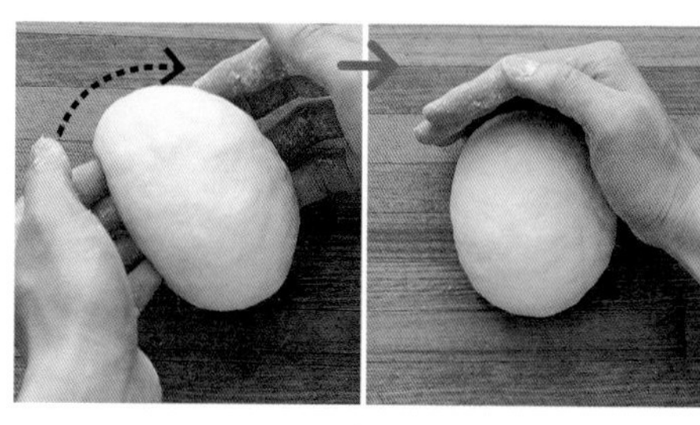

15 向きを90度変え、生地を引き寄せる。これを数回繰り返し、表面が張るように、丸く形を整える。

16 ボウルに入れ、Q102 生地のこね上げ温度をはかる。Q77 こね上げ温度の目安は24℃。Q96

Q102 **こね上がった生地を入れる容器の大きさはどのくらいがいいですか?**
➡P.162

Q77 **こね上げ温度って何ですか?**
➡P.151

Q96 **こね上げ温度が目標通りにならなかったら、どうしたらいいですか?**
➡P.159

発酵

17 発酵器に入れ、Q57 26℃で20分発酵させる。

※パンチ後に冷蔵発酵させるので、生地がゆるむまで発酵させずに、早い段階でパンチをする。

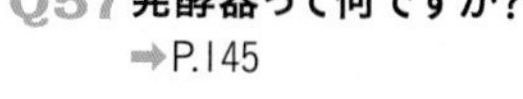

Q57 **発酵器って何ですか?**
➡P.145

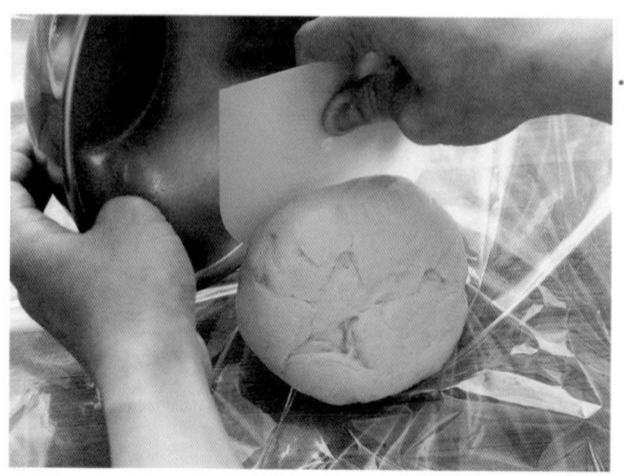

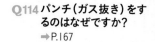

パンチ Q114

18 作業台にビニールを敷き、その上に生地が裏返しになるようにボウルから取り出す。

Q114 **パンチ(ガス抜き)をするのはなぜですか?**
➡P.167

Q115 パンチをするときに押さえるようにするのはなぜですか？
➡P.168

19 生地の中央から外側へと全体を軽く押さえ、[Q115]厚みを均一にする。

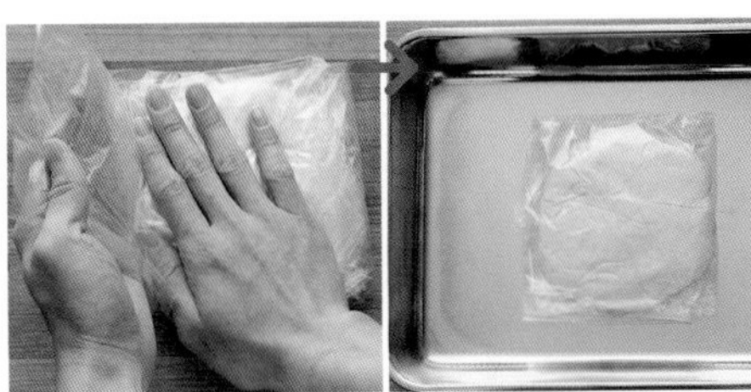

20 敷いていたビニールで包み、バットに入れる。

※生地がすばやく冷えるように熱伝導のよい金属製のバットにのせる。

Q191 クロワッサンの生地を冷蔵庫で発酵させるのはなぜですか？
➡P.199

冷蔵発酵 [Q191]

21 5℃の冷蔵庫に12時間入れる。

※生地が冷えるまでは温度を一定にしたいので、冷蔵庫の開閉はなるべく控える。発酵時間は8～16時間であれば問題はない。

Q75 打ち粉って何ですか？
➡P.151

折り込み用バターの準備

22 打ち粉をした作業台に、[Q75]冷たくてかたい状態の折り込み用バターを出し、バターにも打ち粉をしっかりとふる。

※バターがやわらかくなるにつれ、台や麺棒にくっつきやすくなるので、必要に応じて打ち粉をふる。この打ち粉は冷蔵庫で冷やしておくとよい。

Q193 バターがかたすぎてたたきづらいです。電子レンジに少しかけてもいいですか？
➡P.200

23 麺棒の端を握り、バター全体をまんべんなくたたく。[Q193]

※麺棒の先端をあてると、バターがへこんで形がいびつになるので気をつける。

POINT

※麺棒の端を握ると楽にたたける。台に手が当たらず作業もしやすい。

24 バターがある程度のびたら、左右を折り返す。

25 裏返して、向きを90度変える。

26 23〜25を何度か繰り返し、バターをやわらかくする。

※途中でバターがやわらかくなりすぎたら、冷蔵庫に入れる。

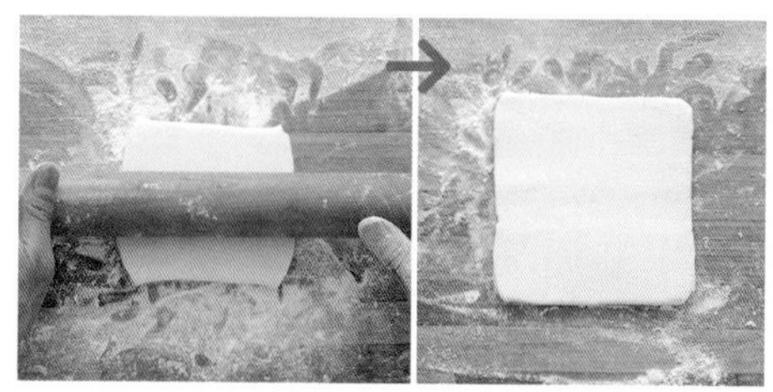

27 指先で力を入れて押さえると、跡が残るまでやわらかくなったら、麺棒で12cm四方の正方形に形作る。Q192

Q192 折り込み用バターをのばすときに、四角くなりません。
➡P.199

28 表面と内部が同じかたさで、冷たいが曲げても割れない状態がよい。

※かたすぎるとのびが悪いので、折り込みの途中でバターがちぎれて生地だけの部分ができる。やわらかすぎるとバターが生地になじんで層になりにくい。

折り込み

29 21の生地を作業台に出し、中央部⅓に麺棒をかける。

※折り込み、成形の工程で生地がべたつくときは、必要に応じて生地や台に打ち粉をふる。この打ち粉は冷蔵庫で冷やしておくとよい。

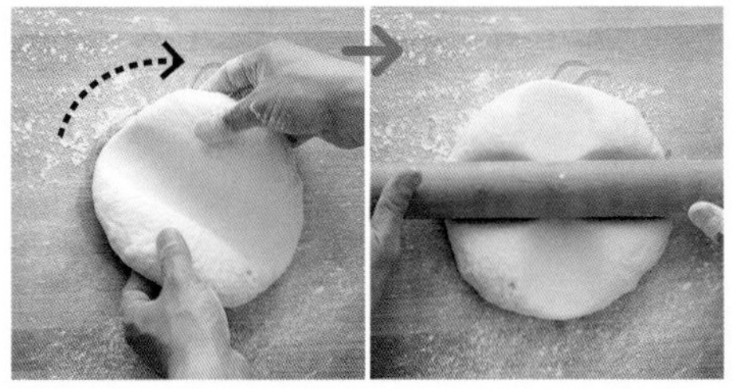

30 生地の向きを90度変え、中央部⅓に麺棒をかける。

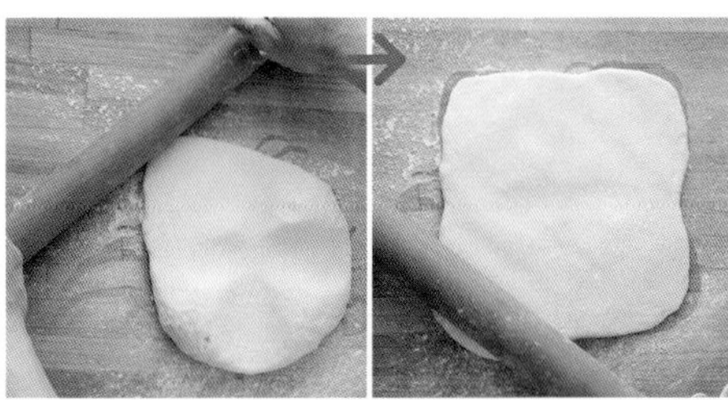

31 残った四隅は、生地の中央から斜め45度の方向に麺棒をかけて、四角形にする。

32 バターよりひと回り大きくなるようにのばし、余分な打ち粉を刷毛で払う。28のバターの余分な打ち粉も刷毛で払う。
※打ち粉が多く残っていると、きれいな層に焼き上がらない。

33 生地の上にバターを45度ずらしてのせる。

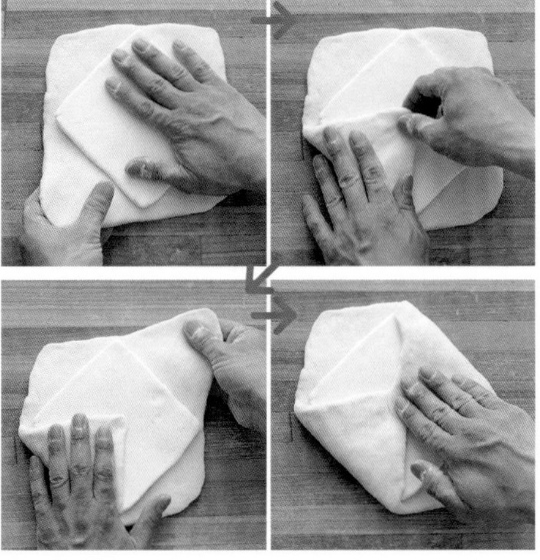

34 バターからはみ出している生地は、それぞれ対角線上に向かい合う生地を少し引っ張りながら折り返し、重なった部分を指で押さえてくっつける。

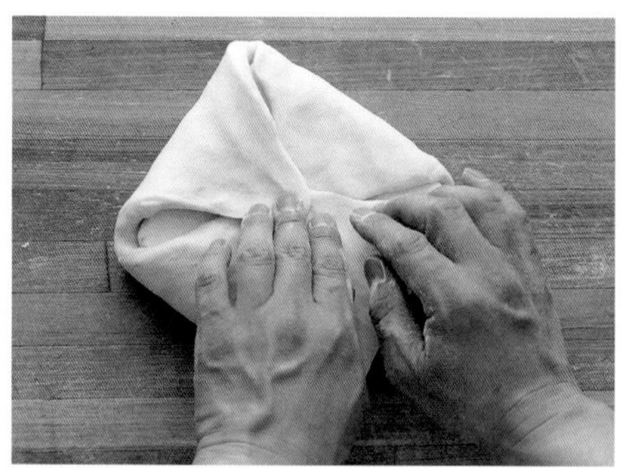

35 残っている生地も同様にして折り返し、重なった部分をくっつける。

36 生地の端を少し引っ張ってすき間をなくし、しっかりと押さえてとじて、バターを完全に包み込む。

37 まず生地の手前と向こう側の端を麺棒で押さえ、続いて生地全体を押さえる。次に生地の中央部⅓程度に麺棒をかけ、さらに中央部から向こう側に向かって、続いて中央部から手前に向かって麺棒をかける。Q195

※先に両端を押さえ、バターが偏るのを防ぐ。のばしている途中で生地がやわらかくなったら、そのつどビニールに包んで冷凍庫に入れる。

Q195 クロワッサンの生地をのばしているうちにやわらかくなりました。どうしたらいいですか？

➡P.201

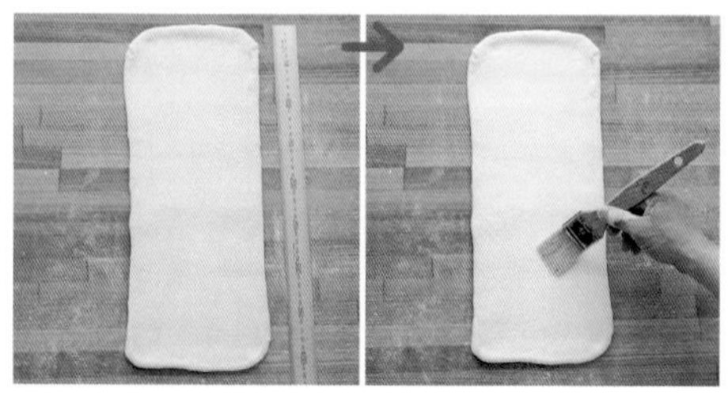

38 中央から向こう側、中央から手前と麺棒を繰り返しかけて、14cm幅×42cm長さにのばし、余分な打ち粉を刷毛で払う。

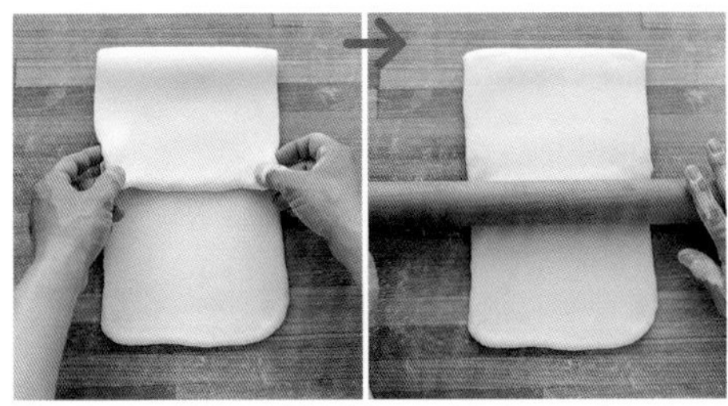

39 向こう側から⅓を折り返し、余分な打ち粉を刷毛で払い、生地の端を麺棒で押さえる。

※折りたたみやすいように生地の端を押さえて少し薄くする。

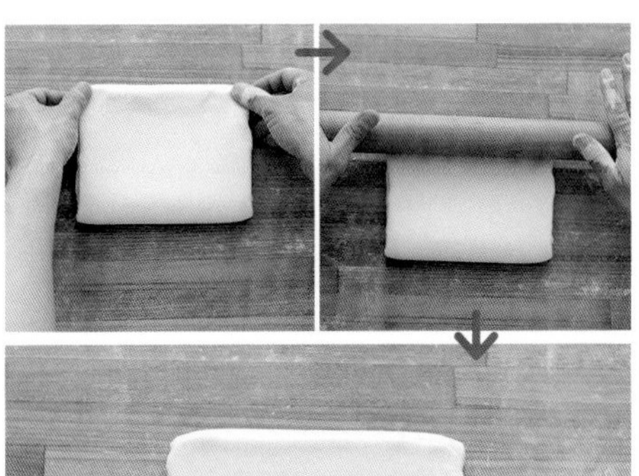

40 手前から⅓を折り返し、生地の端を麺棒で押さえて、さらに全体に麺棒をかける。

※全体に麺棒をかけ、折り返した生地と生地をくっつける。また、厚みがそろうので、むらなく生地が冷える。

41 空気が入らないようにビニールで包む。

42 バットにのせ、−15℃の冷凍庫で30〜40分休ませる。

※折り込み終了後にはやわらかかった生地が、冷凍庫で休ませることで力を入れないと曲がらないくらいまでかたくなる。

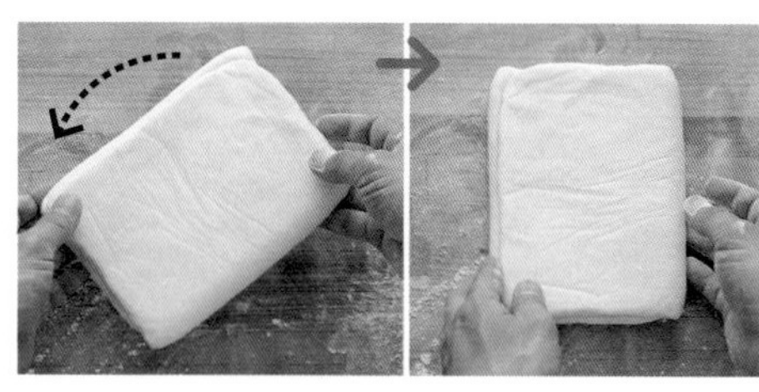

43 折り返した生地の端が上の面になるように台に出し、生地の向きを90度変える。

※生地の端が内側に折り込まれるようにする。同じ方向にはのびにくいので、1回目の折り込みとはのばす方向を変える。

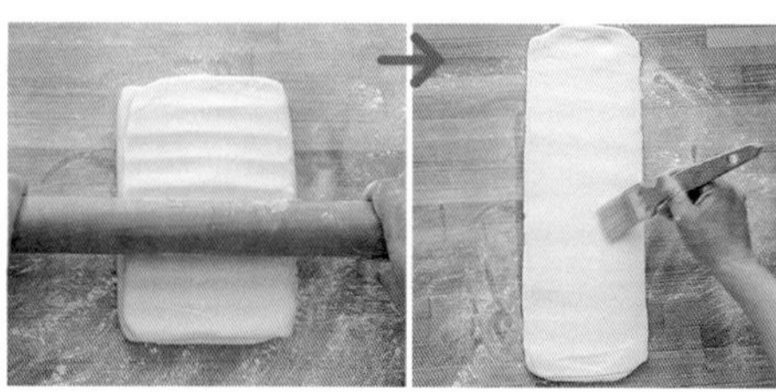

44 麺棒で生地全体を押さえ、**38**と同様にして14cm幅×42cm長さに生地をのばし、余分な打ち粉を刷毛で払う。

45 **39**〜**40**を繰り返して2回目の三つ折りをする。

46 ビニールで包んでバットにのせ、−15℃の冷凍庫で30〜40分休ませる。

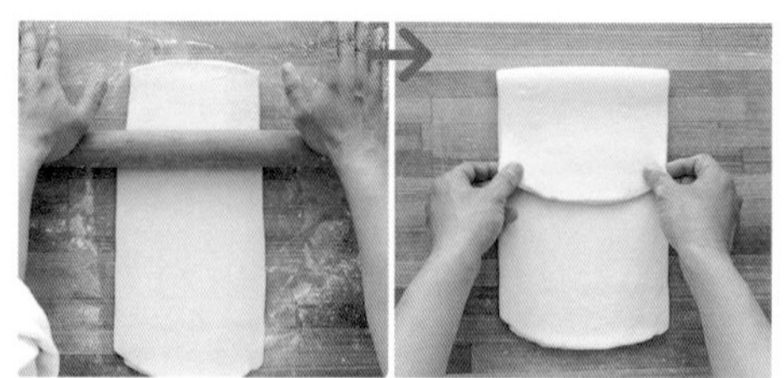

47 **43**〜**45**と同様にして3回目の三つ折りをする。Q197

Q197 折り込みの回数が違うと、仕上がりにどう影響しますか?

➡P.201

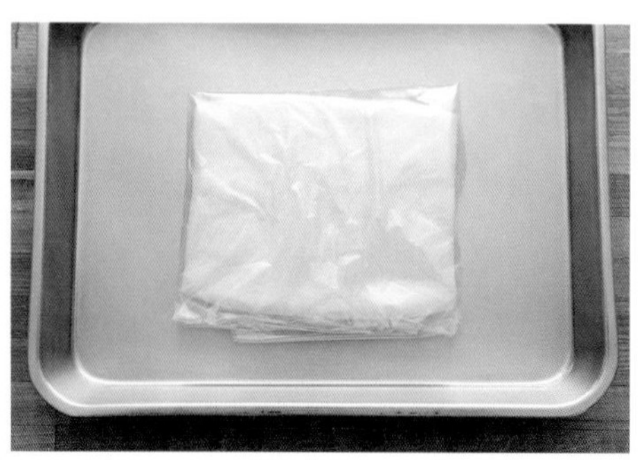

48 ビニールで包んでバットにのせ、−15℃の冷凍庫で30〜40分休ませる。

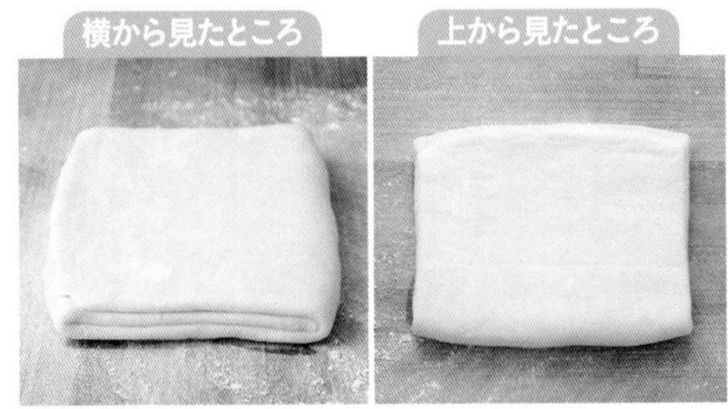

成形

49 折り返した生地の端を上の面にして、生地を3回目の三つ折りでのばした方向と同じ向きに台に出す。

50 麺棒で生地全体を押さえ、中央から向こう側、中央から手前へと繰り返し麺棒をかける。

51 途中で向こう側と手前の端が湾曲して、いびつな四角形になってきたら、麺棒を傾けて端の部分に重点的に麺棒をかけて四角形になるように形を整える。

52 18cm長さになるまでのばす。

53 生地の向きを90度変える。

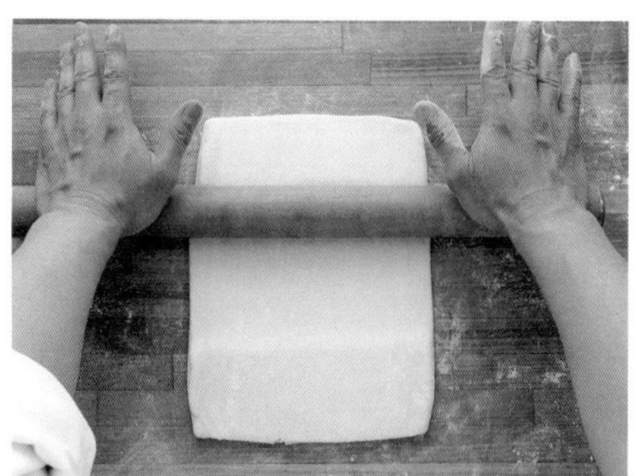

54 生地の中央部⅓程度に麺棒をかける。

55 さらに中央部から向こう側に向かって、続いて中央部から手前に向かって麺棒をかける。

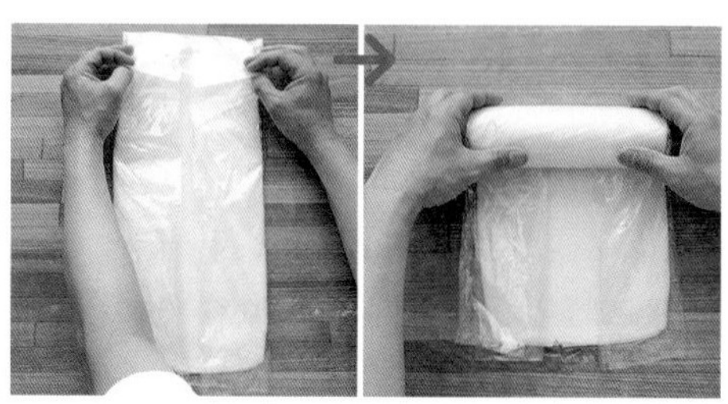

56 のばしている途中で生地がやわらかくなってきたら、そのつど、ビニールで包んで冷凍庫に入れる。

※生地が長い場合は、ビニールに包んでから端まで巻くと冷凍庫のスペースを取らない。

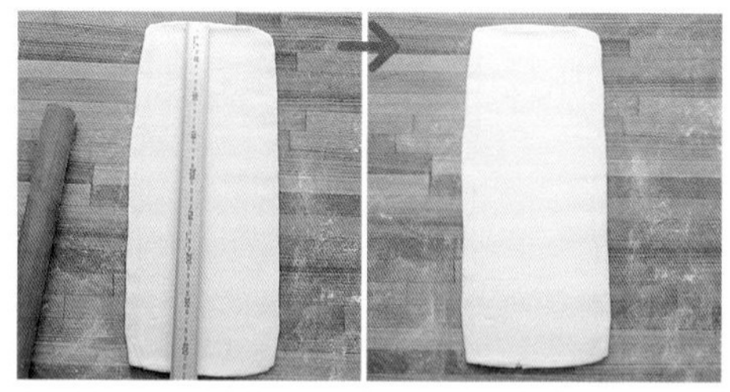

57 **55**を繰り返して18cm幅×40cm長さより少し長めにのばす。

※のばし終わった生地がやわらかい場合、次の作業に移る前に**56**と同様にして冷凍庫に入れる。

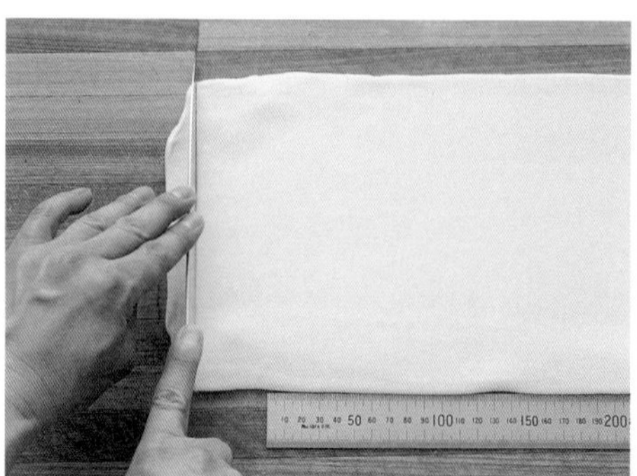

58 生地を台の上に横長に置き、片方の端を包丁で上から押し切るようにして切り落とす。

※包丁を前後に引くと層がずれて、焼き上がりがきれいな層にならないことがある。

59 向こう側の生地の端に、9cm間隔で印を4か所つける。

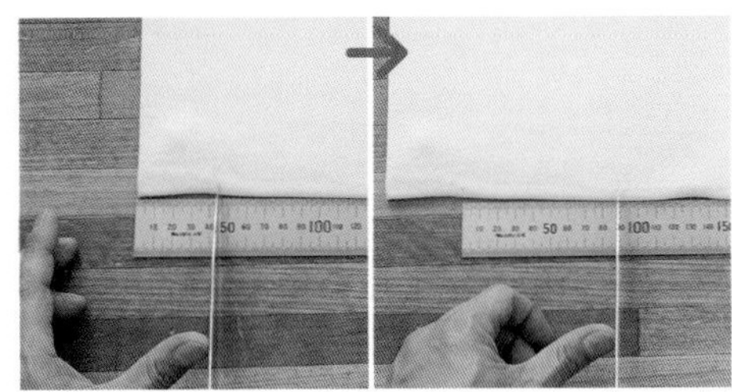

60 手前の生地の端から4.5cmのところに印を1か所つけ、その後は9cm間隔で印を4か所つける。

Q198 **余ったクロワッサン生地は、どう使えばいいですか？**
➡P.202

61 向こう側と手前の印を結んで、包丁で上から押し切るようにして二等辺三角形に切り分ける。Q198

62 二等辺三角形の底辺を向こう側にして手で持つ。反対の手で生地の中ほどを持ち、手前に軽く引っ張ってのばす。
※生地を引っ張っている手を少しずつ手前にずらしながら引っ張る。

63 向こう側の端を少し折り返す。

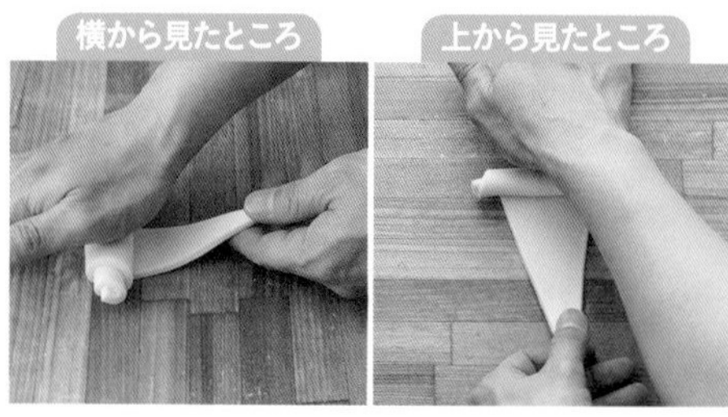

64 上から軽く押さえながら、手前に向かって生地の半分くらいまで巻く。

※強く押さえると、きつく巻けて焼き上がりが裂けてしまう。

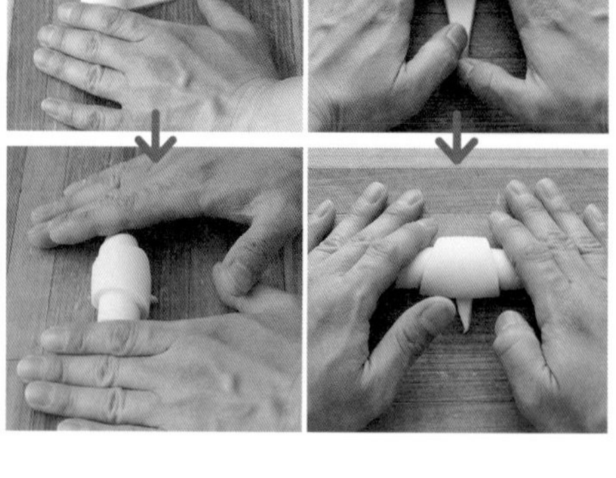

65 残りは両手を使って巻く。

※生地の層がつぶれるので、なるべく切り口に触れないようにする。

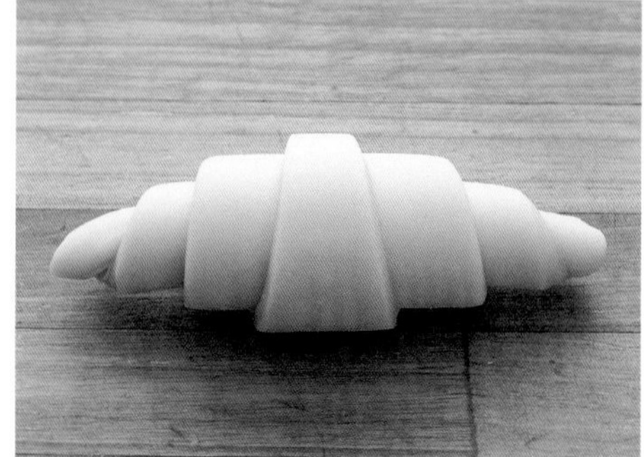

66 巻き終わったもの。

※巻き目が左右対称になっていると、焼き上がりがきれい。

Q133 とじ目を下にして生地を並べるのはなぜですか?
➡P.175

Q134 オーブンプレートに生地を並べるときに注意することはありますか?
➡P.175

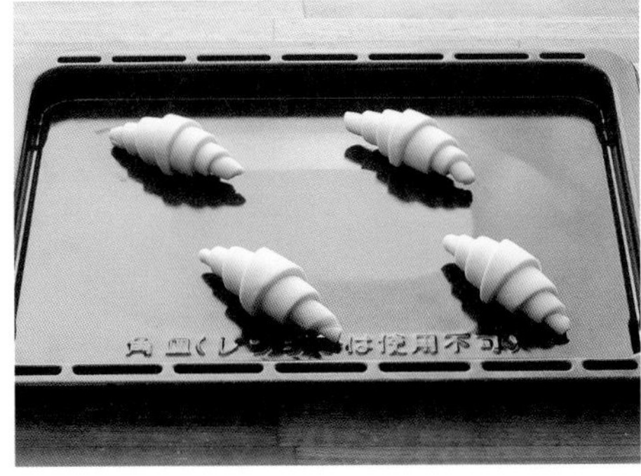

67 巻き終わりを下にして、[Q133] オーブンプレートに並べる。[Q134]

※オーブンプレートにのりきらない場合は、残りの生地は成形せず、乾燥しないようにビニールで包んで冷凍庫に10分程度入れておき、成形をはじめるのを遅らせる。生地がかたくて成形しにくい場合は、室温に少しおいてから成形する。ただし、生地が凍ってしまうときれいな層にならないので、冷やしすぎに注意する。

Q113 最終発酵の見極め方を教えてください。
➡P.166

Q196 最終発酵で油がにじみ出てきましたが、なぜですか?
➡P.201

最終発酵

68 発酵器に入れ、30℃で60分発酵させる。[Q113]

※温度が高すぎるとバターが溶け出し、ボリュームのない焼き上がりになる。[Q196]

Q142 溶き卵を上手に塗るポイントを教えてください。
➡P.179

Q143 溶き卵を塗るときに注意する点は何ですか?
➡P.179

Q145 レシピ通りの温度と時間で焼いたら焦げます。
➡P.180

焼成

69 生地の表面に巻き目と平行に溶き卵を塗り、[Q142,143] 220℃のオーブンで12分焼く。[Q145]

※オーブンプレートに溶き卵がたれないように気をつける。

Q147 焼成後すぐにオーブンプレートからはずしたり、型から出したりするのはなぜですか?
➡P.180

Q194 クロワッサンの層がきれいに出ません。
➡P.200

Q199 焼き上がったクロワッサンが裂けてしまいました。
➡P.202

70 オーブンから取り出し、クーラーにのせて冷ます。[Q147,194,199]

クロワッサン生地を使ったアレンジ

パン・オ・ショコラ

クロワッサン生地でスイートチョコレートを巻いた、
フランス生まれの菓子パンです。
パイのように層になった生地はサクッと香ばしく、風味も豊か。
チョコレートとの相性も抜群で、
フランスでは定番人気のパンというのも納得です。

材料(8個分)

	分量(g)	ベーカーズパーセント(%) Q71
フランスパン用粉	200	100
砂糖	20	10
塩	4	2
スキムミルク	6	3
バター	20	10
インスタントドライイースト	4	2
卵	10	5
水	100	50
バター(折り込み用)	100	50
チョコレート(6cm×3cm)	8枚	
卵(焼成用)	適量	

下準備

- 水は調温する。Q80
- バターは使う直前まで冷蔵庫に入れておく。
- 発酵用のボウルにショートニングを塗る。
- 焼成用の卵はよく溶きほぐし、茶こしでこす。

こね上げ温度	24℃
発酵	20分(26℃)
冷蔵発酵	12時間(5℃)
折り込み	三つ折り×3回(1回ごとに 15℃で30～40分休ませる)
最終発酵	50分(30℃)
焼成	12分(220℃)

Q71 ベーカーズパーセントって何ですか?
➡P.149

Q80 仕込み水の温度はどうやって決めたらいいですか?
➡P.152

Q191 クロワッサンの生地を冷蔵庫で発酵させるのはなぜですか?
➡P.199

Q75 打ち粉って何ですか?
➡P.151

こね～発酵～冷蔵発酵～折り込み Q191

1 クロワッサン(P.102)の**1**～**48**と同様にして生地をこねて発酵させ、折り込みまでを行う。

成形

2 クロワッサン(P.102)の**49**～**56**と同様にして、生地を16cm幅×44cm長さより少し長めにのばす。

※折り込んだバターがやわらかくなるにつれ、台や麺棒にくっつきやすくなるので、必要に応じて打ち粉をふる。Q75 打ち粉も冷蔵庫で冷やしておくとよい。

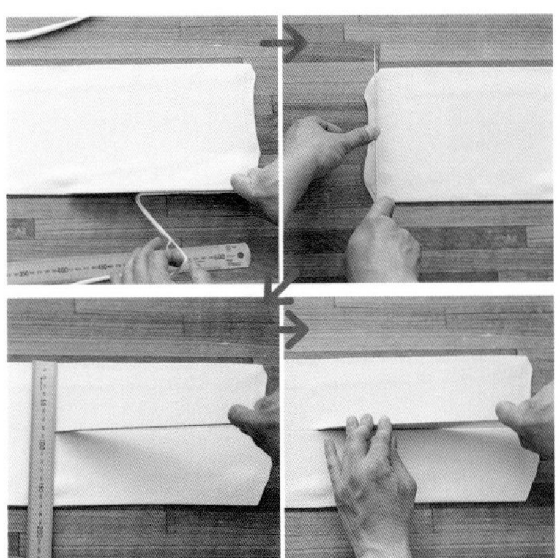

3 まず生地を台の上に横長に置き、向こう側と手前の端を包丁で上から押し切るようにして切り落とす。さらに左端を同様にして切り落とす。次に生地の短辺を等分するように印をつけ、印を結んで切り分ける。

※切るときに包丁を前後に引くと、層がずれて、焼き上がりがきれいな層にならないことがある。

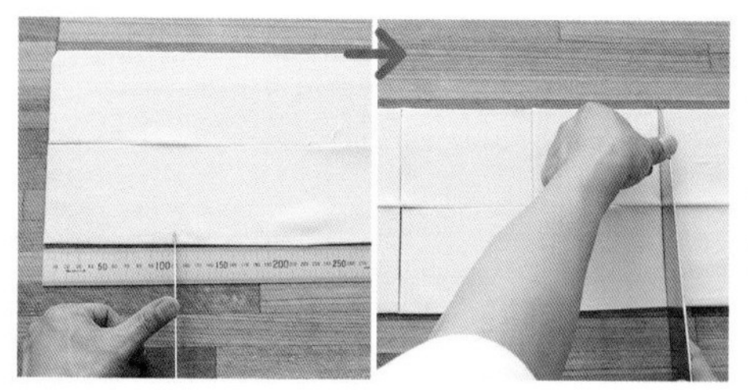

4 向こう側と手前の端に11cm間隔で印をつける。向こう側と手前の印を結んで切り分ける。

※チョコレートの形や大きさが違う場合は、余裕をもって包めるように、生地の切り方を変える。

5 生地を縦長に置いて真ん中にチョコレートをのせ、[Q201]生地が少し重なるように向こう側と手前から折り返し、軽く押さえてくっつける。

重なりは1cmが目安。

Q201 パン・オ・ショコラに市販のチョコレートを使ってもいいですか?
➡P.203

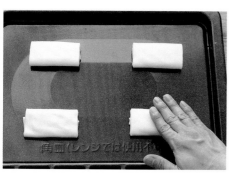

6 とじ目を下にしてオーブンプレートに並べ、[Q133,134]上から軽く押さえる。

※オーブンプレートにのりきらない場合は、残りの生地は成形せず、乾燥しないようにビニールで包んで冷凍庫に10分程度入れておき、成形をはじめるのを遅らせる。生地がかたくて、成形しにくい場合は室温に少しおいてから成形する。ただし、生地が凍ってしまうときれいな層にならないので、冷やしすぎに注意する。

Q133 とじ目を下にして生地を並べるのはなぜですか?
➡P.175

Q134 オーブンプレートに生地を並べるときに注意することはありますか?
➡P.175

最終発酵

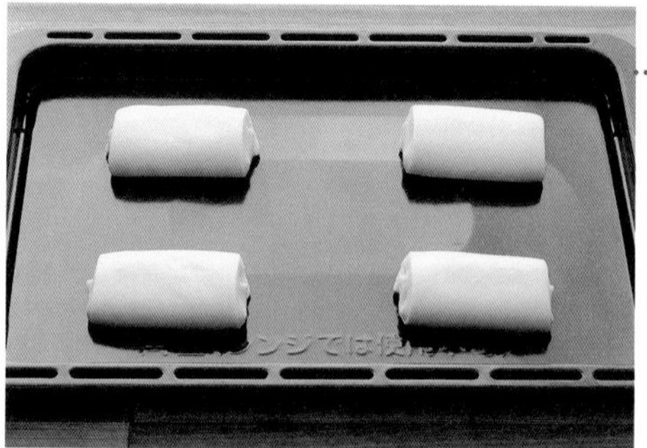

7 発酵器に入れ、30℃で50分発酵させる。[Q113]

※温度が高すぎると、バターが溶け出し、ボリュームのない焼き上がりになる。

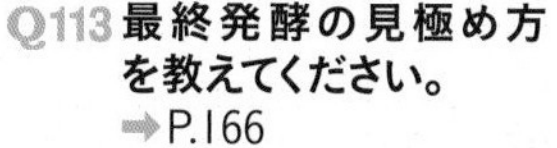

Q113 最終発酵の見極め方を教えてください。
➡P.166

焼成

8 生地の表面に溶き卵を塗る。[Q142,143] 220℃のオーブンで12分焼き、[Q145]クーラーにのせて冷ます。[Q147,200]

Q142 溶き卵を上手に塗るポイントを教えてください。
➡P.179

Q143 溶き卵を塗るときに注意する点は何ですか?
➡P.179

Q145 レシピ通りの温度と時間で焼いたら焦げます。
➡P.180

Q147 焼成後すぐにオーブンプレートからはずしたり、型から出したりするのはなぜですか?
➡P.180

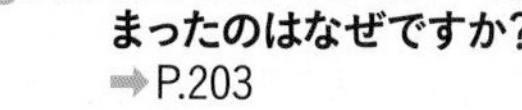

Q200 焼き上がりが傾いてしまったのはなぜですか?
➡P.203

PART 2

パン作りのQ&A

パン作りは、「なぜこの作業が必要なのか」「どうしてこんな状態になるのか」といった「なぜ？」の連続です。このような疑問を持ち、その理由を知ることは、パン作りへの理解を深めるためにとても大切です。
この章では、パンが膨らむメカニズムなど科学のなぜ？から、上手に作るためのコツなど作り方のなぜ？に至るまで、数多くの疑問を掲載しています。
疑問を解決することで、作業の意味や素材の特徴を知り、パン作りの楽しみをよりいっそう広げていきましょう。

製パン技術監修：梶原慶春、浅田和宏
製パン科学監修：木村万紀子

材料・道具のなぜ

Q1 パンを作るのに必要な材料って何ですか？

A 小麦粉、水、イースト、塩が基本材料です。

小麦粉にその重量の60〜70%くらいの水を加えてこねると、弾力のある生地ができます。これを焼いただけのものも、広い意味ではパンといえますが、私たちが普段口にしているパンのようには膨らまず、無発酵パンと呼ばれます。

それに対して、膨らんだ発酵パンを作るには、小麦粉、水、イースト、塩の4つが必要です。イーストは生地中で炭酸ガスを出し、生地はそのガスで押し広げられて膨らみます。そして、塩はパンの味を決定するのに欠かせない材料です。

この4つの基本材料のほかに、糖類、乳製品、油脂、卵などの副材料を加え、パンに甘味や風味をつけたり、やわらかさやボリュームを出して、変化に富んださまざまな味わいのパンを作ることができます。

粉のなぜ？

Q2 小麦粉の成分って何ですか？

A 主な成分はデンプンとたんぱく質です。

一般に売られている小麦粉の主な成分は、デンプンが70〜76%、たんぱく質が6・5〜14・5%で、残りは灰分や水分などです。

デンプンが成分の大半を占めてはいますが、パンや菓子、麺などを作るときに、仕上がりに大きな影響を与えるのは、使用する小麦粉にたんぱく質がどのくらい含まれているのかということです。パンでいえば、たんぱく質の量がわずかコンマ数%違うだけで、ボリュームや食感に差が出ます。

そのため、日本では、たんぱく質が含まれている量によって小麦粉を分類しています（Q5、Q6参照）。

Q3 小麦粉の役割って何ですか？

A パンのボディとなるほか、膨らんだ生地を支える骨格としての役割もあります。

パンは小麦粉に含まれている成分をうまく利用して作られた食べものです。小麦粉の役割は、その主成分であるデンプンとたんぱく質の働きがカギを握ります。これらがミキシングから発酵、焼成に至る一連の過程で変化し、相互に作用しながら、パンを形作っていきます。

◆たんぱく質の働き

まず、ミキシングの工程で、生地をよくこねると、小麦粉のたんぱく質から「グルテン」（Q4参照）という物質ができ、生地中に網目状に広がります。それが次第に層になって薄い膜を形成し、内側にデンプンを引き入れます。そして、グルテンの膜は、気泡（主にイーストが発生させた炭酸ガス）を取り囲むようにし、交差するようにして広がっていきます。こうして形成されたグルテンには、大きく分けて2つの働きがあります。

ひとつ目は、発酵の工程で、イーストがアルコール発酵（Q17参照）によって発生させた炭酸ガスを生地の中に保持する役割です。イーストがいくら炭酸ガスを出したとしても、それを生地の中に閉じ込められないと、生地は穴のあいた風船のごとく思うようには膨らんでくれません。そのため、発酵の前に生地をよくこねて、まるでゴム風船のように、ガスを受け止めてしなやかにのびる薄い膜を作っておくことが重要です。この膜となるのが、小麦粉のグルテンなのです。炭酸ガスの量が増えるにつれて、グルテンの膜は内側から押し広げられ、それによって生地全体が膨らんでいきます。

2つ目の働きは、生地の骨組みになることです。グルテンは生地の中に網目状にはりめぐらされ、膨らんだ生地がしぼまないように支え、焼成するとそのまま焼き固まって、強固な骨格となります。

◆デンプンの働き

デンプンは、焼成の工程で水を吸収してやわらかくなり、さらに温度が高くなると、そこから水分がある程度蒸発して固まります（Q137参照）。それが、ふっくらしたパンのボディとなって、全体の組織をやわらかく支えます。

パンは建物にたとえると、たくさんの部屋が並んだマンションです。部屋の中の空間はパンでいえばすだち（気泡の跡）の部分。この空間の分だけ、炭酸ガスをためて膨らんだことになります。そして、デンプンは壁を固めるコンクリートの役割をしています。デンプンの粒子の間には、グルテンがはりめぐらされ、鉄筋の役割となって、パンを支えています。

Q4 グルテンって何ですか？

A 小麦粉のたんぱく質からできる、粘りと弾力のある物質です。

パンの生地をこねると、押し戻すような弾力が感じられますが、それを作り出しているのは小麦粉のグルテンです。グルテンという物質は、もともと小麦粉の中に存在するわけではありません。小麦粉に一定量の水を加えてよくこねると、小麦粉に含まれているたんぱく質のうち、グリアジンとグルテニンという2種類が水と結びつき、グルテンに変化します。たんぱく質が含まれている食品は数多くありますが、これらのたんぱく質がバランスよく含まれているのは小麦粉だけで、グルテンができるのは小麦粉に特有の性質なのです。

グルテンは、繊維が網目状にからみ合ったような構造で、粘りと弾力があるのが特徴です。生地をよくこねるほど、たくさんのグルテンができて、網目構造が密になり、粘りと弾力が強まります。

実際に、グルテンを生地から取り出して触ってみると、その特徴がよくわかるでしょう。まず、小麦粉にその重量の60〜70％の水を加えてよくこねて生地を作ります。次に、この生地を水の中でもみながら洗うと、デンプンなどが流れ出て、最後にグルテンだけが残ります。こうして取り出したグルテンは、引きのばしてみると膜状に広がり、ガムのような粘りとゴムのような弾力が感じられます。

生地の中にしっかりとしたグルテンをたくさん作りたいときには、その小麦粉に適した量の水を加えることと、よくこねることが大切です。水が極端に多すぎたり、足りなかったり、また、こね方が不十分な場合には、もろく弱いグルテンが少ししかできません。

● 小麦粉に含まれるグルテンとその特徴

小麦粉（強力粉を使用）の生地（左）と抽出したグルテン（右）

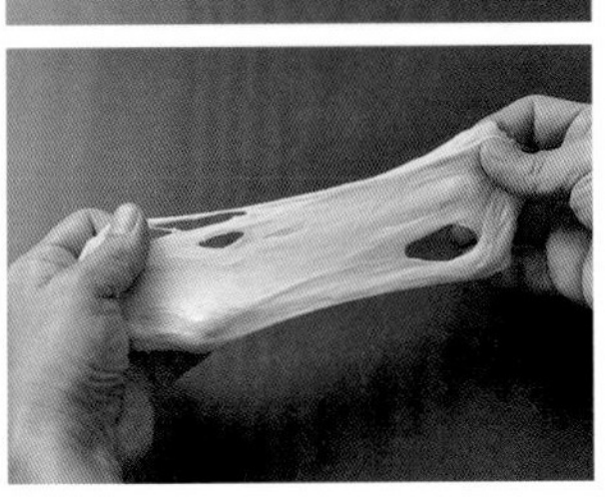

抽出したグルテンをのばした状態

Q5 小麦粉にはどんな種類がありますか？

A 強力粉、準強力粉、中力粉、薄力粉に分かれています。

日本で売られている小麦粉の種類は、世界一多いのではないかといわれています。日本では、パン、菓子、麺など、小麦粉から作られる食べものの種類がとても多く、業務用では、それぞれの用途に応じた小麦粉があります。パン専用の小麦粉の中でも、食パン用、フランスパン用など、その特性に応じた粉があるだけでなく、食パンでいえば、ボリュームが出るタイプ、クラスト（外皮）がパリッと仕上がるタイプといったように、多種多様な小麦粉がニーズに合わせて作られています。そもそも、日本で生産される小麦粉の96％が業務用で、家庭用に市販されているのはごくわずかです。家庭用の小麦粉は、そこまで細かく分類されておらず、強力粉、準強力粉、中力粉、薄力粉の4種類に分けられています。

小麦粉には、デンプン、たんぱく質、灰分（ミネラル）、水分などの成分が含まれていますが、これらの成分を化学分析して出た値では分類しにくく、実は種類分けする上での細かい規格はありません。パンや菓子、麺のいずれを作る際にも、たんぱく質からできるグルテン（Q4参照）の性質が大きな影響を与えるので、日本では、たんぱく質の量によって分類することになっています。

たんぱく質の量が最も多いのが強力粉です。強力粉で作った生地は、グルテンがたくさんできるので、粘りと弾力がともに強くなります。準強力粉、中力粉、薄力粉の順にたんぱく質量は少なくなり、その分グルテンのできる量が減り、生地の粘りと弾力も弱くなります。

● 強力粉と薄力粉のグルテン量の比較

強力粉の生地（左奥）と抽出したグルテン（左手前）
薄力粉の生地（右奥）と抽出したグルテン（右手前）

さらに詳しく❶ 小麦粉のたんぱく質量は何で決まる？　小麦粉の原料の小麦は、粒がかたい硬質小麦と、やわらかい軟質小麦に大きく分けられます。硬質小麦は、軟質小麦に比べて、たんぱく質を多く含むのが特徴です。

また、小麦は産地や品種によっても、たんぱく質の量と質に差があります。さらに、同じ品種でも、気候、土質、肥料の施し方などが、たんぱく質の量や質に影響します。たとえば、カナダで作られているパンに適した小麦を、気候が似ている北海道で育てようとしても、同じものにならないのです。

小麦粉は、強力粉や薄力粉などの種類によってたんぱく質の量や質に差がありますが、一般的には、強力粉はたんぱく質量が多い硬質小麦から作られ、薄力粉はたんぱく質量が少ない軟質小麦が原料となります。1品種のみを原料とする場合もあれば、製粉の段階で、硬質小麦と軟質小麦を数種ブレンドしたり、硬質（または軟質）小麦の中から数種を選んでブレンドすることによって、求めるたんぱく質の量と質に合うように調整しています。

さらに詳しく❷ 小麦粉の等級とは？　小麦粉はたんぱく質の量によって分類されていますが、さらに、灰分がどのくらい含まれているかによっても分けられています。灰分とは、リン、カリウム、カルシウム、マグネシウム、鉄などのミネラルのことで、小麦の場合は外皮（ふすま）や胚芽に多く含まれます。小麦を挽いて粉にする過程で、外皮や胚芽の混入が少なく、灰分の値が低いものから、1等粉、2等粉、3等粉、末粉と等級が分かれます。市販されている小麦粉の多くは1等粉または2等粉に当たりますが、特にその記載はされていません。

ちなみにフランスでは、小麦粉は灰分の量によって大別されており、日本の分類とは大きく異なります。

Q6 パン作りに適した小麦粉はどれですか？

A 強力粉または準強力粉です。

パンを膨らませるためには、生地をこねたときに小麦粉のたんぱく質からできるグルテンがたくさん必要です。

グルテンは、発酵から焼成に至る過程で生地が膨らむ際に、気泡内の炭酸ガスを生地の外に逃がさないように受け止めて、生地中に保持する働きをします。また、膨らんだ生地がしぼまないように支える骨組みとなります。そのため、たんぱく質の量が多い小麦粉を使うとパンがよく膨らみます。

強力粉は、たんぱく質を多く含み、グルテンがたくさんできるだけでなく、そのたんぱく質には薄力粉に比べて粘りと弾力がより強いグルテンを形成する性質があるので、パン作りには適しているといえます。パンの種類によっては、準強力粉が適する場合もあります。

●小麦粉の種類によるたんぱく質量の比較と用途

	たんぱく質の含量	用途
薄力粉	約6.5〜8.5%	菓子、料理など
中力粉	約8.0〜10.5%	麺、菓子など
準強力粉	約10.5〜12.0%	パン、麺など
強力粉	約11.5〜14.5%	パンなど

Q7 フランスパン用粉とはどのような粉ですか？

A フランスパンのようなハード系のパンを作るための専用粉です。

フランスパン用粉とは、フランスパンを作るのに適した専用粉です（Q168参照）。この粉に含まれるたんぱく質の量は約11・0〜12・5％で、分類は強力粉や準強力粉に当たります。フランスパンの専用粉ではありますが、ほかのハード系やセミハード系のパンにも使え、本書ではクロワッサンにも使用しています。

フランスパン用粉は、各製粉会社が独自のブレンドで作っており、製菓・製パン材料の専門店で手に入れることができます。

Q8 パン作りに使う粉には、ほかにどのようなものがありますか？

A 小麦全粒粉やライ麦粉もよく使われます。

パン作りには、主に小麦粉が使われますが、独特の風味を持つ小麦全粒粉やライ麦粉を使うこともあります。

一般的な小麦粉は、小麦の中心に近い部分を粉にしていますが、小麦全粒粉とは、文字通り、小麦の粒を丸ごと挽いて粉にしています。外皮（ふすま）や胚芽も含んでいるため、一般的な小麦粉に比べ、食物繊維、ビタミン、灰分（ミネラル）が多くなります。また、外皮などがグルテンの組織を分断するため、多く使用するとパンが膨らみにくくなります。

ライ麦粉は、ドイツや北欧のパンで伝統

的に用いられています。ライ麦は、小麦と違ってグルテンのもとになるたんぱく質をほとんど含んでおらず、生地をこねてもグルテンができません。そのため、ライ麦粉の使用量が多いパンは、イーストが炭酸ガスを発生させても、生地の中に保持できず、膨らみの少ない、目が詰まった重たいパンになるのが特徴です。

小麦全粒粉やライ麦粉には、粗く挽いたものから細かい粉状のものまで、粒度が異なる製品があり、パンの風味や口当たりを考えて選びます。

小麦全粒粉（上）、ライ麦粉（下）

Q9 国内産小麦粉を使用する場合の注意点は何ですか？

A 水の量を調整する必要があります。

日本で製パン用に使われている小麦の約99％は海外から輸入しており、その大半はアメリカ、カナダで生産されたものです。

国内産小麦は、アメリカやカナダの小麦に比べて、一般的にたんぱく質の量が少ないという特徴があります。製パン用として売られている国内産小麦粉でも、輸入小麦を原料とした粉と比べるとグルテンができにくく、ふんわりとやわらかくボリュームのあるパンを作るのには向いていません。どちらかといえば、かみ応えのあるどっしりとしたパンに近い仕上がりになります。

国内産小麦粉を使う場合でも、パンの作り方は変わりませんが、水の配合量を減らす場合があります。小麦粉のたんぱく質は、ミキシングの際に水を吸収してグルテンを形成しますが、国内産小麦粉はたんぱく質の量自体が少ないので、必要とする水の量もその分少ないからです。

Q10 米粉を使ったパンを作るときの注意点は何ですか？

A 粉末グルテンを添加するか、小麦粉をブレンドします。

米粉は小麦粉とは違い、グルテンのもとになるたんぱく質が含まれていません。そのため、米粉だけを使ってパンを作ると、イーストが発生させる炭酸ガスを受け止めるグルテンの膜が生地中にできず、仕上がりにボリュームが得られません。

市販されている粉末状のグルテンを添加するか、米粉と小麦粉をブレンドして作ると、生地が膨らみやすくなります。

Q11 小麦粉を保存する場所はどこが適していますか？

A 涼しく、湿気の少ない場所で保存します。

小麦粉を保存するのは、涼しく、寒暖差があまりない、湿気の少ない場所が適しています。温度が高い場所では、小麦粉に含まれる酵素が働き、品質が劣化しやすいからです。また、きちんと密封し、湿気と害虫が外から入らないようにします。

そのほか、小麦粉は、においを吸着しやすい性質があるので、においの強いものの近くで保存するのは避けてください。

製品に記載されている賞味期限は、開封していない状態で品質が保たれる期間です。開封後はたとえ賞味期限内であってもできるだけ早く使いきりましょう。

Q12 小麦粉はふるったほうがいいですか？

A パン作りでは、ふるわなくても問題ありません。

小麦粉をふるいでふるう利点としては、異物を取り除く、ダマをなくす、圧縮されている小麦粉の粒と粒の間に空気を入れるということがあげられます。

とはいえ、パンはスポンジケーキなどの菓子とは膨らむメカニズムが違うので、小麦粉をふるわないで作ると膨らみにくくなるというわけではありません。また、パン作りに主に用いる強力粉には、菓子作りに使う薄力粉よりもダマになりにくいという特徴もあります（Q76参照）。

小麦粉の粒と粒の間に空気が入ると、ほかの材料と混ざりやすく、水分を均一に吸収できることは確かですが、粉をふるったからといって、パンの仕上がりに大きな違いは感じられません。

状況に応じて、ふるうかどうかを判断してください。

水のなぜ？

Q13 水の役割って何ですか？

A 水がなくては、小麦粉はパンになりません。

パン作りにおいて水は不可欠で、特に、小麦粉に含まれる成分を働かせるために重要な役割を担っています。

小麦粉のデンプンは、水と一緒に加熱することで水を吸収して糊化（こか）（Q137参照）し、はじめてやわらかくなって、私たちが消化できる状態になります。

また、グルテンを形成するためにも、水は必要です。小麦粉に水を加えてよくこねることで、たんぱく質が水を吸収して、グルテンに変化するからです。

そのほか、塩などの材料を溶かしたり、イーストや酵素を活性化させる働きもあります。

Q14 パン作りに適した水はありますか？

A 水道水でほぼ問題ありません。

日本では、水道水で十分においしいパンを作ることができます。また、市販のミネラルウォーターを使用してもおおむね問題ありません。ただ、水の硬度とpH（ピーエイチ）がパンの仕上がりに影響するので、パン作りに適した水を選ぶためには、そのことも知っておいてください（Q15、16参照）。

Q15 使用する水の硬度は影響しますか？

A 厳密には、日本の水道水より、やや高い硬度の水が適しています。

パン作りには、硬度１００㎎／ℓ程度の水が適しているといわれます。

そもそも、硬度とは、水に含まれるミネラルのうち、カルシウムとマグネシウムがどれだけ含まれるかの指標です。国によって、硬度の表し方や区分けはさまざまですが、WHO（世界保健機関）による分類は128ページの表のようになります。

日本の水の多くは、硬度50㎎／ℓ前後で、軟水、または中程度の軟水でも限りなく軟水に近く、パン作りには問題はないものの、やや硬度が低いといえるでしょう。

硬度１００㎎／ℓ程度の硬水にやや近い水が適している理由は、グルテンのつながりが強くなるからです。これとは逆に、硬度が低い水を使うと、グルテンが軟化して、べたつきのある生地になってしまいます。

市販のミネラルウォーターを使用する場合は、その硬度を確認しましょう。海外から輸入されたものには、硬度の高い水が多くあります。硬度の高い水を使うと、グルテンが強くなりすぎて生地が締まり、生地切れ（Q127参照）を起こしたり、発酵が遅れたり、パンが保存中にかたくなったりします。

● 水の硬度の区分け

種類	硬度
非常な硬水	180mg/ℓ以上
硬水	120〜180mg/ℓ未満
中程度の軟水	60〜120mg/ℓ未満
軟水	60mg/ℓ未満

Q16 アルカリイオン水は使えますか？

A イーストは弱酸性の環境を好むので、アルカリ性の水は向きません。

イーストは弱酸性の環境下で最も活発に働き、アルカリ性や強い酸性のもとでは、発酵が思うように進みません。

通常、パン生地はミキシングから焼き上がりまで、pH5・5〜6・5の弱酸性の間に保たれています。なぜなら、そもそもパンの材料の多くが弱酸性で、さらに発酵中にイーストの働きによって発生した炭酸ガスが水に溶けたり、乳酸菌や酢酸菌が有機酸を生み出したりすることで、生地のpHが自然に酸性に傾くからです。この範囲のpHは、イーストの活動に適しており、また酸によってグルテンが適度に軟化して生地にのびのよさが加わり、生地が膨らみやすい条件が整います。

水はパンの材料の中でも配合量が多く、生地のpHを大きく左右するので、生地を弱酸性に保てるようなpHでなければなりません。しかし、アルカリイオン水はpH8・0〜9・5程度の弱アルカリ性に調整されています。仮にアルカリイオン水でパンを作って、生地がアルカリ性に傾くと、イーストの働きが低下して炭酸ガスが十分に発生せず、パンが膨らまなくなります。

なお、日本の水道水はpH7前後の中性なので問題ありません。

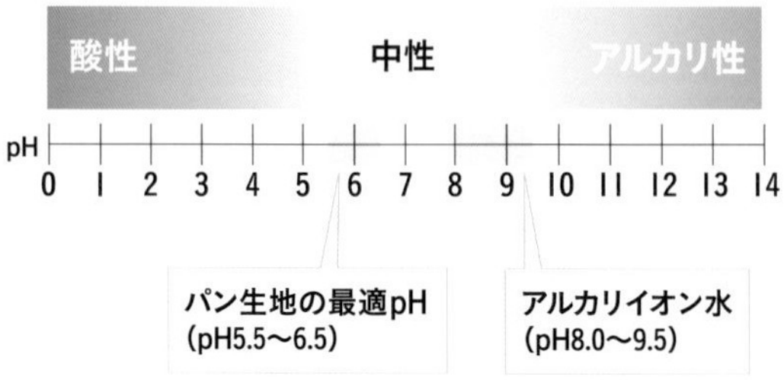

酸性	中性	アルカリ性

pH 0 1 2 3 4 5 6 7 8 9 10 11 12 13 14

パン生地の最適pH（pH5.5〜6.5）

アルカリイオン水（pH8.0〜9.5）

pH（ピーエイチ、ペーハー）：水素イオン指数

水溶液の酸性、アルカリ性の程度を表す。pH7が中性で、その値より高いほどアルカリ性の度合いが強くなり、低いほど酸性の度合いが強くなる。酸性の中でも、pH7に近いと弱酸性で、pH0に近いと強酸性という。アルカリ性にも同様に、弱アルカリ性と強アルカリ性がある

イーストのなぜ？

Q17 イーストの役割って何ですか？

A 炭酸ガスを出し、生地を膨らませます。

イーストの役割は、生地を膨らませることです。これはイーストがアルコール発酵を行う性質を利用しています。

アルコール発酵とは、酵母（イースト）が糖（ブドウ糖や果糖）を取り込んで炭酸ガス（二酸化炭素）とアルコール、そして少量のエネルギーを発生させる反応です。

パン作りでは、発生した炭酸ガスは気泡となり、周りの生地を押し広げ、生地全体を膨らませる働きをします。また、アルコールは生地ののびをよくしたり、パンに独特の風味や香りを与えます。

Q18 パン生地中でイーストを活発に働かせるためには、どうしたらいいですか？

A 水、養分を与え、適度な温度に保つことが必要です。

市販のイーストは、保存されている間、いわば休眠状態にあります。イーストを休眠状態から目覚めさせるには、水を与えて、活動に適する温度にします。そして、養分として糖を与え、イーストが活発に働ける環境を整えることが必要です。

イーストの養分となる糖は、パンの材料では主に小麦粉のデンプンや砂糖などに含まれています。ただし、糖にはさまざまな種類があり、イーストが直接使うことができるのは、糖の中でも分子の小さなブドウ糖や果糖です。小麦粉のデンプンや砂糖は、酵素で小さく分解されてはじめて、イーストの養分となることができるのです。

また、イーストには活動するのに最適な温度があり、37〜38℃で炭酸ガスを最も多く発生させます。その温度を超えると活動が衰えはじめ、60℃以上になると死滅します。また、温度が低くても活性が低下し、4℃以下では休眠状態に入って活動を停止します。ただし、イーストを活発に働かせるといっても、試験管の中でイーストだけを活性化させるのとは違って、実際のパン作りでは、ガス発生に適する温度とともに、生地の状態なども考慮して作業温度を決めています。

例をあげると、発酵の工程は、イーストによるガス発生がピークに達する温度よりも低い25〜35℃で行います。こうすると、ガスの発生量がピーク時よりもやや低下し、ある一定の膨らみに達するまでに時間がかかるようになります。これは、イーストに短距離を疾走させるのではなく、マラソンのように、ガスの発生を長時間安定した状態で持続させたいからです。

加えて、発酵中はガスの発生にともなって生地は引きのばされていくので、生地の状態との兼ね合いも大切です。つまり、量を抑えてガスを発生させるほうが負担をかけずに生地を膨らませることができるのです。また、発酵にある程度の時間をかけることによって、パンの風味となる物質が生地中に蓄積されていくという利点もあります。

このように、パン作りでは、さまざまな要素とのバランスを考えた上で、イーストが活発に活動できる環境を設定することが必要です。

さらに詳しく❶ 発酵を助ける酵素の働き

パンの材料に含まれている糖には、分子が小さいものから大きいものまであります。

分子が小さいブドウ糖や果糖は、イーストがアルコール発酵を行うときにそのまま利用できますが、それよりも分子が大きいショ糖（ブドウ糖と果糖がひとつずつ結合したもの）や麦芽糖（ブドウ糖が2つ結合したもの）、さらに大きいデンプン（たくさんのブドウ糖が結合したもの）は、ブドウ糖や果糖まで小さく分解しないことには使えません。

これらの糖の分解にひと役買っているのが酵素と呼ばれるもので、小麦粉にはアミラーゼという酵素が、イーストにはマルターゼとインベルターゼという2種類の酵素がそれぞれ含まれています。

小麦粉のデンプンは、まず小麦粉自身が持つアミラーゼによって麦芽糖にまで分解され、そこからはイーストに含まれるマルターゼによって麦芽糖がブドウ糖に分解されます。砂糖はほぼショ糖からなっているので、イーストに含まれるインベルターゼによって、ブドウ糖と果糖に分解されます。

このように、酵素の働きによって分解されたブドウ糖と果糖がイーストの養分となって、アルコール発酵が行われるのです。

●酵素による糖の分解

デンプン
アミラーゼ
麦芽糖
マルターゼ
ショ糖
インベルターゼ
ブドウ糖
果糖
アルコール発酵へ

さらに詳しく❷ 発酵に使われるデンプンとパンのボディを作るデンプン　小麦粉は製粉工場で小麦の粒をローラー機で挽いて粉にしたものです。このときに小麦に含まれるデンプンのうち数%〜10%が損傷してしまいます。

デンプンは一般に、常温では水を吸収しにくく、ミキシングや発酵の工程ではほとんど吸水しませんが、この損傷デンプンは常温でも水を吸収します。吸水した損傷デンプンは、酵素の作用を受けやすく、酵素で分解されてブドウ糖になり、イーストのアルコール発酵で養分として使われます。

残りの大部分が無傷なデンプンで、これらはミキシングや発酵ではほとんど変化せず、焼成の段階で生地の温度が約60℃に達すると水を吸収して膨らみはじめ、生地のふっくらとしたボディを作る役割をします。

Q19 そもそもイーストって何ですか？

A イーストとは酵母のことで、「菌類」に属する生き物です。

本来、イーストとは英語で「酵母」の意味で、パン作りで用いる「イースト」だけを指す言葉ではありません。酵母は、カビや細菌などと同じく、自然界に生息する微生物で、「菌類」に属する単細胞の生き物です。

酵母にはさまざまな種類があり、その中からパンを作るのに最も適したものだけを選び、工業的に純粋培養した単一の種類のものが、日本では、一般的にイーストと呼ばれています。ちなみに生イースト（Q20参照）1gには100億以上の酵母の細胞が存在しています。

酵母は、活動に適する温度やpHの環境下で、糖を養分として取り込んで活発に活動します。酸素があるところでは呼吸をし、増殖します。一方、酸素が少ないところでは、増殖をせずに、アルコール発酵を行い、糖を炭酸ガスとアルコールに分解します。

この酵母が行う発酵を利用して、パン、ビール、清酒、ワインなどの発酵食品が造られており、それぞれの製造に適した種類の酵母が使われます。

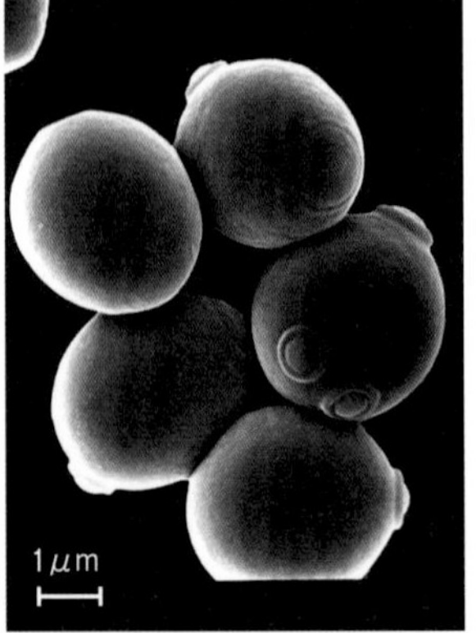

イーストの顕微鏡写真
提供：オリエンタル酵母工業株式会社

Q20 イーストにはどんな種類がありますか？

A 生イースト、ドライイースト、インスタントドライイーストがあります。

市販のイーストは、主に生イースト、ドライイースト、インスタントドライイーストの3種類に分けられます。

◆生イースト

はじめに、自然界に存在するさまざまな

酵母の中から、パン作りに最良のものを種菌として選び出します。その種菌をある程度増殖させてから、糖蜜（ブドウ糖や果糖を含む）などの養分を加えた培養液の中で、温度とpHを調整し、大量に酸素を送り込みながら、工業的に純粋培養します。その後、遠心分離機にかけて培養液から分離した酵母を取り出して洗浄し、脱水・圧縮して塊状に成形したものが生イーストです。水分量が70％程度と多く、冷蔵で流通し、約1か月日持ちします。水に溶いてから使用します。

◆ドライイースト

生イーストとは種類が違い、乾燥しても死なずに休眠する酵母を培養し、培養液から分離した酵母を低温で乾燥させ、粒状にしたものです。水分量は7～8％程度で、常温で流通しています。未開封の状態で約2年間保存できます。使用する際には、ドライイーストの5～6倍量の40℃の湯に溶いて10～15分おき、予備発酵させてから使います。

◆インスタントドライイースト

粉や水に分散しやすいように加工された顆粒状のドライイーストで、ミキシングの際に、粉類と一緒に混ぜて使うことができるのが最大の特徴です。ドライイーストよりも発酵力が強くなっています。水分量は4～5％程度で、常温で流通し、未開封の状態で約2年間保存できます。

製品によっては、生地に加える砂糖の量に応じていくつかのタイプに分かれています。菓子パンなどの砂糖を多く加えた生地に使用する高糖生地用と、フランスパンや食パンなどの砂糖を加えない生地や少し加えた生地に使用する低糖生地用があります（Q23、Q24参照）。また、低糖生地用にはビタミンCが添加されているものといないものがあります（Q25参照）。

生イースト

ドライ
イースト

インスタント
ドライ
イースト

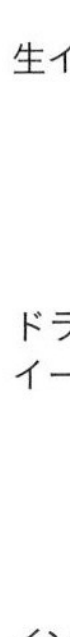

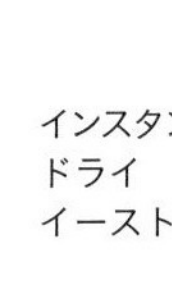

1 生イースト
2 ドライイースト
3 インスタントドライイースト
4 インスタントドライイースト（低糖生地用、ビタミンC添加）
5 インスタントドライイースト（低糖生地用、ビタミンC無添加）
6 インスタントドライイースト（高糖生地用）

Q21 パンの種類によって適したイーストはありますか？

A 砂糖が多いソフトなパンか、シンプルな配合のハードなパンかで違います。

一般的に、砂糖が配合されるソフトなパンに使用されることが多いのは生イーストです。ドライイーストはシンプルな配合のハードなパンに適しており、砂糖を多く加えたパンでは発酵力が落ちるので向きません。インスタントドライイーストは、ハードなパンに使われる傾向にありますが、高糖生地用を使えば砂糖を多く加えたパンにも使用することができます。

Q22 レシピに書かれている以外のイーストを使いたい場合は、どうすればいいですか？

A 10：5：4の割合で置き換えます。

レシピに書かれているイーストとは別の種類のイーストで作りたい場合は、生イースト：ドライイースト：インスタントドライイースト＝10：5：4の割合で置き換えると、ほぼ同程度の発酵力が得られます。ただし、糖類の配合量に合ったイーストを使用するのが前提です。シンプルな配合のハードなパンを生イーストで作ったり、砂糖の配合が多いソフトなパンをドライイーストで作るのは難しいです。

一度、この割合で作ってみて、でき上がったパンの状態によっては、次に作るときに使用量を調整してください。

Q23 高糖生地用のインスタントドライイーストは、砂糖の分量がどのぐらいから使えますか？

A 小麦粉に対して約5％以上です。

高糖生地用のインスタントドライイーストは、砂糖の配合量が、小麦粉に対しておよそ5％以上で使用できます。

Q24 低糖生地用を高糖生地に、高糖生地用を低糖生地に使うと発酵しないのですか？

A 高糖生地用のイーストを低糖生地に使うと、うまく発酵しません。

低糖生地用のインスタントドライイーストを砂糖が配合された生地に使っても、砂糖の配合量が多すぎなければ、ある程度の膨らみが得られます。砂糖の配合量は小麦粉に対して10％程度までが目安です。それ以上になる場合は高糖生地用をおすすめします。

しかし、高糖生地用のイーストを砂糖が配合されない生地に使うと、発酵がうまくいかず、十分に膨らみません。

作りたいパンに合ったイーストを選ぶようにしましょう。

さらに詳しく **低糖生地用と高糖生地用のイーストは何が違うの？** 低糖生地用と高糖生地用の違いは大きく2つです。

①浸透圧に対する耐久性の違い

低糖生地用のインスタントドライイーストは、砂糖が多い環境では細胞が収縮し、発酵力が低下します。たとえば、果物に砂糖をかけてしばらく置くと、砂糖が溶けて、果物の細胞外の浸透圧が高くなり、細胞内の水分が外に出てきて果物がしんなりしますが、これと同じことがイーストでも起こっています。つまり、生地中に砂糖が多く含まれていると、イーストの細胞から水分が奪われて細胞が収縮してしまうのです。ちなみにドライイーストでも同じことがいえます。

一方、高糖生地用のインスタントドライイーストの細胞は、浸透圧に対して耐久性があるので、砂糖が配合された生地でも使えます。これは、生イーストも同様です。

②糖を分解する酵素の活性の違い

イーストは、糖を養分として取り入れてアルコール発酵を行いますが、分子が大きい糖の場合は、酵素によって分子の小さいブドウ糖や果糖に分解してからでないと使うことができません（Q18「さらに詳しく①」参照）。

イーストには、糖を分解する酵素として、マルターゼとインベルターゼという2種類が含まれていますが、低糖生地用のイーストと高糖生地用のイーストでは、その活性が異なります。

砂糖が配合されないパン生地内でアルコール発酵が行われるには、小麦粉の酵素（アミラーゼ）が、小麦粉のデンプンを麦芽糖に分解し、それからイーストが自身の酵素（マルターゼ）で麦芽糖をブドウ糖に分解するという、2つの段階を経ます。砂糖が配合されない生地の場合は、イーストは主にこのメカニズムによって糖を得ているのです。

一方、生地に砂糖が配合されている場合は、デンプンがブドウ糖に分解されている間に、もうひとつのメカニズムが機能して、イースト自身の酵素（インベルターゼ）が砂糖（ショ糖）をブドウ糖と果糖に分解し、比較的早い段階から発酵に使っていきます。しかし、砂糖（ショ糖）よりも、ブドウ糖と果糖に分解された方が生地中の浸透圧が高くなるため、分解が進むほどイーストの細胞が収縮し、発酵力が低下してしまうのです。

そのため、高糖生地用のインスタントドライイーストは、低糖生地用よりもインベルターゼの活性が低く、砂糖を分解する働きが抑えられているのです。

反対に、砂糖が配合されない生地には、マルターゼとインベルターゼの活性が高い低糖生地用が向いており、このイーストを砂糖が多く配合された生地に用いても、発酵がうまく進みません。

Q25 ビタミンC添加タイプと無添加タイプのイーストでは、どのような差がありますか？

A ビタミンCが添加されると、生地に弾力が出ます。

市販されているインスタントドライイーストの多くには、ビタミンCが添加されています。ビタミンCには、生地中のグルテンに作用して、生地の弾力を強くする働きがあります。

生地を手ごねで作る場合は、ミキシング不足になりがちです。ビタミンCが添加されたインスタントドライイーストを使うと、生地の弾力が強まって焼き上がりにボリュームが出るので、生地作りが失敗しにくいといえるでしょう。

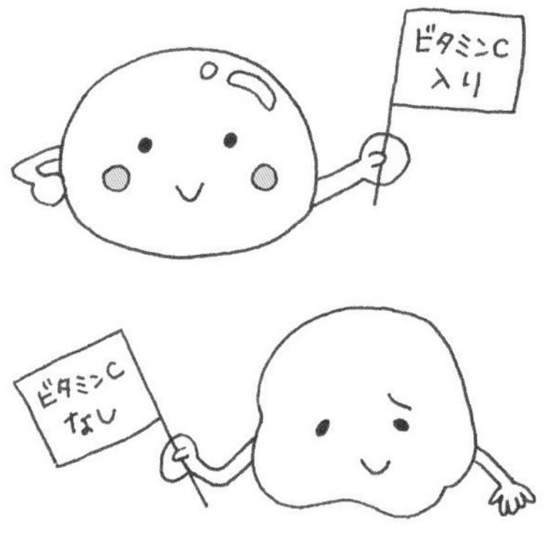

Q26 インスタントドライイーストは水で溶いてもいいですか？

A 水に溶いた場合はすぐに使ってください。

インスタントドライイーストは水で溶く必要がなく、粉に直接加えてミキシングできるのが利点ですが、もちろん水に溶いて使っても構いません。ただし、水に触れた時点でイーストは活性化するので、水に溶いたらすぐに使ってください。

それ以外のイーストは、水で溶いて使用するのが基本で、固形の生イーストは生地中に分散しやすいように水で溶いてから、ドライイーストは40℃の湯を加えて10～15分おいて予備発酵させてから使いますが、いずれも水に溶いたり、予備発酵が終了したらすぐに使うようにしましょう。

Q27 インスタントドライイーストを粉に混ぜるときに塩と離して入れるのはなぜですか？

A イーストは塩が苦手だからですが、そこまで神経質にならなくても大丈夫です。

イーストの活動が、塩によって抑えられるというのは事実です。そのため、ボウルに小麦粉を入れてから、塩とインスタントドライイーストを加えるときに、この2つは接しないように入れるようにするという話を耳にすることもあるでしょう。とはいえ、イーストは塩に触れるとただちに活動が衰えるというわけではなく、水を加えて混ぜれば一緒のことですから、本書においては、そこまで神経質にならなくてもよいと考えています。あえてインスタントドライイーストに塩をふりかけるということはしないという程度に考えてください。

Q28 イーストはどのように保存すればいいですか？

A 冷蔵保存が基本です。

生イーストは、生きたイースト細胞の集まりなので、温度が上昇すると活動をはじめます。イーストは4℃以下になると休眠状態に入り、活動を停止するという性質があるため、生イーストは常に冷蔵庫で保存します。

ドライイーストやインスタントドライイーストは水分量が少ないので、多少の温度上昇では休眠から目覚めません。そのため、未開封ならば冷暗所で保存すればよく、開封後は密封して冷蔵庫で保存します。どのタイプのイーストも開封後は活性が低下するので、賞味期限にかかわらず、早めに使いきるようにします。

Q29 天然酵母って何ですか？

A 果実や穀物などに自然についている酵母です。

市販のイーストは、自然界にたくさん存在する酵母の中から、特にパン作りに適した酵母を選び、人工的に純粋培養したものです。

それに対して、天然酵母とは、果実、穀物などの素材に自然に付着している酵母です。この酵母が付着している素材に、水と必要に応じて糖類を加え、数日かけて酵母を増殖させて培養液を作ります。この培養液と粉をこねて発酵させたものを天然酵母種、または自家製酵母種といいます。

この天然酵母種に含まれる酵母は、一種類とは限りません。また、もともとの素材には酵母だけでなく、乳酸菌や酢酸菌などの細菌も付着しており、同時に増殖します。これらは、有機酸（乳酸、酢酸など）を発生させ、独特の香りや酸味を作り出します。

天然酵母種を果実、穀物などを使って自分で作る場合には、何の素材で種起こしを行うかによって、味わいに変化が出せるおもしろみもあります。

また、市販品の天然酵母種には、ドライイーストと同じように使える粉末タイプや、粉と合わせてすでに生地状になったタイプなどがあり、その種類はさまざまです。

「天然」「人工」というと、自然のもののほうがよいという概念にとらわれるかもしれませんが、市販のイーストと天然酵母のどちらも生き物であることに変わりありません。どちらを使ったからといって、一方が必ずおいしくなるわけではなく、仕上りの好みも分かれます。

Q30 天然酵母を使うと、市販のイーストを使ったものと比べてどんな違いが出ますか？

A パンの膨らみ、風味や味わいに違いが出ます。

市販のイーストは発酵力が強く、安定しているので、同じ材料と製法で作れば、発酵にかかる時間がおよそ計算できて、同じ状態のパンに仕上げやすいというメリットがあります。

一方、天然酵母は発酵力が弱いので、発酵に長い時間がかかります。その分、有機酸などの副産物が増え、複雑で奥深い風味と味わいになるともいえます（Q101参照）。

クラスト（外皮）やクラム（中身）が、市販のイーストでは得られない独特の食感になるのも特徴のひとつです。

塩のなぜ？

Q31 塩の役割って何ですか？

A 塩味をつけるほかに、パンの弾力やボリュームに影響を与えます。

普段、パンを食べるときに、塩味を意識することはあまりないかもしれませんが、塩が入らないと全く違う味のパンになってしまいます。

塩はパンの味を決める重要な材料であるとともに、生地のつながりを強くするなどの役割も担っています。甘いパンを作るときにも塩を必ず入れるのは、塩は単に塩味をつけるだけではないからです。

塩の配合量はそれほど多くありませんが、少量でもパンの味や生地の物理的な性質に大きな影響を与えています。

①パンの味を調える

塩を入れないパンは、何かもの足りなく感じます。塩を加えることによって、塩味がつくだけでなく、パンの風味や砂糖の甘味が引き立てられるなど、パンがよりおいしく感じられるようになります。

②グルテンの粘りと弾力を強める

生地の中でグルテンが作られるときに、塩が作用して、グルテンの網目構造が密になります。その結果、弾力の強い引き締まった生地ができ、きめが細かくボリュームのある焼き上がりになります。

③発酵の速度をコントロールする

アルコール発酵が早く進み、炭酸ガスが短時間で発生すると、香りに乏しく、味気のないパンになります（Q101参照）。食べておいしいと感じる塩の量であれば、イーストは塩によって活動がある程度抑えられ、発酵が適度に行われます。塩の量が多すぎると、塩からいだけでなく、炭酸ガスの発生量も著しく減ってしまいます。

④雑菌の繁殖を抑える

塩には、雑菌が繁殖するのを防ぐ役割もあります。それによって、イーストが適正な環境で活動できるようになります。

Q32 パンに適した塩はありますか？

A 好みで選べばよいですが、塩化ナトリウムの含有量に注意してください。

塩味や風味にこだわるのであれば、作る人の好みで海塩や岩塩などを使用してもよいでしょう。ただし、主成分である塩化ナトリウムの含有量が、90％以上あるほうがパン作りには向いています。

塩は塩化ナトリウムが塩味を作り出し、にがりといわれる成分（マグネシウムやカリウムなどの化合物）が加わることで塩味に丸みが出るといわれています。

塩化ナトリウムが99％以上の塩もあれば、にがりの成分が多く、塩化ナトリウムがその分少ない塩もありますが、パン作りにおいて、塩としての役割を担うのは、あくまでも塩化ナトリウムです。そのため、塩化ナトリウムの量に気をつける必要があるのです。極端に塩化ナトリウムの量が少ないと、パンの仕上がりに影響が出てしまいます。

スキムミルクのなぜ？

Q33 スキムミルクの役割って何ですか？

A ミルクの風味をつけるほか、こうばしい焼き色をつける働きもあります。

パンにミルクの風味と香りをつけたい場合に、スキムミルク（脱脂粉乳）を加えます。パンを食べたときにミルク風味がはっきりと感じ取れるようにするには、スキムミルクを小麦粉に対して7〜8％以上加えるようにします。

それより少ない量であっても、焼き色を濃くすることに関しては効果があります。スキムミルクに含まれている乳糖は糖の一種で、焼成の際に焼き色をつける働きをします。

さらに詳しく

乳糖はイーストの養分にならない？　乳糖はブドウ糖とガラクトースが結びついた糖です。多くの糖は、発酵の際にイーストの養分になりますが（Q18参照）、イーストは乳糖をそのままの形では使えず、小麦粉やイーストにも乳糖を分解する酵素が含まれていないので、小さな分子に分解して使うこともできません。そのため、乳糖は焼成の段階まで生地に残ります。

焼成で生地が加熱されると、小麦粉などに由来するたんぱく質やアミノ酸と還元糖が反応します。そして、茶色い焼き色をつける物質とこうばしい香りとなる物質を発生させる、アミノ-カルボニル反応が起こります（Q36「さらに詳しく」参照）。乳糖は還元糖に属するので、この反応を促進して、その結果、パンにきれいな焼き色がつきます。

Q34 なぜ牛乳でなく、スキムミルクを使うのですか？

A 安価で使いやすいからです。

パン作りでスキムミルクを使うことが多いのは、牛乳よりも安価で手に入り、長く保存できて、使いやすいからです。家庭では、牛乳が常備されていることが多いので、スキムミルクの代わりに牛乳を使うこともできます（Q35参照）。

Q35 スキムミルクを牛乳に置き換える場合、どうしたらいいですか？

A 10倍量の牛乳に置き換え、その分の水を減らします。

スキムミルクは牛乳から水分と乳脂肪を除いたもので、スキムミルクを牛乳で置き換えるときには、牛乳の重量の10％に相当すると考えます。なぜ10％なのでしょうか。

牛乳の中には、たんぱく質、炭水化物、脂質（乳脂肪）、ミネラルなどの固形分が含まれています。これらから乳脂肪を除いた固形分（無脂乳固形分）が、一般的な牛乳では約10％含まれており、これがほぼスキムミルクに相当するからです。

粉末のスキムミルクを液体の牛乳に置き換えるわけですから、分量の水も忘れずに減らしてください。牛乳の重量の10％が無脂乳固形分でスキムミルクに相当するので、残りの90％を水分と考え、その分だけ配合する水の量を減らします。

牛乳を加えるタイミングは、粉類を混ぜ合わせた後です。仕込み水から調整水（Q78参照）を取り分けた後の残りの水と合わせてから、粉に加えてください。

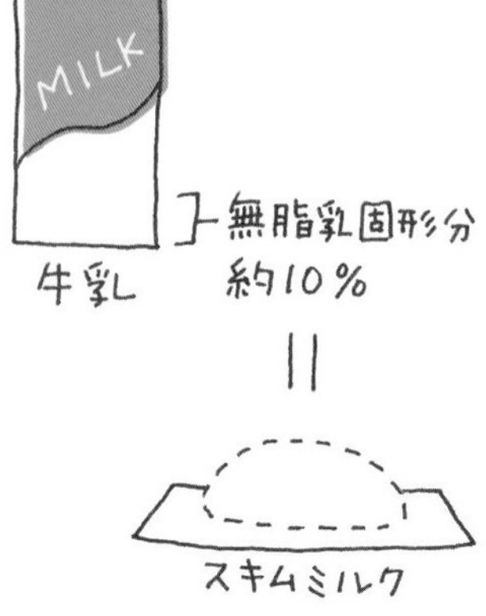

砂糖のなぜ?

Q36 砂糖の役割って何ですか?

A 甘味や焼き色をつけたり、しっとりと焼き上げたりします。

砂糖を加える第一の目的は甘味をつけるということですが、ほかにもいくつかの効果があります。

①甘味をつける

②イーストの栄養源になる

イーストは、自身が持つインベルターゼという酵素によって、砂糖の主成分であるショ糖をブドウ糖と果糖に分解し、それらを養分にしてアルコール発酵を行います（Q18「さらに詳しく①」参照）。

③焼き色を濃くする

パンには、砂糖を配合するものとしないものがありますが、砂糖の量が増えるほど、焼き色がつきやすくなります。

そもそも、焼き色がつくメカニズムは、材料に含まれているたんぱく質やアミノ酸と還元糖が、高温下で一緒に加熱されると、茶色い焼き色がつき、こうばしい香りが出るという一種の化学反応によります。これは、アミノ-カルボニル（メイラード）反応と呼ばれています。

小麦粉、卵、スキムミルク、バターなどにも、たんぱく質やアミノ酸、還元糖がそれぞれ含まれているため、砂糖を加えない配合のパンでも焼き色がつきますが、砂糖を加えることで還元糖が多くなり、この反応が促進されて、焼き色が濃くなります。

また、焼き色のほとんどはアミノ-カルボニル反応ですが、パンの焼成の場合には、さらに高温になるとカラメル化という反応も同時に起こっています。この反応は、プリンのカラメルソースに代表されるもので、糖が高温下で熱分解されて茶色く色づき、まさにカラメルソースのような甘く香ばしい香りを発生させます。温度が上がるにつれて、香りはこげ臭に変化し、味は苦味をともなうようになります。

④しっとりと焼き上げる

砂糖には、水を吸着して保持する「保水性」という性質があります。

パン生地は、オーブンで焼く段階で、生地中の水分がある程度蒸発して焼き上がります。この際、生地に砂糖が配合されていると、砂糖が生地中に水を引きつけて離しにくくするため、しっとりとした焼き上がりになります。

⑤かたくなりにくくする

パンは時間が経過するにつれてかたくなります。パンから水分が蒸発してかたくなる以外に、パンのふんわりとやわらかい食感を作り出している小麦粉のデンプンが、時間の経過とともに構造を変化させ、かたくなってしまうからです。

焼成で生地が加熱されると、デンプンは緻密だった構造がゆるんでそのすき間に水が浸入できるようになり、生地中の水を吸収しはじめます。そして、デンプンは「糊化」（Q137参照）してやわらかくなり、やがてパンのふっくらとしたボディを作り出します。やわらかかったパンが、次第にかたくなるのは、糊化したデンプンが「老化」（Q154参照）するからです。デンプンは老化すると、まるで糊化する前の緻密な構造に戻ろうとするかのように、その構造内に閉じ込めていた水を排出し、ゆるんでいた構造の一部が結合して、かたくなります。

生地に砂糖を配合すると、砂糖は水に溶けた状態で、デンプンの構造の間に入り込みます。そうなると、デンプンの老化が起こっても、砂糖の持つ保水性の性質により、砂糖が水分を吸着したままデンプンの構造内にとどまるので、かたくなりにくいのです。

さらに詳しく

焼き色がつくメカニズム～アミノ-カルボニル反応とは？～　食品を加熱すると焼き色がつく現象は、主にアミノ-カルボニル（メイラード）反応と呼ばれる化学反応によるものです。食品に含まれる「たんぱく質（アミノ酸がたくさん結合したもの）やアミノ酸」と「還元糖（※参照）」が、約160℃以上の高温で一緒に加熱されることによって、「茶色い焼き色をつける物質（メラノイジン）」と、「こうばしい香りとなる物質」を発生させます。

肉、魚、卵などを焼いたときに焼き色がつくのも、同様の反応が起こっているからです。この場合はひとつの食品に、たんぱく質やアミノ酸、還元糖のいずれも含まれており、それらが反応しています。パンの材料でいえば、小麦粉、スキムミルク、バターなどは、いずれも含んでいます。

一方、砂糖は、その主成分であるショ糖が還元糖でもなければ、たんぱく質やアミノ酸も含んでいません。しかし、ショ糖は熱と酸によってブドウ糖と果糖に分解されるため、砂糖がたんぱく質やアミノ酸を含むほかの材料と一緒に加熱されると、アミノ-カルボニル反応が促進されます。

※還元糖…ブドウ糖、果糖、麦芽糖、乳糖などが還元糖に分類される。反応性の高い部分（還元性基）を持ち、この部分がたんぱく質やアミノ酸と結びつくと、アミノ-カルボニル反応を起こす。ちなみに、砂糖の主成分であるショ糖は、ブドウ糖と果糖が結合したものであるが、還元糖ではない。なぜなら、ブドウ糖と果糖の反応性の高い部分同士が結合し、全体として反応性が高い部分を持たない構造をしているからである。

Q37 パン作りに使う砂糖は何がいいですか？

A 通常はグラニュー糖を使います。

日本の家庭では上白糖がよく使われますが、欧米には上白糖がなく、砂糖といえば、基本的にはグラニュー糖を指します。ですから、パンや洋菓子を作る際は、グラニュー糖を使うのが一般的です。とはいえ、日本ではどちらも手に入るので、グラニュー糖と上白糖の特性を理解した上で、うまく使い分けてもよいでしょう。

さらに詳しく

グラニュー糖と上白糖の違いは？

上白糖の成分はショ糖が大半を占め、転化糖（※参照）と灰分（ミネラル）がわずかながら含まれています。上白糖はグラニュー糖よりも転化糖が多く、それが次のような性質の違いを生み出します。

※転化糖…ブドウ糖と果糖の混合物。ブドウ糖と果糖が同量ずつ混ざり合ったもので、ショ糖のように結合していない。

①甘味

グラニュー糖はあっさりとした甘さ、上白糖は後を引く甘さです。転化糖は、ショ糖よりも甘味を強く感じるためです。

②しっとり感

グラニュー糖の代わりに上白糖を使用すると、パンがしっとりと仕上がります。上白糖が増えると、パンがべたつくと感じるほどです。転化糖は保水性が高く、焼成の際に生地から水分が蒸発しにくいからです。

③やわらかさ

上白糖を使うほうが、日にちが経っても、パンをやわらかく保てます。パンがかたくなるのは、やわらかかったデンプンが老化して、デンプンの構造の中に閉じ込めていた水を排出するためです。そもそも、砂糖には保水性があり、デンプンの老化を防ぐので、パンがかたくなりにくいのですが（Q36参照）、転化糖の多い上白糖では保水性が高まり、さらにその効果が高まります。

④焼き色

転化糖は還元糖に属し、アミノ-カルボ

ニル（メイラード）反応（Q36「さらに詳しく」参照）が起こりやすいため、上白糖のほうが焼き色が濃くつきます。

本書ではすべてのパンにグラニュー糖を使用していますが、これらの性質をふまえた上で、たとえば、菓子パンには上白糖を使って、フィリングとよく合うしっとりとした生地に仕上げるということもできます。作る人がどのようなパンの仕上がりを求めるのかで、使い分けるとよいでしょう。

●グラニュー糖と上白糖の成分の比較

	ショ糖	転化糖	灰分（かいぶん）	水分
グラニュー糖	99.97%	0.01%	0.00%	0.01%
上白糖	97.69%	1.20%	0.01%	0.68%

『砂糖百科』（社団法人糖業協会・精糖工業会編）より抜粋

油脂のなぜ？

Q38 油脂の役割って何ですか？

A ボリュームが出て、きめが細かく、やわらかく焼き上がります。

パンにはさまざまな種類がありますが、多くの場合、油脂が加えられます。小麦粉に対する油脂の割合は、食パンでは2～8％、バターロールでは10～15％、ブリオッシュにおいては30～60％になります。

油脂を加える一番の目的は、コクのある味わいにするためです。ほかに、クラスト（外皮）が薄くやわらかく、かつクラム（中身）もやわらかくきめが細かくなり、ボリュームのあるパンに焼き上がる効果もあります。

また、油脂は、焼き上がったパンが保存中にかたくなるのを防ぎます。これは、油脂によるコーティング作用で、パンから水分が蒸発しにくくなるというのが主な理由ですが、油脂がパンの組織の中に薄い層のように広がることで、組織全体の柔軟性を保っているのではないかとも考えられます。

Q39 パン作りによく使う油脂は何ですか？

A バター、マーガリン、ショートニングです。

パンには、バター、マーガリン、ショートニングなどの固形状の油脂を使うのが一般的です。

油脂を加えるパンでは、はじめに小麦粉、水、イースト、塩などの油脂以外の材料をこねて、生地にグルテンが形成され、弾力が出てから、油脂を混ぜ込むという方法で作ると、ミキシングが効率よく行えます（Q87参照）。

弾力が出た生地には、固形状の油脂を適度にやわらかくして使うとなじみやすく、すぐに混ざり込んでいきます。ここで液状の油脂を加えると、生地に混ぜ込もうとしても、油脂によって生地が滑りやすくなって、なかなかなじんでいきません。そのため、固形状の油脂が使われるのです。

一部のパンには、オリーブ油やサラダ油などの液状の油脂が配合されることもあります。その場合は、ミキシングの最初に油脂も含めてすべての材料を一緒にこねはじめる方法で作らなければうまくできません。

さらに詳しく

固形状の油脂が持つ可塑性の優れた点

バターやショートニングなどの固形状の油脂が優れている点は、外から力が加わると粘土のように形を変えてその形を保つ性質、つまり可塑性を持つことです。パン作りでは、この性質がいくつかの場面で生かされています。

そのひとつに、固形状の油脂が練り込まれた生地は、膨らんで引きのばされたときに、生地とともに油脂ものびて、のびた状態でその形が保たれるので、生地が膨らんだ状態を維持しやすいということが挙げられます。その結果、焼き上がりにボリュームが出ます。これについて、詳しく考えてみましょう。

練り込まれた油脂は、生地中のグルテンの膜に沿って、あるいはデンプン粒の間に広がって分散します。生地が引きのばされるときには、のばされる力がかかるのと同じ方向にグルテンがのびていきますが、このとき、グルテンの膜に沿って分散した油脂が潤滑油の役割をして、生地にのびのよさを与えます。生地ののびがよいと、発酵や焼成中に生地が膨らんでいく際に生地がスムーズに押し広げられて、全体の膨らみがよくなります。固形状の油脂には可塑性があるので、グルテンとともに力を加えられた方向にのびて、その形を保ちます。

一方、液状の油脂には可塑性がなく、固形状の油脂のようなかたさもありません。そのため、小麦粉に対して約5％程度であれば、固形状、液状のどちらの油脂を使っても、焼き上がりのボリュームに差はありませんが、液状油脂を約10％以上加えると、生地がよくのびたとしてもダレやすくなってしまいます。生地がダレてしまっては、膨らんだ生地が緊張（Q128「さらに詳しく」参照）を保つことができず、膨らみを維持できなくなってしまいます。ちなみに、固形状の油脂は約50〜60％まで加えることが可能で、本書でもブリオッシュにバターを50％加えて作っています。そもそも、ブリオッシュは、バターの風味豊かなパンにするために、たくさんのバターを加えているのですが、それだけのバターを入れても膨らみを維持できているのは、固形状の油脂が持つ可塑性のおかげなのです。

Q40 油脂はどのように使い分けたらいいですか？

A パンに与える風味や食感を考慮して選びます。

バター、マーガリン、ショートニングなどのいずれの油脂を使ってもパンはできますが、特徴を理解した上で選びましょう。

◆バター

バターは生乳の中の乳脂肪を集めて作られた乳製品のひとつで、その独特の風味をパンに与えることができます。また、加熱すると、アミノ−カルボニル反応（Q36「さらに詳しく」参照）が起こり、こうばしい香りが生まれます。

◆マーガリン

マーガリンは、その昔、フランスでバターの代用品として開発されたもので、植物性油脂や動物性油脂に、粉乳や発酵乳、食塩などを加え、水分と乳化させて作られます。バターに似た風味を持ちながら安価である点や、バターより可塑性を発揮できる温度帯が広く、パン作りに適している点などが評価されて、広く使われています。

◆ショートニング

ショートニングは植物性油脂や動物性油脂を主原料とした、練り込み専用の固形油脂として開発されました。ほぼ100％油脂でできていて、水分や乳成分を含まず、白色で、味も香りもほとんどありません。そのため、パンに塗って食べるような使い方はせずに、パンや菓子の材料として用いられます。

ショートニングを使うと、パンやクッキーがサクッと歯切れのよい軽い口当たりに仕上がります。このサクサクとしたもろさを与える性質（ショートニング性）を持つことがショートニングの最大の特徴です。また、ミキシングの際に、生地に混ざりやすいというのも優れた点です。

Q41 ショートニングとバターを併用することがあるのはなぜですか？

A ショートニングで歯切れをよくし、バターで風味を与えます。

パンに配合する油脂をバターだけにすると、バター独特の風味や豊かな味わいが得られますが、配合量が増えると食べたときの印象が重たく感じます。一方、ショートニングだけにすると、油脂がもたらす風味は全くありませんが、クラスト（外皮）がパリッと仕上がり、全体に歯切れのよい、軽い食感を作り出すことができます。

このように、ショートニングとバターには、互いに持ち合わせていない性質があるので、両者を好みの割合で混ぜて使うと、ショートニングが作り出す歯切れのよさを生かしながら、バターで風味を補うこともできます。

Q42 バターを室温で戻すとは、どんな状態になればいいのですか？

A 指でやや強く押すと、指が入るくらいのかたさです。

冷蔵庫から出し立てのバターは冷え固まっていて、このままではミキシングの際に生地に混ざりません。そのため、あらかじめ冷蔵庫から出して、バターの温度を上げてやわらかくしておきます。

かたまりのバターを人差し指で押してみたときに、力を入れれば指が入っていくくらいがちょうどよいかたさです。このとき、指がすっと入るようでは、やわらかくなりすぎています。

●バターのかたさの確認法

かたすぎる
指先で押してもバターの形が変わらない

適切なかたさ
指先に力を入れて押すと少し入る

やわらかすぎる
指先に力を入れなくてもすっと入る

Q43 溶けてしまったバターは使えますか？

A 液状のバターでは、生地に混ざりにくくなってしまいます。

パン生地にバターを加える場合、一般的には先にバター以外の材料をこねて、生地にグルテンができて弾力が出てから、バターを加えてさらにこねます（Q87参照）。

バターなどの固形状の油脂には、外から力が加えられると粘土のように形を変えてその形を保つ性質（可塑性）があります。混ぜ込む油脂に可塑性があると、グルテンの膜に沿って油脂が薄い層状になって分散し、混ざっていきやすいのです。

バターがこの性質を発揮できるのは、適度にやわらかくした状態のときに限られています（Q42参照）。そのため、溶けてしまったバターは可塑性が失われ、弾力が出た生地に混ぜ込もうとしてもなかなか混ざりません（Q39参照）。また、溶けたバターから水分（成分の約16％）が分離し、生地のかたさに影響を与えてしまうため、基本的には使えません。

さらに詳しく **溶けたバターを冷蔵庫で冷やし固めて使ってもいい？** バターは

液状に溶けてしまっても、冷蔵庫に入れると再び固まります。しかし、なめらかだった質感はざらざらになり、少し温度が上がっただけでもすぐにまた溶けてしまいます。さらに、いったん溶けると可塑性が失われます。

　このような状態になったバターでは、発酵の温度で溶け出すおそれがあり、思うようにパンが膨らみません。そのため、溶けたバターを冷やし固めて使うことも、溶けたバターを使うことと同様におすすめできません。本書で冷え固まっているバターをやわらかくするのに室温で戻しているのは、電子レンジや湯せんで温めると、誤って液状に溶かしてしまうことがあるからです。

Q44 無塩バターを使うほうがいいですか？

A 有塩バターを多く使うときは、塩の配合量を減らします。

　本書では無塩（食塩不使用）バターを使っていますが、有塩（加塩）バターを使っても構いません。

　一般的な有塩バターには、塩分が1～2%含まれています。バターの配合量が少ない場合は、有塩バターを使ったとしても、それによって加わる塩分は微量なので、塩の配合量を変える必要はありませんが、バターが多い場合には減らします。その際には、あらかじめバターによって加わる塩分を計算して、配合する塩の量を減らしてもよいですが、でき上がったパンの味をみて、好みの塩加減に調整しても構いません。

　これは、有塩のマーガリンを使う場合でも同じです。

卵のなぜ？

Q45 卵の役割って何ですか？

A 味、食感、色に影響を与えます。

　本書で使用しているMサイズの全卵1個には、卵黄が18～20g、卵白が35g前後含まれています。卵黄と卵白では、生地に与える影響が違い、それぞれ次のような特徴があります。

①味への影響

　卵黄は濃厚でコクのある風味をパンに与えます。パンを食べたときに、卵の風味を感じさせるには、全卵であれば小麦粉に対して15%以上、卵黄だけならば6%以上を入れる必要があります。

②食感への影響

　卵黄は脂質がその成分の約1/3を占め、レシチンという乳化剤（※参照）を含んでいます。レシチンの働きで、クラム（中身）がきめ細かく、しっとりとやわらかくなり、パンにボリュームが出ます。

　卵白は、オボアルブミンというたんぱく質が約半分を占め、これが熱で凝固することによって、歯切れのよい食感を生み出します。

※乳化剤…本来は混ざり合わない水と油の仲立ちをして、両者を混ぜ合わせる働き（乳化作用）をする物質のこと。

③色への影響

　卵黄には、カロテノイド色素という、黄色からオレンジ色を示す色素が含まれています。これによって、クラムが黄色っぽくなり、視覚的なおいしさにつながります。

Q46 全卵を使う場合と卵黄だけを使う場合の違いは何ですか？

A 全卵を使用すると、歯切れのよい食感になります。

　卵を使う場合は、全卵や卵黄が一般的です。卵白の配合量が多すぎると、パンがパサパサした焼き上がりになってしまうからです。

　反対に卵黄だけを使うと、しっとりとや

わらかい焼き上がりになります。ただし、ブリオッシュのように、卵の配合が多いパンを卵黄だけで作ると、食べたときに重たく感じます。そのようなときには、全卵と組み合わせると、パンに軽さと歯切れのよさが出ます。

モルトエキスのなぜ？

Q47 モルトエキスって何ですか？

A 麦芽糖の濃縮エキスです。

モルトエキスは発芽した大麦を煮出して作る、麦芽糖の濃縮エキスで、モルトシロップともいいます。

大麦が発芽する際には、アミラーゼという酵素が活性化し、大麦に含まれているデンプンを麦芽糖に分解します。そのため、モルトエキスには麦芽糖以外に、アミラーゼも一緒に含まれています。このアミラーゼは、パン生地の中で、小麦粉のデンプンを麦芽糖に分解する働きをします（Q18「さらに詳しく①」参照）。

Q48 モルトエキスの役割って何ですか？

A イーストの栄養源となり、焼き色を濃くする働きもあります。

モルトエキスは、主にフランスパンなどのシンプルな配合のハード系のパンに使われます。モルトエキスを加えると、安定した状態で発酵をはじめられ、砂糖のような甘味をつけずに焼き色をつけることができます。

①発酵を安定した状態で行う助けとなる

本書では、フランスパンにモルトエキスを加えています。フランスパンは、砂糖を加えず、イーストの量も最低限に抑えて作ります。パンはイーストが糖を養分として取り込み、アルコール発酵を行って発生させた炭酸ガスによって膨らみますから、フランスパンのようにイースト自体の量も少なく、糖も少ない条件下では、ゆっくりと時間をかけて発酵を行うことになります。

また、こね上がった生地を発酵器に入れたからといって、すぐにイーストがアルコール発酵をはじめるわけではありません。

イーストがアルコール発酵を行うための養分としてすぐに使えるのは、ブドウ糖や果糖などの分子の小さな糖です（Q18「さらに詳しく①」参照）。もし、生地に砂糖（成分の約99%がショ糖）が配合されていれば、イーストはショ糖をブドウ糖と果糖に分解して、すぐに養分にできるので、早い段階からアルコール発酵が行われます。

しかし、フランスパンでは大きな分子である小麦粉のデンプンを自身が持つ酵素（アミラーゼ）によって麦芽糖に分解し、さらにイーストがブドウ糖に分解してはじめて養分として使うことができるため、実際にイーストがアルコール発酵をはじめるまでには時間を要します。

モルトエキスには、麦芽糖とアミラーゼが含まれています。そのため、砂糖を入れない生地にモルトエキスを配合すると、イーストはその麦芽糖を受け取り、安定した状態で発酵をはじめることができます。また、モルトエキスに含まれるアミラーゼによって、デンプンの分解が促進されて、徐々に生地中に麦芽糖が増え、より安定した状態での発酵を促してくれます。

②焼き色を濃くする

モルトエキスを加えることで生地中に増えた麦芽糖は、アルコール発酵にすべて使われずに生地中に残ります。そして、焼成の段階で、焼き色とこうばしい香りを生じさせるアミノ-カルボニル反応（Q36「さらに詳しく」参照）を促進します。麦芽糖は還元糖の一種なので、この反応が起こりやすく、焼き色がつきやすいのです。

Q49 モルトエキスがなかったら、どうしたらいいですか？

A 配合からモルトエキスを抜いて、ほかは分量を変えずに作ります。

モルトエキスを入れなくてもパンはできるので、モルトエキスをほかの何かで代用することも、分量を変えることもせずに作ります。ただし、焼き色はつきにくくなります。

●モルトエキスの有無による焼き上がりの違い

モルトエキスを入れて焼いたもの（右）
入れていないもの（左）

Q50 モルトエキスを水で溶いて加えるのはなぜですか？

A ねばついて扱いにくいからです。

モルトエキスはねばねばして、そのままの状態ではミキシングのときに均一に分散しません。

ミキシングの際には、まず最初に仕込み水から調整水（Q78参照）を取り分けて残った水に、モルトエキスを溶かしてからミキシングをはじめます。

Q51 モルトパウダーを使う場合の使用量と使用方法を教えてください。

A 使用量は製品によって異なります。粉に直接混ぜ込んで使います。

モルトパウダーとは、発芽大麦を乾燥させて粉末にしたものです。製品によっては、乳化剤やビタミンCなどの発芽大麦以外の成分が添加されているものもあるため、使用量の目安を示すことはできません。使用量は、製品に書かれている説明に従ってください。粉末状なので、ほとんどの製品がミキシングの際に粉に直接混ぜて使うことができます。

モルトパウダー

ナッツ、ドライフルーツのなぜ？

Q52 生地に混ぜ込むナッツはローストしたほうがいいですか？

A ローストするとよりこうばしくなります。

くるみやアーモンドなどのナッツは、生では食べられないので、加熱する必要があります。パン生地にナッツを加えるときには、生のまま混ぜ込んでも生地を焼成すれば火が通るので、あらかじめローストしなくても問題ありません。しかし、生地に混ぜ込むとナッツに直接火が当たらないため、こうばしさにやや欠けることがあります。

本書で、ナッツをローストしてから使っているのは、よりこうばしい風味を出したいからです。生地の上にトッピングするときには、生のまま使用してください。

Q53 レーズンをぬるま湯で洗ってから使うのはどうしてですか？

A 異物やオイルコーティングの油を除くためです。

レーズンはあらかじめ洗い、付着している異物を取り除いてから使います。

また、製品によっては、粒同士がくっつかないようにオイルコーティングしているものがあるので、水ではなく、ぬるま湯を使って洗います。

ぬるま湯でさっと洗う

ストレーナーに上げて水気をしっかりと切る

Q54 ナッツやドライフルーツはどれくらい入れたらいいですか?

A 小麦粉の重量に対して、15〜70%の範囲内で加えます。

ナッツやドライフルーツをどれくらい入れるかは、作る人の好みです。小麦粉の重量に対して15〜70%程度の範囲が一般的です。量を増やすほど、生地は膨らみにくくなり、焼き上がりのボリュームは小さくなります。

Q55 ナッツやドライフルーツを混ぜ込むと、生地がかたくなりますか?

A 生地の水分を吸ってかたくなります。

ナッツやドライフルーツは乾燥しているので、生地の水分を少なからず吸収します。生地は徐々に水分が奪われ、こね上げ後に次第に引き締まってかたくなります。

配合量や乾燥具合、ナッツはローストの有無によって、生地の引き締まる度合いに違いがあるので、何度か作って焼き上がりの状態を見て、水の量を調整します。

道具のなぜ?

Q56 パン作りの作業台は木製がいいですか?

A どんな素材でもよいですが、木製の台はメリットが多いです。

作業台には、木製のほかに、ステンレス製、大理石製、プラスチック製などがあって、どれを使ってもパンは作れますが、その中でも木製の台には優れた点がいくつかあります。

たとえば、木製の台は、ステンレス製や大理石製に比べて生地がくっつきにくいので、打ち粉が少なくて済みます。プラスチック製のように、生地がすべりやすいということもありません。また、カードなどで切るときに、木製の台は刃の当たりがやわらかいのもよい点です。

そのほか、ステンレス製は室温が低いと冷えやすく、大理石製は室温にそれほど左右されずに低温を保つ性質があるので、これらを使用すると生地の温度を下げてしまうことがありますが、木製ではそのようなことがありません。

Q57 発酵器って何ですか?

A 発酵に適する温度と湿度を保つ道具です。

発酵器はパン生地の発酵に適した温度と湿度を保つために使用します。電気で温度と湿度を調節できる、パン生地専用のものもあります。

Q58 専用の発酵器がない場合はどうしたらいいですか?

A オーブンの発酵機能を使うか、蓋つき容器で代用できます。

パン屋さんには必ず専用の発酵器がありますが、家庭で持っている人は少ないと思います。
　そこで、オーブンの発酵機能を利用するか、発酵機能がなければ、最も低い温度設定で短時間作動させて、庫内の温度を発酵温度に近づけることもできます。
　または、食器の水切りかごや発泡スチロールの箱、クーラーボックス、衣装ケースなどの蓋つき容器を利用する方法もあります。温度と湿度を調節するには、水切りかごであれば容器の底に湯をはり、そのほかの容器の場合は湯を入れた器を中に置きます。いずれの場合も、温度計で実際の温度をはかって調節してください。

●水切りかごを発酵器とする場合の使い方

容器にかごをセットし、湯を入れる

生地と温度計を入れて蓋をする

直射日光が当たらない場所におく。発酵中は定期的に温度計をチェックし、発酵温度を保つ。温度が下がりすぎたら、湯を足したり入れ替えたりする

Q59 オーブンの発酵機能を利用していますが、細かい温度設定ができません。

A スイッチを入れたり切ったりしながら調節します。

はじめに、オーブンを発酵の温度に設定し、温度計を入れて正確にその温度になっているかはかってみましょう。個々のオーブンにはくせがあり、実際にはその設定温度よりも前後していることがあります。
　発酵機能はあるけれど、温度設定ができないオーブンの場合は、おそらく本書に書かれている発酵温度よりも高いことが多いと思います。その際には、温度計を入れた状態で、発酵機能のスイッチを入れたり切ったりして調節しながら、目標とする温度に近づけてください。
　発酵の温度設定に何段階かあっても、いずれも目標とする温度と合わない場合があります。そのときには、目標とする温度よりも高い設定温度を選び、同様に調節してください。

Q60 オーブンの発酵機能を利用していますが、生地が乾燥してしまいます。

A オーブンの庫内に熱い湯を入れた器を置くとよいでしょう。

オーブンには、スチームを発生させて湿度を保ちながら発酵させる機能を備えた機種もありますが、そうでない場合には、生地が乾燥しやすくなります。そのため、熱い湯を器に入れてオーブンの庫内に置き、その蒸気によって湿度を保つようにします。
　それでも生地が乾くようならば、毛羽立ちにくい乾いた布（キャンバス地、ふきん、さらしなど。Q63参照）をかけるとよいでしょう。生地の乾きがひどいときには、布をかけた上に、さらにビニールまたはラップをかけます。または、生地の表面に直接霧を吹いて湿らせてください。

Q61 オーブンの発酵機能を使うと、焼成の予熱ができません。

A オーブンでの最終発酵を早めに終え、焼成の予熱に切り替えます。

最終発酵が終わって膨らんだ生地は、ベストな状態のまますぐにオーブンで焼成するのが理想です。

オーブンの発酵機能を使うと、最終発酵が終わってから焼成の予熱をすることになるので、焼成温度に達するまでに時間があき、その間、室温に出した生地は発酵が進んでしまいます。

そのため、最終発酵を早めに切り上げてオーブンから生地を取り出し、焼成のための予熱に切り替えましょう。取り出した生地は、ベストな状態になるまで室温で発酵させます。この際、室温が高いと発酵が早く進み、逆に室温が低いと発酵に時間がかかるということに注意して、どのくらい早く最終発酵を終えるかを調整します。

また、取り出した生地が、乾燥しないように気をつけます。もし、乾燥するようでしたら、Q60の方法を参考にしてください。

Q62 オーブンプレートは熱しておいたほうがいいですか？

A ハード系のパンの場合はそうします。

ハード系のパンを焼成する場合には、下火が弱いと膨らみが悪く、パンのボリュームが小さくなるので、オーブンを予熱する際に、オーブンプレートも一緒に熱しておきます。

Q63 生地をのせる布はどのようなものが適していますか？

A キャンバス地、ふきん、さらしなどです。

生地をのせる布はタオルのように繊維が出るものは避けます。毛羽立ちにくいキャンバス地、ふきん、さらしなどが、生地がくっつきにくくて適しています。本書では、キャンバス地を使用しています。

ハリのある厚手のキャンバス地、ふきんなどが適している

Q64 麺棒の使い方のコツを教えてください。

A 生地に対して均等に力をかけるのが基本です。

麺棒を転がす際には、生地に対して均等に力をかけるようにします。必要以上に力を加えると、生地が破れてしまったり、台にくっついていびつな形になったりするので注意してください。

生地が台にくっついていないかを常に確認しながら、のばす途中で何度か生地を動かしたり、打ち粉をふったりするようにします。

さらに詳しく **生地をのばす以外の麺棒の使い方**

麺棒は生地をのばすほかに、成形時に生地中のガスをしっかりと抜くときにも使います。

また、大きくのばした生地の向きを変える際にも役立ちます。のばした生地の両端を手で持ち上げて動かすと、生地の重みで垂れ下がり、部分的にのびて薄くなってしまいます。麺棒で生地の端から力をかけずにくるくると巻き取り、向きを変えて、巻き取った生地を麺棒からはずします。

麺棒に生地を巻きつけて動かす

工程のなぜ

Q65 パンはどのようにして作るのですか？

A こねる→膨らませる→形を作る→膨らませる→焼くという流れで作ります。

パンの基本的な工程は次の通りです。

①ミキシング（こね）

材料をこねて、生地を作ります。

②発酵

イーストが活発に働く環境に生地を置き、イーストによるアルコール発酵を促進させて、発生する炭酸ガスによって生地を膨張させせます。同時に、香りや風味のもととなる物質も作られるので、生地が熟成して風味が増します。

③パンチ

生地を押さえたり、折りたたんだりして、発酵によって弾力がゆるんだ生地を引き締めます。また、生地の中で発生したアルコールを放出させて、イーストを活性化させます。パンによって、行う場合と行わない場合があり、パンチ後は再び生地を発酵させます。

④分割

仕上がりの大きさに合わせて、生地を切り分けます。

⑤丸め

生地を球状に丸めたり、軽く折りたたんでまとめたりして、発酵でゆるんだ生地の表面に張りを持たせます。

⑥ベンチタイム

丸めた（まとめた）生地をしばらく休ませて緊張をゆるめ、生地ののびをよくして成形しやすくします。

⑦成形

パンの形を作ります。

⑧最終発酵

イーストが活発に働く環境に生地を置き、アルコール発酵によって、生地を膨張させます。

⑨窯入れ

オーブンに生地を入れます。溶き卵を塗ったり、クープを入れるのはこの段階です。

⑩焼成

生地を焼きます。

⑪窯出し

焼き上がったパンをオーブンから取り出します。

Q66 パンにはどんな製法がありますか？

A ストレート法と発酵種法の2つに分けられます。

パンの製法は、ストレート法と発酵種法に大別されます。

◆ストレート法（直ごね法）

一度にすべての材料をこねて生地を作る、一般的なパン作りの方法です。本書で紹介しているパンの製法はすべてストレート法です。工程がシンプルでわかりやすく、発酵種法よりも生地の発酵時間が短いものが多いので、家庭ではこの方法が作りやすいと思います。素材の風味が生かしやすいのが特徴です。

◆発酵種法

あらかじめ、材料の粉、イースト、水などの一部をこねて発酵・熟成させた発酵種を作ってから、残りの材料と発酵種をこねて本生地を作る方法です。発酵種が液状のものは「液種」、生地状のものは「生地種」と呼ばれ、区別されています。どちらの発酵種で作ったパンも、クラム（中身）のやわらかさが保たれることや、生地ののびがよく、パンにボリュームが出ることが長所としてあげられます。

Q67 パンはどんな種類に分けられますか?

A パンの特徴を表すのに用いられる言葉に、リーンとリッチ、ハードとソフトがあります。

リーンとは「簡素な、脂肪のない」という意味で、生地の材料が基本材料のみに近いパンを表す言葉です。パンの基本材料とは粉、水、イースト、塩の4つで、パン作りには不可欠なものです。対してリッチという言葉は「豊富な、コクのある」という意味で、基本材料に副材料（糖類、油脂、乳製品、卵）を多く配合したパンを表しています。ただし、どれくらい副材料が入ればリッチと表現するのかに特に決まりはありません。

次にハードとソフトについてですが、ハードとは単にクラスト（外皮）がかたいパンのことだけでなく、粉の焼けたこうばしい香りや発酵による風味が十分に引き出された、主にリーンな配合のパンを指すこともあります。反対に、やわらかくふっくらとしていて、クラスト（外皮）とクラム（中身）がともにやわらかいパンのことをソフトなパンといい、リッチな配合のものが多いです。また、ハードよりも少しやわらかいタイプのパンを、セミハードと表現することもあります。

本書で紹介している基本のパンがどれに分類されるのかについては、14ページで説明しています。

準備のなぜ?

Q68 どんな環境がパン作りに適していますか?

A 室温20～25℃、湿度50～70%です。

パン生地を適切な状態に保つためには、まず作業する場所の環境を整えておくことが必要です。室温は20～25℃、湿度は50～70%が適当です。たとえこの値からはずれた環境であっても、生地が乾燥していないか、べたついていないかなど、生地の状態に注意しながらパンを作ることはできます。

また、レシピ中に「室温で戻す」「室温で発酵させる」などといった表現が出てくることがあります。このときの室温は25℃程度を前提としています。室温が高すぎても低すぎても生地に影響を与えるので、この温度から大きくはずれる場合は発酵器に入れてください。

Q69 パン作りにはどのくらいのスペースが必要ですか?

A 50cm四方程度のスペースが必要です。

家庭で生地を手ごねする場合には、作る量にもよりますが、50cm四方のスペースがあると作業がしやすいでしょう。とはいえ、工夫次第ではこれよりも狭いスペースで作ることも可能です。

Q70 パン作りをはじめる前に気をつけることは何ですか?

A 材料と器具をそろえ、清潔な状態にします。

作業をはじめる前に、必要な材料の計量を済ませ、器具類を手元にそろえておきます。また、器具と作業場所を清潔な状態にし、手もきれいに洗います。

Q71 ベーカーズパーセントって何ですか?

A パンの各材料の割合を、粉を基準にして表したものです。

ベーカーズパーセントとはパンを作る上で便利な表記法のひとつで、パンの各材料をパーセンテージで表したものです。ただし、全材料の合計を100％とするのではなく、生地に使う粉の合計を100％として、それ以外の材料を粉に対するパーセンテージで表した独特の表記法です。

本書のレシピでは、各材料をg表記とベーカーズパーセントの両方でのせていますが、プロ向けのレシピであれば通常はベーカーズパーセントしか書かれていません。プロのように作る量が日によって同じとは限らない場合、粉を基準にすべての材料をパーセンテージで示しているベーカーズパーセントは、簡単なかけ算をするだけで必要なすべての分量が出せて便利だからです。

Q72 材料の計量で気をつけることは何ですか？

A とにかく正確に量ることです。

パン作りを成功させるためには、まず正確な計量が大切です。本書では、パン生地作りに必要なすべての材料をg表記しました。できれば0・1g単位、最低でも1g単位で計量ができるデジタル式のはかりを用意することをおすすめします。

Q73 計量カップで量ってはいけませんか？

A 誤差が生じやすいので、避けてください。

計量カップには細かい目盛りがないため、正確さに欠けます。水は1gが1㎖に相当するので、カップで量ることも可能ですが、表面張力による誤差もあるため、重さで量るほうが正確です。特に、油など水以外の液体は1gが1㎖ではないので、カップでの計量はやめましょう。

また、粉類を計量カップで量るのは、ふんわり入れるのか、上から押さえつけるように入れるのかでも、重量にかなりの差が生じます。

Q74 少量の計量ができません。

A 正確に計量できる最も少ない量を量り、そこから必要量を分割します。

家庭に1g未満の重量まで細かく量れるはかりがなく、少量の計量に頭を悩ませる方も多いことでしょう。

はじめに、計量できる範囲で最も少ない量を量り、平らなところに広げてから、目分量で分割して必要な分量を取ります。たとえば、0・5gを計量するときには、はかりで1gを量ってから目分量で半分にしてください。

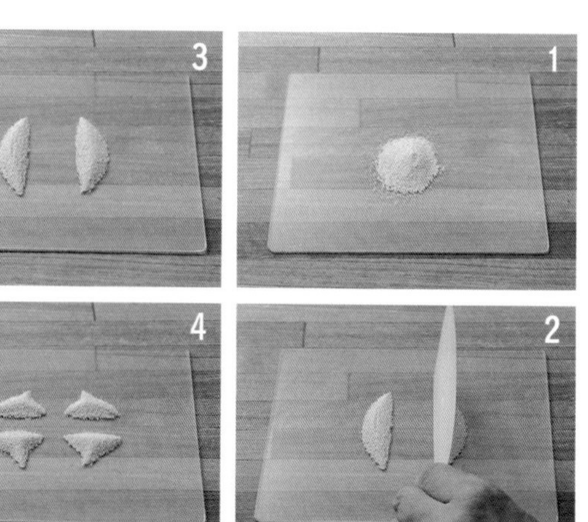

● 少量の計量の仕方

1 正確な分量を量り、台に均一に広げる
2 目分量で半分に分ける
3 半分にしたところ
4 さらに半分にしたところ（分ける回数は求めたい重量によって変える）

Q75 打ち粉って何ですか？

A 生地が台や手にくっつかないようにふる粉です。

打ち粉とは、生地が台や手などにくっついて作業しにくいときにふる粉のことです。ただし、打ち粉の量は最小限にしてください。打ち粉が多くなると、生地の表面についた粉が、作業中に生地の中に巻き込まれてそのまま残り、焼き上がりが粉っぽくなることがあるからです。

あるいは、打ち粉が生地の水分を吸収して、生地の水分量が部分的に減ってかたくなり、その部分が発酵や焼成でのびにくくなって膨らみが悪くなったり、かたく焼き上がってしまうことも考えられます。

そのため、打ち粉は薄くふり、ふる回数をなるべく控え、余分な粉はブラシ（刷毛）で払いながら作業を行うことが大切です。

Q76 打ち粉に使う粉は何ですか？

A 強力粉が適しています。

打ち粉が多いと、粉が生地に巻き込まれ、生地の状態が悪くなるため、ダマにならずに、均一に分散する粉が適しています。

そこで、打ち粉には、強力粉を使います。強力粉は、薄力粉に比べて、粒子が粗いため、粒子同士がくっつきにくく、ダマができにくいのです。

その違いは、原料となる小麦の性質の違いです。強力粉の原料である硬質小麦は、粒がかたく、製粉する際にローラーで挽いても細かく砕けずに粒子が粗くなります。一方、薄力粉は軟質小麦が原料で、小麦の粒がやわらかいので、砕くともろく崩れて、粒子が細かくなります。

強力粉以外の粉を使って作るパンでも、打ち粉には基本的に強力粉を用います。

●台の上に強力粉と薄力粉をふったときの比較

強力粉
均一に分散する

薄力粉
ところどころダマになる

ミキシング（こね）のなぜ？

Q77 こね上げ温度って何ですか？

A ミキシング終了時の生地の温度です。

ミキシングを終えたときの生地の温度を「こね上げ温度」といい、パンの種類によって適切な温度が決められています。

ミキシングが終わった生地は、イーストや酵素を活発に働かせるのに最適な温度に設定した発酵器に入れます。しかし、発酵器の設定温度を保っても、そもそも発酵をはじめる時点で生地の温度が適切でなければ、生地そのものが発酵にちょうどよい温度に達しません。

そのため、こね上げ温度が重要なのです。こね上げ温度が目標とする値になれば、発酵や最終発酵が予定通りに進み、パン作りがスムーズに進みやすくなります。

温度計を生地の中心部まで差し込んで計測する

Q78 仕込み水、調整水って何ですか？

A 材料の水が仕込み水、かたさ調節に使う水が調整水です。

仕込み水とは、パン生地の材料としてレシピに記載されている水のことを指します。この仕込み水の一部を取り分けておき、ミキシングの途中で生地のかたさを確かめながら加えるのが調整水です。取り分ける量の目安は、仕込み水の2～3％程度です。

パン生地は、正確に計量した材料で同じように作っても、粉の種類や保存状態、室温や湿度などが影響して、必ずしも同じかたさにこね上がるとは限りません。そのため、最初から仕込み水を全量使うのではなく、生地のかたさを調整できるように調整水を取り分けておきます。

Q79 なぜ仕込み水の調温が必要なのですか？

A こね上げ温度に影響するからです。

基本材料のひとつである水は生地に配合される量が多く、その温度は生地そのものの温度を決定づける一番大きな要素です。

仕込み水の温度を調節するのは、こね上げ温度を目標とする値にするためです。

また、水は粉などのほかの材料と違い、湯を足したり氷を入れたりして、簡単に温度が変えられるので、調温しやすいという利点もあります。

下準備として、水を調温しておく

Q80 仕込み水の温度はどうやって決めたらいいですか？

A 粉の温度や室温、ミキシング中の生地の温度変化を考慮して決めます。

仕込み水の温度を決定するには、粉の温度、室温、ミキシング中の生地の温度変化が大きな要素となります。生地の種類や作る量、ミキシング時間などによっても、生地の温度変化は違ってきます。

初回は、仕込み水を30℃くらいにして作ってみてください。パン作りのたびに、仕込み水と粉の温度、室温、こね上げ温度のデータをとり、それをもとにして、次回作る際に仕込み水の温度を調節しましょう。

Q81 仕込み水の温度はどれくらいまで上げ下げできますか？

A 5～40℃の範囲です。

仕込み水は5～40℃の範囲で調整します。とはいえ、5℃や40℃の水が、イーストに直接当たると発酵力が落ちる場合があるので、注意が必要です（Q18参照）。

Q82 仕込み水の温度を調節しても、目標のこね上げ温度になりません。

A 水以外の材料の温度や室温を調節します。

こね上げ温度には、仕込み水の温度が最も影響を与えますが、そのほかの材料の温度や室温なども関係します。仕込み水の温度を調節しても、こね上げ温度が目標とする値にならないときには、次にあげるような要因を考え、温度を変えてみてください。

①室温

室温もこね上げ温度に影響を与えるので、

特に手ごねの場合には、極端に暑かったり寒かったりする環境で作業するのはおすすめしません。

②粉の温度

仕込み水の温度を下げても、こね上げ温度が目標とする値よりも高くなるような場合には、粉を冷やすこともあります。

③副材料の温度

たとえば、卵の配合量が多い生地で卵が冷たかったり、レーズンを混ぜ込む生地でレーズンが冷えていると、こね上げ温度が下がってしまうので、副材料の温度にも気をつけます。こね上げ温度を上げたいときに、副材料（油脂を除く）は、30℃程度までなら温めて使うことができます。

④作業台の温度

作業台の温度が生地に伝わることも考慮します。ステンレス製の台は室温が低いと冷えやすく、大理石製では室温にかかわらず低温を保つ性質があるので、これらを使用すると生地の温度が下がってしまうことがあります。

⑤その他の要因

手ごねではこねるのに時間がかかることが多いので、作る人の手の温度が生地に伝わり、生地の温度が上がることも考えられます。こね上げ温度の目標値が低めのブリオッシュやクロワッサンなどの生地の場合には、特に気をつけてください。

機械でこねるときにも注意が必要で、ミキシング時間が長かったり、スピードが速いと、生地とボウルが接して生じる摩擦熱で、生地の温度が上がりやすくなります。

Q83 調整水はいつ入れたらいいのですか？

A 生地がつながる前に加えるのがベターです。

調整水とは、ミキシング途中で生地のかたさ調節ができるように、仕込み水のうちの一部を取り分けておいたものです。

調整水は、ミキシング初期の、できるだけ早い段階で入れるほうがベターです。なぜならば、まだグルテンの形成が進んでおらず、生地のつながりが少ない時点で調整水を入れると、水が均一に行き渡りやすく、また、グルテンの形成には水を必要とするからです。

とはいえ、ミキシングの初期の段階では、まだ生地のかたさがつかめないというのであれば、後に加えても構いません。ミキシングの途中で油脂を加える生地の場合は、油脂と同時に加えても、もしくはその後に加えたとしても、生地はまとまります。ただし、あまりに遅い段階で調整水を加えると、ミキシングが長くなってしまうおそれがあります。

仕込み水の2〜3%程度を調整水として取り分けておく

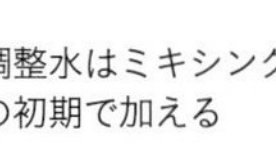

調整水はミキシングの初期で加える

Q84 調整水は全部使っていいですか？

A 生地のかたさを見て入れる量を決めます。

生地のかたさは、粉の種類や乾燥度合い、部屋の湿度などによっても変わります。調整水は生地のかたさを見ながら加減して加えるので、全部使うとは限りません。すべて加えてもまだ生地がかたければ、さらに水を足します。生地のかたさの目安は言葉

で表すことが難しく、パンの種類によっても適切なかたさは異なります。何度も同じパンを作る中で、焼き上がったパンを見て判断し、水分が足りないと思えば次回に水の量を増やし、その逆ならば水の量の減らすというように調節します。はじめて作るパンでよくわからなければ、まずは分量の水をすべて使って作ってみてください。

Q85 水以外の材料を先に混ぜ合わせておくのはなぜですか？

A 材料によって、水を吸収するスピードが違うからです。

小麦粉、インスタントドライイースト、塩、スキムミルク、砂糖などの粉末の材料は、はじめにすべて混ぜ合わせてから、水を加えます。

材料によって水を吸収する速度が違い、特にスキムミルクは吸湿性が高く、真っ先に水を吸収します。そのため、あらかじめ混ぜておかないと、生地の水の分布にむらが出てしまいます。また、吸水してべたつくと、均一に混ざりにくくなるので、水を加える前に混ぜておくほうがよいのです。

Q86 水を加えたら、すぐに混ぜたほうがいいですか？

A すぐに混ぜないと、生地にダマができやすくなります。

粉に水を加えても、水に粉を加えてもよいのですが、いずれの場合もすぐに混ぜてください。そのまま置いておくと、生地に水が均一に行き渡らず、ダマができやすくなります。

Q87 バターなどの油脂を後から加えるのはなぜですか？

A 最初に加えるよりも、ミキシングに時間がかかりません。

パン作りに用いられる油脂は、バターやショートニングなどの固形状のものが一般的です。適度なやわらかさの固形状の油脂は、外から力が加えられると粘土のように形を変えてその形を保つ性質（可塑性）があり、パン生地中ではグルテンの膜に沿って薄い層状になって分散します。

このような可塑性を持つ油脂をパンに加えるときには、すでに形成されたグルテンの膜に沿って油脂を分散させるほうが生地に早くなじみ、ミキシングに時間がかからず、効率よく作業が進められます。そのため、まずは油脂以外の材料をこねて、グルテンが形成されて弾力が出てから生地に混ぜ込むことが基本です。

Q88 手ごねのポイントを教えてください。

A だんだん粘りや弾力が出てくるので、段階を追って、こね方や力加減を変えていきます。

手ごねでは、ミキシング中に変化する生地の状態に応じて、たたきつける力や引っ張る力を変えながらこねていきます。

◆第1段階

粉類に水が行き渡ったばかりの生地は、まだやわらかくべたべたし、引っ張るとのびずにちぎれます。このような生地は、台にこすりつけるようにしてこねるのがポイントです。向こう側に押し出し、手で生地をかき取るようにして手前に戻すという作業を繰り返してこねていきます。

◆第2段階

生地に少しつながりが出て、台からはがれやすくなってきたと感じたら、生地をまとめ、台に弱くたたきつけては折り返し、生地の方向を90度変えるという作業を繰り返して生地をこねます。生地の向きを変えるのは、連続して同じ方向に力がかかると、グルテンの網目構造に偏った形で無理をかけることになるからです。

やわらかい生地の場合、はじめは生地がべたべたして台からはがれませんが、まとまりが悪くても構わず、何度も軽くたたいては折り返す作業を手早く続けます。生地に弾力が出てのびがよくなってきたら、たたきつける力を少しずつ強めていきます。

◆第3段階

そのうち、生地に粘りや弾力が出て、強くたたきつけることができるようになります。生地を少し高く持ち上げ、台にしっかりとたたきつけるようにします。生地をたたきつけるのと同時に手前に少し引っ張り、向こう側にくるっと折り返します。そして、生地の方向を90度変えて、同じ作業を繰り返します。

◆第4段階

さらに生地の弾力が強まると、プリプリした状態に変化します。そうなると、生地ののびが悪くなるので、少し力を弱めます。生地の表面がつるっときれいに張っている状態に保つようにしながら、こねるようにします。

第3段階と第4段階のたたきつけでは、生地を高く持ち上げてから振り下ろすと、生地の重みで自然に力強くたたきつけられます。このように、生地の重みを利用しながら、一定の速度でリズミカルに連続してこねると、生地を傷めることなく、作る本人も無駄に力が入らず楽にこねることができます。

●段階によるこね方の変化

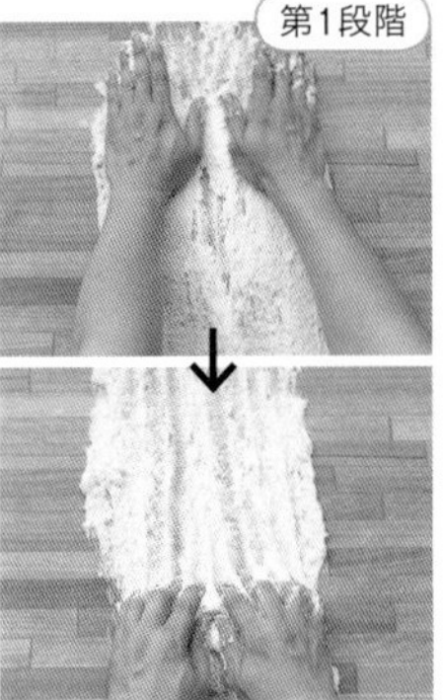

台にこすりつけるようにしてこねる

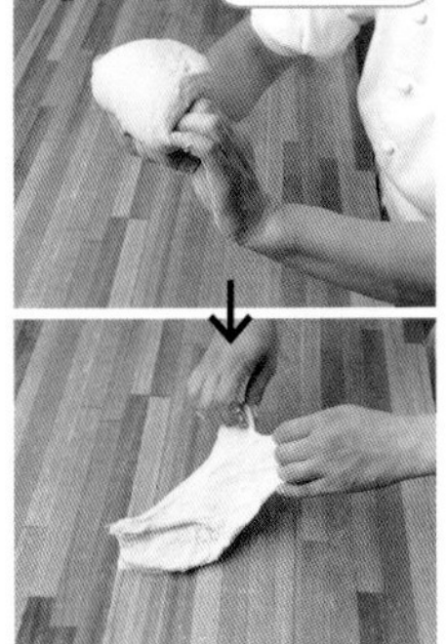

第2段階は弱く、第3〜4段階は強く台にたたきつける。強弱は振り下ろす高さによって調整する

Q89 手ごねのときに、生地を台にこすりつけたり、たたきつけたりするのはなぜですか?

A 生地の中にグルテンの組織をたくさん作るためです。

生地を台にこすりつけたり、たたきつけたりするのは、小麦粉に水分を十分に吸収させてからよくこねることで、グルテンができるからです。生地をこねるにつれて、グルテンの網目構造が密になり、生地中に広がって、生地の粘りと弾力が強まります。

Q88の生地の状態の変化は次のように説明できます。

第1段階のミキシング初期では、全体に水を行き渡らせ、各材料が均一に分散するように混ぜることを目的としています。こねはじめでは、生地の中に粘りと弾力があるグルテン(Q4参照)ができていないので、やわらかくべたべたし、引っ張ってものびずにちぎれ、まとまりません。この状態では生地をたたきつけてこねることはできません。まとまった生地をこねていくイメージを持たれている方は、生地のやわらかさに驚かれるかもしれませんが、まずはべたべたの生地を台にこすりつけるようにして押し出しては手前に戻すということを繰り返すうちに、徐々に生地がまとまってきます。

第2段階では、生地はまとまってはいますが、まだやわらかく、強くたたきつけることはできません。軽くたたきつけながらこねていくうちに、生地中にグルテンができはじめ、少しつながってきたように感じます。

第3段階では、グルテンがたくさんできて、生地の弾力が強まります。この段階になってはじめて、生地を強くたたきつけることができるようなかたさになります。

第4段階になると、グルテンは薄い膜状の組織を形成します。発酵の際には、このグルテンの膜がイーストの出す炭酸ガスを包み込むようにして生地の中に閉じ込め、パンを膨らませるのに役立ちます。

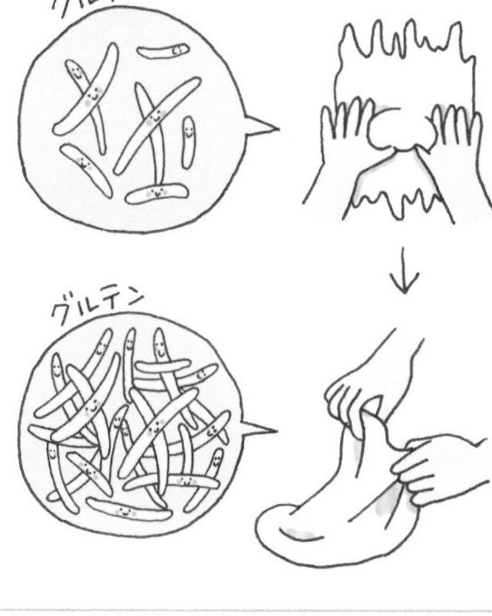

Q90 パンによって、こね方は違いますか?

A 基本的なこね方は同じですが、生地の種類によって、たたきつけ方の強弱に違いがあります。

基本的なパンのこね方はQ88の通りです。しかし、パンの種類によって生地の弾力やかたさが違うので、それぞれの状態に合わせたこね方があります。

生地をこねていく際に、ソフト系のパンの生地の場合は、のびがよいので、たたきつけるのと同時に引っ張り、くるっと折り返す動作を繰り返します。ハード系のパンやかための生地の場合は、ソフト系に比べると、生地のつながりが弱く、のびにくいので、たたきつける力を弱くしたり、たたきつけずに台の上で押しつけるようにしてこねます。

さらに詳しく **ミキシングに強弱があるのはなぜ?** パンにはそれぞれ個性があり、やわらかいパン、かみ応えのあるパン、ふっくらしたパン、目の詰まったパンなど、その特徴はさまざまです。パン作りでは、そのようなパンの特徴に合わせた生地を作ることが大切です。

そのためには、使用する小麦粉のたんぱく質の量がどれくらいか、副材料に何を加えるか、各材料をどのような比率で用いるかなど、生地の材料を選択するとともに、それらの材料から作る生地それぞれに適したミキシングや発酵を行うことが求められます。ミキシングは材料をこねて生地中にグルテンを作り出す工程で、ここで生地の性質の大部分が決まります。どのような材料をどうこねるかによって、できるグルテンの質や量に違いが出るからです。

本書で紹介する基本のパンで、生地をしっかりとこねるミキシングが適しているのは、山食パンやブリオッシュです。

山食パンは縦にのびるようによく膨らんだ仕上がりが特徴です。それには、生地中に炭酸ガスをしっかりと保持できるように、強いグルテンを多く必要とします。そのため、グルテンのもととなるたんぱく質が多い強力粉を使い、生地に弾力が出るようにたたきつけるミキシングを行います。

また、ブリオッシュは、卵に加え、バターを小麦粉に対して30〜60%も配合したリッチなパンです。このように多量のバターを加える場合には、生地がやわらかく、かつ柔軟なグルテンが十分に形成されている状態にしておくと、油脂がすみやかに混ざります。そこで、たんぱく質の量がやや少なめの小麦粉を使い、卵や卵黄でやわらかくなった生地をたたきつけるようにミキシングをすることによって、柔軟なグルテンを作り出します。

一方、フランスパンに代表されるシンプルな配合のハード系のパンは、たんぱく質の量がやや少なめの小麦粉を使い、イーストの量を控え、ミキシングは生地をたたきつけずにこねるのが適しています。なぜなら、このタイプのパンは、生地の熟成で得られる香りや風味、味わいを強調するために、発酵を長時間行う（Q172参照）というのがまず前提にあるからです。もし、グルテンが強化された生地で作ろうとすると、時間をかけて発酵させている間に膨らみすぎてしまいます。焼き上がりにボリュームが出ると、味わいが淡白になって、シンプルな配合だけにもの足りなさを感じてしまうのです。もちろん、ボリュームを抑えた膨らみの中で得られる独特の食感も薄らいでしまいます。ただし、たたきつけずにこねるだけのミキシングでも、きちんとつながった生地にすることが大切で、膨らみに見合うだけの一定量のグルテンを作りつつ、のびのよさを保つことが重要です。

Q91 手ごねでは、何分こねたらいいですか？

A こね上がりは、時間ではなく、生地の状態で判断します。

こねる時間は、生地の種類やこねる生地量によって変わってきます。さらに、手ごねの場合には、こねる力やこね方が作る人によって違います。本書のレシピには、ひとつの目安としてこねる時間をのせていますが、こね上がりは時間で判断するのではなく、生地がベストな状態になるまでこねるようにします。

生地がこね上がった頃だと感じた時点で、生地を少量取り分けて、破れないようになるべく薄くのばして、グルテンの膜がきちんとできているかを確認します（Q93参照）。

Q92 生地がやわらかすぎたり、かたすぎたりするとどうなりますか？

A パンの膨らみが悪くなります。

生地がやわらかすぎると、べたついて作業がしにくく、ダレやすくなります。焼き上がったパンは、ボリューム不足で、パンの断面が扁平で底が大きくなります。食べると口溶けが悪く、べたべたしたような食感で、歯切れが悪く感じます。

一方、生地がかたすぎると、弾力が強く、水分が足りずに乾燥してしまいます。焼き上がったパンは、やわらかすぎる場合と同じようにボリューム不足で、パンの断面は丸くて底が小さくなります。また、クラム（中身）の目が詰まっていて、クラスト（外皮）が厚くてかたいのが特徴です。

●かたさの違う生地の焼成前後の状態

焼成後　焼成前

適正

やわらかすぎる
焼成前の生地はダレ気味で、表面がでこぼこしている。焼き上がりは扁平で、表面にしわや、プツプツとした気泡がある

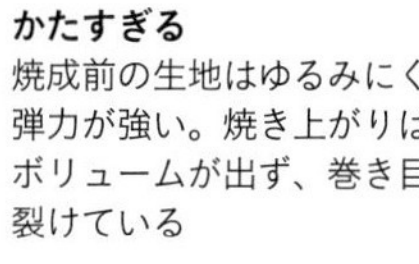

かたすぎる
焼成前の生地はゆるみにくく、弾力が強い。焼き上がりは、ボリュームが出ず、巻き目が裂けている

Q93 生地のこね上がりはどのようにして確認すればいいですか？

A 薄くのばした生地の状態で確認します。

下の写真の手順で生地を薄くのばします。生地がちぎれずに、薄い膜状にのびれば、グルテンが十分にできていることになります。この薄くのばした膜の様子（厚み、むら、膜を破ったときの破れ方や切り口）を見て、こね上がりを確認します。

生地によって薄くのびるもの、のびにくいものがあり、本書の基本のパンで最も薄くのびてなめらかな膜になるのはブリオッシュで、山食パン、バターロール、フランスパン、クロワッサンの順にのびにくくなります。それぞれのパンのこね上がりの目安は、レシピのプロセス写真を参照してください。そして、そのときのパンの焼き上がりを覚えておき、次に生地をこねるときの参考にします。こうして経験を積み重ねることで、パン作りは上達していくのです。

●生地を薄くのばす方法

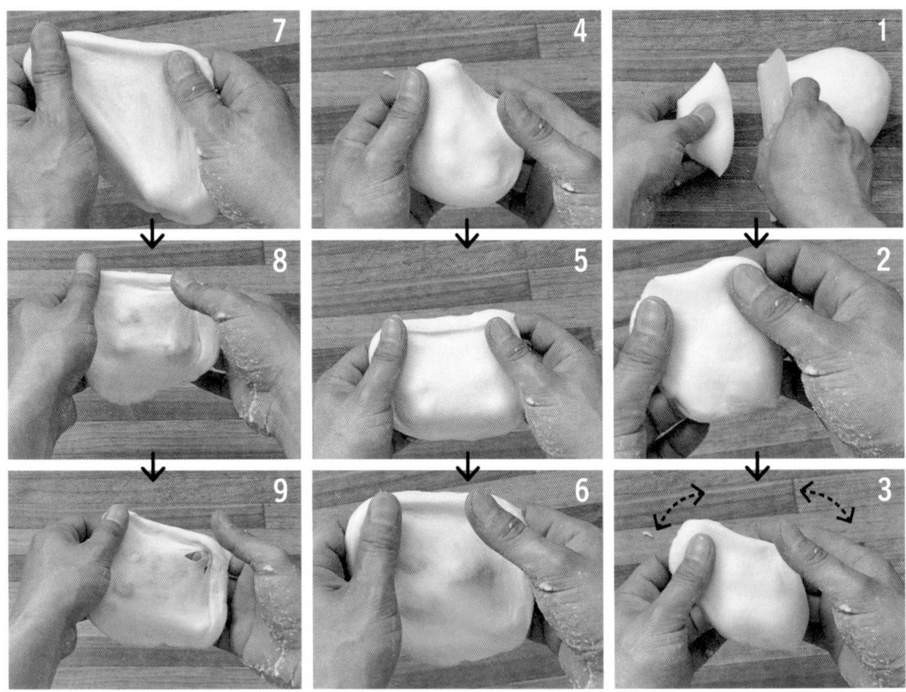

1 生地を卵1個分程度、カードなどで切り取る
2 きれいな面を上にして持ち、指先でゆっくりと横に数cmほど引っ張る
3 このとき、両手を互い違いに前後に動かしながら徐々に引っ張るようにする
4〜8 生地を45度ほど回転させ、3と同様にして指先でゆっくりと引っ張る。生地を回転させながら何度か同じ動作を繰り返し、生地をなるべく破らないように注意しながら、薄い膜ができるように引っ張る
9 こね上がりは、生地ののびやすさ、厚み、むら、破れ方や切り口の状態で判断する

Q94 機械ごねと手ごねではどんな違いがありますか？

A こねる力が違うので、パンの仕上がりも変わります。

生地を機械でこねるのと、人が手でこねるのとでは、こねる力（いい換えれば「馬力」）が違い、生地の分量が増えるほど、その差は広がります。そのため、手ごねではこねるのに時間がかかりすぎて生地の状態が悪くなったり、できるグルテンの量が少なくてパンにボリュームが出にくかったりすることがあります。機械ごねと全く同じ仕上がりのパンを作ることは難しいですが、上達すれば、機械ごねに近い状態に仕上げることができるようになります。

Q95 こね足りなかったり、こねすぎたりするとどうなりますか？

A こね足りないと膨らみが悪く、こねすぎると膨らみすぎてしまい、いずれも食感が悪くなります。

生地がこね足りないと、グルテンが十分に形成されず、ボリューム不足で、扁平な焼き上がりになり、焼きむらができます。焼き立てを食べると、クラム（中身）が粘ってべたついた感じで口どけが悪く、時間が経つと、かたくなって、パサつきます。

一方、生地をこねすぎると過度にボリュームが出て焼き上がり、引きが強く（かみ切りにくく）、パサパサした食感で、淡白な味になります。

とはいえ、機械でこねるのと比べ、手ごねはこねる力が弱いので、こねすぎになることはほとんどありません。逆に、こね上がりまでに時間がかかりすぎて生地がダレてしまい、焼き上がりのボリュームが出ないということがよく起こります。

●こね加減の違う生地の焼成前後の状態

焼成後　焼成前

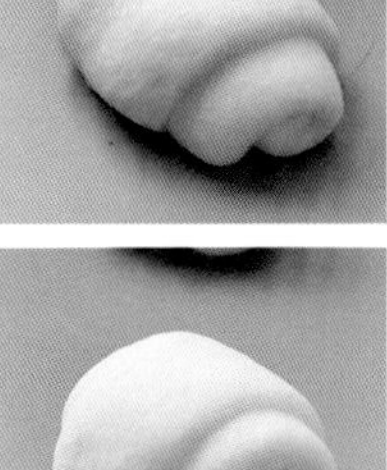

こね足りない
焼成前の生地はダレていて、表面に気泡が多い。焼き上がりは、生地の力が弱いため膨らみにくく、ボリュームに欠ける

適正

Q96 こね上げ温度が目標通りにならなかったら、どうしたらいいですか？

A 発酵の温度と時間を変えて対処します。

生地がこね上がったら、こね上げ温度をはかります。生地をひとつにまとめてから、温度計を生地の中心部まで差し込んで計測してください。一般的なこね上げ温度の目安は、リーンなハード系のパンでは24～26℃、リッチなソフト系のパンでは26～28℃くらいです。

こね上げ温度は、この後の発酵の時間に大きな影響を与えます。季節によって、室温や水温が大きく変わるので、家庭で作る場合には、こね上げ温度が目標値から少しずれてしまうことがあるかもしれません。プラスマイナス1℃くらいの差であれば、特に問題はなく、発酵時間が5～10分変わる程度です。

もし、こね上げ温度が目標値より高くなった場合には、発酵温度を1～2℃下げ、少し低めの温度で発酵させます。発酵が早まることもあるので、生地の状態を見ながら発酵時間を調整します。

これとは逆に、こね上げ温度が低くなっ

た場合には、発酵温度を1～2℃上げ、少し高めの温度で発酵させますが、発酵に時間がかかる可能性もあります。

Q97 手ごねの途中で生地が締まってきて、うまくこねられません。

A 生地を少し休ませると、弾力が弱まり、こねやすくなります。

手ごねの途中で、生地に弾力が強く出てきて締まってくると、うまくこねることができず、のびのあるよい生地になりません。そのような場合には、こねている途中でも、生地を1～2分休ませると、弾力が弱まってこねやすくなります。休ませる間はボウルやビニールなどをかぶせて、生地が乾燥しないようにしましょう。

休ませるときは、乾燥しないようにする

Q98 たたきつけてこねるときに、生地が破れたり穴があいたりします。

A たたきつけてこねるのを中断し、1～2分休ませてください。

ミキシングの後半で生地が破れるのは、生地の弾力が強くなっているのに、無理に強い力でたたきつけていることが原因です。もし生地が破れてしまったら、こねている途中でも、Q97と同様にして生地を休ませてください。

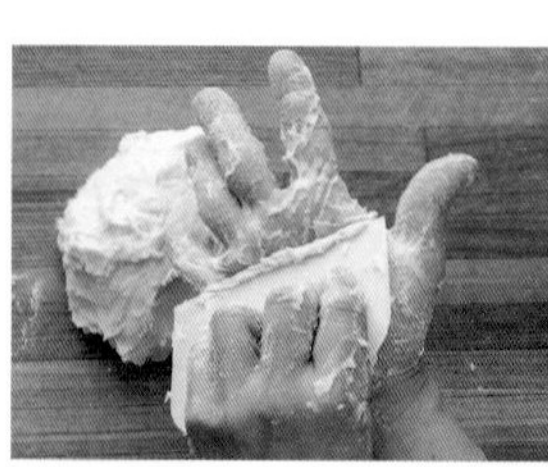

生地に穴があいたら、休ませる

Q99 手やカードについた生地をきれいに取るのはなぜですか？

A 生地のロスを少なくするためです。

ミキシングの初期では、特に生地がべたべたして手にくっつきます。こねるにつれ、生地につながりが出てきたら、徐々にくっつきにくくなります。手についた生地はそのままにしてこね続けてもある程度取れていきますが、手についたまま乾燥した生地が混ざると、よい生地になりません。途中でカードや手で取って、こねている生地に戻してください。また、カードについた生地もきれいに取りましょう。

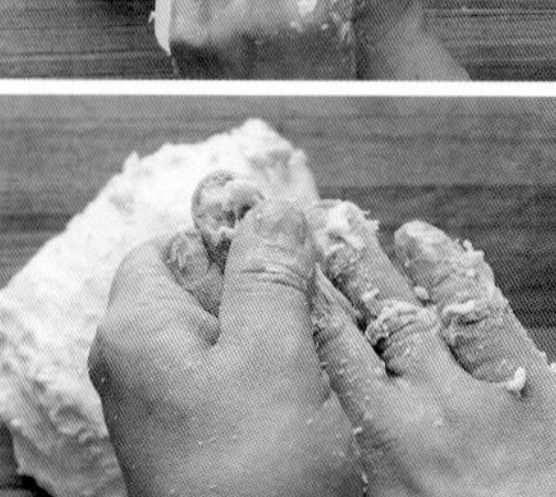

手についた生地はカードや手で取る

発酵のなぜ？

Q100 発酵によってパンが膨らむのはなぜですか？

A イーストが炭酸ガスを発生させ、それをグルテンの膜が受け止めます。

発酵の工程でパン生地が膨らむのは、イーストが炭酸ガスを発生させるからです。しかし、生地にそのガスを受け止められるだけの準備ができていなければ、生地からガスが逃げてしまって膨らむことができません。そのため、まず、ガスを受け止めるのに十分な生地を作っておいた上で、イーストが活発にガスを発生できる環境にすることが大切です。

①ガスを保持する生地の組織を作る

ミキシングで生地をよくこねると、小麦粉のたんぱく質から粘りと弾力のあるグルテンがたくさん作られます。グルテンは生地中に網目状に広がり、薄い弾力のある膜を形成します(Q3参照)。

②イーストの活動による炭酸ガスの発生

イーストが活発に働く温度に達してアルコール発酵を行う条件が整うと(Q18参照)、イーストは発酵活動を行って炭酸ガスをたくさん発生させます。生地中で炭酸ガスは気泡となり、その気泡はガスの発生が進むほど大きくなります。

③炭酸ガスを保持して生地が膨らむ

グルテンの膜は気泡の周りを取り囲むようにして存在し、気泡が大きくなるにつれて内側から押し広げられていきます。

ゴム風船にたとえていえば、息を吹き込むと、ゴム風船の膜がのびて膨らむようなイメージです。パン生地を大きな風船に見立てると、その中に無数の小さなゴム風船が詰まっているようなイメージで、その一つひとつが発酵によって膨らむことによって、生地全体が膨らむのです。

そして、膨らんだ生地がしぼまないのは、グルテンの網目構造が生地の膨らみを支える骨組みの役割も果たしているからです。

Q101 発酵にはパンを膨らませる以外の目的はありますか?

A 独特の香りや風味を生み出したり、生地ののびをよくします。

イーストがアルコール発酵を行って炭酸ガスを発生させ、それによって生地が膨らむことだけが発酵ではありません。発酵の工程では、炭酸ガスのほかにも、多くの物質が発生します。

たとえば、アルコール発酵では、炭酸ガスと同時にアルコールができます。さらに、各種の細菌や酵素がイーストと同時に活動して、さまざまな物質を生み出したり、生地に含まれる物質を変化させたりします。これらの働きによって、独特の香りや風味が生まれ、パンに味わい深さをもたらします。また、生地ののびがよくなる効果もあります。

これらの変化を「生地の熟成」といい、発酵のもうひとつの目的として考えられています。イーストによるガス発生で生地を膨らませると同時に、生地の熟成もきちんと進んでこそ、発酵の工程が適正に行われているといえます。

さらに詳しく **生地の熟成とは?** 発酵中は、生地の膨張に加えて、生地の熟成が次のようなメカニズムで起こっています。

①風味や香りを作り出す物質の発生

アルコール発酵によって発生するアルコールは、パン独特の風味や香りにもなります。また、小麦粉や空気中から乳酸菌や酢酸菌などが混入し、乳酸菌は乳酸発酵によって乳酸を、酢酸菌は酢酸発酵によって酢酸をそれぞれ発生させます。これらの酸は有機酸と呼ばれ、香りや風味となり、パンに味わい深さを与えます。

発酵時間が長くなるほどこれらが蓄積され、生地が膨らむのと同時に熟成にもつながります。

②生地ののびや弾力などの物理的変化

グルテンが形成されて生地に弾力が出る一方で、発酵中は全く逆の働きとも思えるグルテンの軟化が、程度としては小さいとはいえ起こっています。たとえば、アルコール発酵で発生したアルコールには、グルテンの組織を軟化させる作用もあります。

また、炭酸ガスが水に溶けたり、脂質が酸化したり、乳酸や酢酸ができることで、生地のpH（ピーエイチ、ペーハー）が酸性に傾くことによっても、軟化が進みます。

生地内にガスを保持するには、グルテンの網目構造が密になり、生地に弾力が出ることが最も大切ですが、ただ弾力が強いだけでは、ガスによって生地が押し広げられるにはのびが足りないともいえます。グルテンの軟化作用は、グルテンの形成と相反するようですが、これらのバランスによって、ガスを受け止めて膨らむのに最適な、弾力があってのびがよい生地を作り出しています。

Q102 こね上がった生地を入れる容器の大きさはどのくらいがいいですか？

A 生地の2〜3倍程度の大きさが目安です。

発酵を行うときには、生地の量に見合った大きさの容器に入れます。生地が発酵のピークをむかえた時点で、ちょうど容器いっぱいに膨らんでいるくらいが理想です。

生地の量に対して小さい容器を使うと、発酵した生地が引き締まりやすく、逆に、大きい容器では、発酵した生地がダレやすくなります。

まずは、こね上がった生地の2〜3倍程度の大きさの容器で発酵させてみて、膨らんだ状態によっては、次に作るときに容器の大きさを変えるとよいでしょう。

Q103 発酵中に生地が乾燥しないようにするのはなぜですか？

A 生地が乾燥すると、膨らみを妨げるからです。

発酵では生地が2倍近くに膨らむので、その膨らみにともなって、表面も常にのびよい状態に保たなければなりません。表面が乾燥してしまうと、膨らみが悪くなるだけでなく、その部分がかたく焼き上がってしまいます。

発酵させるのに適した湿度は70〜75%くらいで、ちょうど生地の表面が乾燥しない程度の湿気を与えることが必要です。とはいえ、その値に必ず合わせなくてはいけないものではなく、生地に触ってみて、乾燥せずにしっとりしていれば問題ありません。室温で発酵させる場合には、ビニールで覆うとよいでしょう。

反対に、生地の表面に水分が浮いているような状態では、湿度が高すぎます。

Q104 発酵のベストな状態の見極め方を教えてください。

A 生地の状態を目で見て、生地に触って判断します。

よい発酵状態とは、まずは生地を目で確認して十分に膨らんでいることです。発酵状態を見極める目安としてはほかに、生地を手で触ってみて弾力を確かめる方法や、フィンガーテスト（Q105参照）とよばれる方法があります。

前者の方法では、指の腹で生地をそっと押さえて手を離し、生地についた指の跡が残ったままになるくらいがベストな発酵状態であると判断します。跡が押し戻されて消えてしまうようでは、まだ発酵が足りません。

このときに生地が湿っているようならば、手に粉をつけてから触れるようにします。

軽く押さえ、指の跡の状態で発酵の程度を判断する

さらに詳しく

発酵のベストな状態を見極める2つの観点　生地の発酵のベストな状態を見極めるときに、生地が十分に膨らんでいるかを目で見て確かめるというのは、イーストが発生させた炭酸ガスの量を基準にして判断しています。

一方、フィンガーテストや生地に手で触れて確認する方法では、グルテンの弾力を判断の基準にしています。イーストが炭酸ガスを出してグルテンの膜を内側から押し広げて引きのばした結果、グルテンの弾力が弱まり、軽く押さえると跡が残るくらいに生地がゆるんでいます（Q128「さらに詳しく」参照）。

このように、発酵の状態は、生地の膨らみとゆるみという違う観点から見極めることができます。

Q105 フィンガーテストって何ですか？

A 生地に指を差し入れ、発酵の進み具合を確かめる方法です。

フィンガーテスト（指穴テスト）とは、その名の通り、指を生地に入れて、発酵具合を見極める方法です。

生地に指を差し入れて抜いた跡の穴が、周りの生地に少し押されて縮みつつもきちんと残っている状態がベストです。

発酵が足りなければ、指を差し入れたときに、生地の強い弾力を感じ、指の抜き穴が押し戻されてしまいます。その場合は、もうしばらく発酵を続けてください。

もし、発酵のピークがすぎてしまうと、生地は膨らみを支えるだけの弾力を失ってしまい、指を差し込んだとたんに生地全体がしぼんでしまいます。

●フィンガーテストの方法

人差し指に小麦粉をつける

指の第二関節あたりまで差し入れ、そのまま上に向かってすっと抜く

●発酵程度別の生地の状態

過多

生地がしぼんだり、大きな気泡が生地表面にできたりする

適正

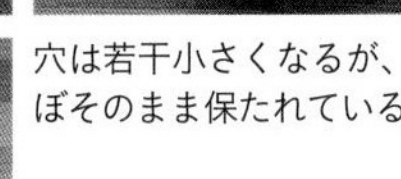

穴は若干小さくなるが、ほぼそのまま保たれている

不足

生地が元に戻ろうとして、穴が少しずつ小さくなる

Q106 イーストの分量を増やして発酵時間を短縮することはできますか？

A リッチなソフト系の生地なら可能です。

リッチなソフト系の生地などでは、イーストの分量を増やし、発酵時間をある程度短くすることは可能です。

リッチな配合の生地は、糖類、乳製品、油脂、卵などの副材料が多いので、発酵が短くてもパンの風味が十分に出せます。また、たんぱく質が多い強力粉を使用して、強いミキシングでグルテンの形成を促して生地のつながりをしっかりと出し、油脂などを入れることによって、のびがよく、膨らみやすいなめらかな生地にしています。そのため、イーストを多くして、短時間でガスをたくさん発生させたとしても、それを受け止めることができるのです。

本書の配合であれば、イーストの量を2割程度までなら増やすことが可能で、それによって発酵と最終発酵の時間は10分程度短縮することができます。ただし、パンが早くパサつくことがあります。

一方、フランスパンなどのリーンなハード系の生地では、イーストを若干増量することは可能とはいえ、基本的に発酵時間を短くすることは、おすすめできません。

なぜなら、小麦粉、水、イースト、塩というシンプルな材料だけで香り高いパンを作るためには、発酵時間を長くして、熟成によって得られる独特の香りや風味が求められるからです（Q172参照）。

そのため、イーストを増やし、短時間発酵で作ると、でき上がりの形状や風味、食感などのすべてが変わってしまうのです。

香りも
味も…
香りも味もバッチリで賞
イーストたくさん
イースト適量

Q107 発酵と最終発酵の湿度の目安はどのくらいですか？

A 70〜75％が目安です。

パンにもよりますが、基本的には湿度計ではかって70〜75％程度になるように、発酵器内の湿度を保てば特に問題はありません。湿度計がない場合は、パン生地の表面が乾燥しない程度、軽く湿っている状態を目安にしてください。生地の表面に水が浮いたようにぬれている場合は、湿度が高すぎるので、発酵器の蓋などを開けて余分な湿気を逃がします。

Q108 レシピ通りの条件で発酵や最終発酵を行っても、発酵過多・不足になるのはなぜですか？

A こね上げ温度が目標値とずれたことが主な原因です。

発酵や最終発酵は温度が高かったり、時間が長いと発酵過多に、反対に温度が低かったり、時間が短いと発酵不足になります。しかし、レシピに書かれている温度と時間で行ったにもかかわらず、生地が発酵すぎてしまったり、逆にまだ発酵が不足していることがあります。

また、発酵前にこね終わった生地をまとめるときや、最終発酵前に成形するときの生地表面の張り加減によっても、発酵過多や発酵不足に見えることがあります。

生地の張りが弱かった場合、レシピ通りの時間で発酵させると、生地が適正な状態をすぎ、発酵過多のようにゆるみすぎた状態になります。反対に生地の張りが強かった場合は、発酵不足のように締まった状態のため、適正な状態になるまで時間をとる必要があります。さらに、生地のこね方が足りない場合も、まとめや成形で生地の張りが弱かったときと同様に、生地がゆるみすぎた状態になってしまいます（Q95参照）。

Q109 発酵や最終発酵の温度や湿度、時間などが、パンの種類によって異なるのはなぜですか？

A 材料や配合、製法が違うと、目指す生地の状態も異なるからです。

一般的には、ミキシングから焼成までの工程の流れは、どのパンもほぼ同様ですが、発酵や最終発酵などの各工程で必要とする温度や時間などは、パンの種類によって異なります。それぞれのパンで材料や配合、製法が違い、それによって目指す生地の状態も異なるからです。

たとえば、バターロールは、イーストの使用量が多いため、発酵温度が高く、発酵時間が短いですが、フランスパンや山食パンは、イーストの使用量が少ないので、発酵温度を低くして、発酵時間を長くとることになります。

また、イーストの使用量がバターロールと同じくらいでも、バターが多いブリオッシュでは、バターが溶けないように発酵温度を低くします。発酵温度が低ければ、おのずと発酵時間が長くなります。

Q110 発酵と最終発酵の温度が違うのはなぜですか？

A それぞれ目的が異なるからです。

最終発酵では、発酵よりも温度を高く設定するのが一般的です。発酵と最終発酵は、いずれもイーストのアルコール発酵によって生地を膨らませることに変わりありませんが、温度に差があるのは、その目的が異なるからです。

そもそも、イーストは37～38℃で炭酸ガスを最も多く発生します。しかし、実際のパン作りでは、発酵の工程は25～35℃で行うことが一般的です。なぜなら、発酵の目的は、生地を十分に膨らませるとともに、熟成させて、味や香りのもととなる成分を生地中に蓄えることにあるので、ある一定の膨らみに達するまでに時間をかけて、じっくりと発酵させる必要があるからです（Q101参照）。

そのため、炭酸ガスの発生量がピークになる温度よりも低く設定し、徐々にガスを発生させるとともに、イーストが長時間安定した状態でガスを出し続けられるように、最初から最大の力を出し切るのではなく、ゆとりを持った状態で活動できるようにしています。

また、炭酸ガスの発生量と生地の状態のバランスをとることも大切です。短時間に多くガスが発生すると、生地が一気に膨らんで無理に引きのばされることになります。ガスの発生量を抑えて時間をかけるほうが、生地に無理をかけず、のびよく弾力のある状態で膨らませることができるのです。

一方、最終発酵では、焼成時に生地のボリュームがピークに達するように、ガス発生に重きを置いています。そのため、焼成前にイーストの活性が最大になるように、発酵よりも高い30〜38℃に設定するのです。

Q111 発酵と最終発酵では、ベストな状態は違いますか？

A 発酵は膨らみがピークの状態、最終発酵はピークより少し手前の状態を適正とします。

発酵では、生地の膨らみがピークに達し、弾力がゆるむまで、発酵を続けるのが基本です。

一方、最終発酵では、生地の膨らみのピークに達する少し手前をベストな状態とします。なぜなら、その後の焼成の工程で、生地の内部の温度が60℃に達するまでは、イーストがアルコール発酵を続けて炭酸ガスを発生させるからです。それを見越して、生地の膨らむ余地を残し、最終発酵を終えることが求められるからです（Q113参照）。

最終発酵のなぜ？

Q112 同じ生地でも大きさによって、最終発酵の時間は変わりますか？

A 生地の大きさや形が違うと、少し変わります。

生地が大きくなったり、同じ重さでも平たい形のものが丸くなったりすると、生地の中心部の温度が上がるまでに時間を要し、最終発酵の時間が多少長くかかることもあります。しかし、生地の重さが1・5倍になったからといって、時間が1・5倍かかるわけではありません。生地の状態で見極めるようにしてください（Q113参照）。

Q113 最終発酵の見極め方を教えてください。

A 生地を指で軽く押して、その跡が若干残る程度がベストです。

最終発酵では、生地の膨らみがピークに達する少し手前がベストな状態です（Q111参照）。その見極めは、生地の膨らみや弾力のゆるみ具合を目安にします。

生地は、成形直後の大きさの約2倍に膨らみます。膨らみが適当だと目で見て判断したら、生地の表面を指で軽く押してみます。指を離し、その跡が若干残る程度が適正な状態です。

最終発酵のベストの状態をすぎて、生地がゆるみきってしまうと、焼成する際に、移動させたり、卵を塗ったり、クープを入れるなどの作業を行うと、生地がしぼんでしまうことがあります。しぼんだ生地は焼いても、小さく焼き上がったり、しわが寄ったりします。

逆に、最終発酵が足りない状態で焼成してしまうと、焼き上がりのボリュームが小さく、パンが裂けたり、割れてしまいます。また、クラム（中身）のきめが詰まったり、焼き色がまだらになったり、濃くついたりします。

●最終発酵後の生地の状態とその焼き上がりの比較

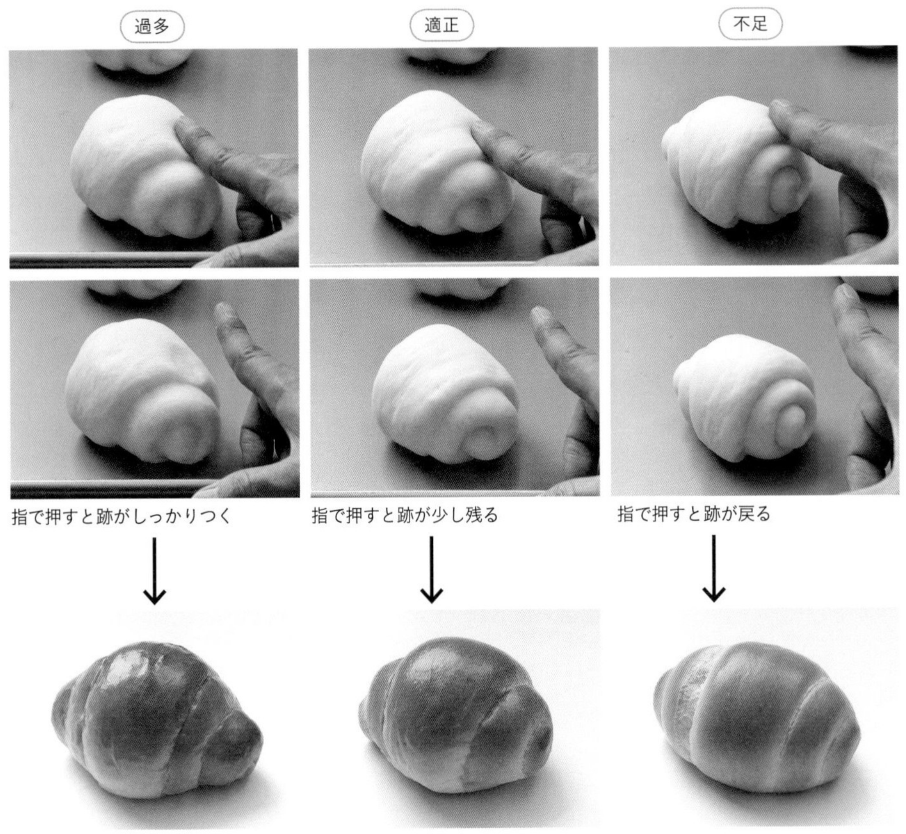

ボリュームが出すぎ。クラスト（外皮）にしわが寄っている

適正な焼き上がり

膨らみが少なくて、巻き目が裂けている

パンチのなぜ？

Q114 パンチ（ガス抜き）をするのはなぜですか？

A グルテンを強化し、ボリュームのあるパンにするためです。

パンチとは、発酵によって膨らんだ生地を、手のひら全体で押さえたり、折りたたんだりして、生地中の炭酸ガスを抜く作業です。そして、パンチの後は、再び発酵させます。

すべての生地にパンチをするのではありません。山食パンやフランスパンのようにシンプルな配合のパンでじっくりと発酵させる場合や、ブリオッシュのようにバターが多く膨らみにくいパンのボリュームを出したい場合などに、パンチを行います。

パンチによって、せっかく膨らんだ生地をつぶすのはもったいないような気がしますが、パンチをせずにそのまま膨らませるのでは得られない、次のような効果が期待できます。

①グルテンを強化する

生地が膨らむと、グルテンの膜が引きのばされることで弾力が弱まり、生地がゆるみます（Q128「さらに詳しく」参照）。このゆるんだ生地につぶすという刺激を与えることで、グルテンの形成が進んで網目構造が密になります。グルテンの膜は発生したガスを受け止める役目をするので、グルテンを強化することで生地はよく膨らむようになります。

②イーストを活性化させる

生地中にアルコールが充満すると、イーストは自ら発生させたアルコールによって活性が低下します。そのため、生地をつぶしてアルコールを排出し、イーストを活性化させます。

③きめ細かく焼き上がる

生地中の大きな気泡がつぶれて、多数の小さな気泡に分かれ、きめが細かい焼き上がりになります。

Q115 パンチをするときに押さえるようにするのはなぜですか?

A 強くたたいたり、こねたりすると、生地が傷んで膨らみが悪くなるからです。

パンチという言葉から、握りこぶしでたたく動作を連想してしまいますが、実際は、手のひら全体で生地を押さえたり、折りたたんだりしてガスを抜きます。生地を強くたたいたり、こねたりすると、グルテンの網目構造が壊れてしまい、この後の発酵で、炭酸ガスが保持できずに膨らみが悪くなってしまいます。なるべく生地を傷めないように、パンチを行うことが大切です。

Q116 パンチはどのパンも同じようにするのですか?

A パンの種類によって変えます。

どのパンも同じ方法でパンチを行うのではなく、パンの種類によって、大きく4つに分けています。

①強いパンチ

ソフト系の生地や、ボリュームを出したい生地に向きます（本書では山食パン、ブリオッシュ）。パンチの効果を最大限に出したい場合に行います。

②やや強いパンチ

ソフト系の生地で、ややリーンなものに向きます。

③やや弱いパンチ

セミハード系の生地に向きます。

④弱いパンチ

ハード系の生地に向きます（本書ではフランスパンの2回目のパンチ）。生地の膨らむ力が弱いので、押さえすぎないようにしてください。

パンチの強さは、生地を折りたたむ回数、折りたたんだ後で押さえるか押さえないか、押さえる力加減などで調整します。

また、生地の状態によっても、パンチの強さを変える必要があります。たとえば、発酵させても生地がダレてガスを保持する力が弱いときには、本来よりも強い力でパンチをして、グルテンに刺激を与えて弾力が出るようにします。逆に、発酵を十分に行っても、生地がゆるまずに締まりが強いときには、弱い力でパンチをします。

Q117 パンチを強くしすぎるとどうなりますか?

A 生地の弾力が強まります。

それぞれのパンに適したパンチの強さよりも強くしすぎると、生地の弾力が強まり、焼き上がったパンが割れたり、裂け目が入ることがあります。

パンチを強くしすぎたときは、パンチ後の発酵時間を少し長めにとり、生地の弾力をゆるめます。また、この後の丸めや成形の作業で、生地の締め具合を弱めにするとよいでしょう。

Q118 生地があまり膨らんでいなくても、時間になればパンチを行ったほうがいいですか？

A 発酵時間のどの段階でパンチをするかによります。

生地の種類によっても違いがありますが、全発酵時間（パンチの前と後の発酵時間を合計したもの）の前半でパンチをする場合には、生地に力をつけることが目的なので、あまり膨らんでいなくても、時間になればパンチを行ってください。本書では、フランスパンの1回目に行うパンチがこれに当たります。

全発酵時間の半分以上が経過した段階でパンチをする場合は、生地が膨らんでから行います。

分割のなぜ？

Q119 生地に表や裏はありますか？

A なめらかできれいな面が表です。

ミキシングが終了した時点では、生地に表や裏があるわけではありませんが、発酵前にきれいに丸めたときの面が表になります。この後の工程では、常にこの面が表面に出るように作業を進めます。

とはいえ、分割の際に、表の面が乾燥したり、荒れてしまったりして、ほかの面のほうがなめらかできれいな場合には、そちらが表になるように丸めたり、まとめたりします。

パン作りでは、この表の面ができ上がったパンの顔になるので、常になめらかできれいな面が表となるように意識しましょう。

Q120 分割するときに、カードなどで押し切るのはなぜですか？

A 生地を引きちぎると、生地が傷んで、膨らみが悪くなるからです。

生地を分割するときは、発酵した生地をそっと取り出し、カードなどで押し切るようにします。生地を手で引きちぎったり、包丁のように前後にカードを動かして切ると、生地中の炭酸ガスが過度に抜けてしまったり、切り口のグルテンの網目構造が壊れて、生地の膨らみが悪くなってしまうからです。

生地を押し切ったら、切り口同士がくっつかないようにすぐに離すことも大切です。

そのほかにも、一つひとつの生地の重さを均等にしようとするあまり、生地を足したり減らしたりと、必要以上に切り刻むのも、生地を傷めることになるので避けてください。目で見ておよその大きさの見当をつけて、なるべく切る回数を最小限にとどめるように分割しましょう。

●切り方と断面の状態

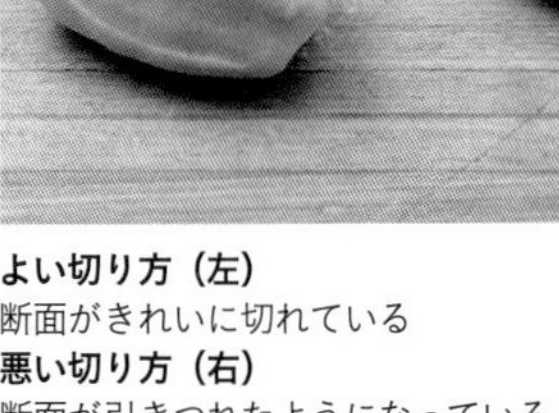

よい切り方（左）
断面がきれいに切れている
悪い切り方（右）
断面が引きつれたようになっている

よい切り方
押し切り、切り口を離す

悪い切り方
包丁のように動かして切る

Q121 均等に分割するのはなぜですか？

A 焼成の時間をそろえるためです。

生地に大小ができると、小さい生地は早く焼き上がってしまい、大きい生地と焼成時間に差ができます。焼けたものから取り出していると、焼成中に何度もオーブンを開けることになり、オーブン内の温度が下がって、まだ焼いている生地の状態が悪くなってしまいます。

分割で同じ大きさにしておくと、焼き時間をそろえることができて、パンがよい状態に仕上がります。

Q122 生地が余ったときは、どうしたらいいですか？

A 余らせないように調整して分割してください。

分割する生地の1個当たりの重量がレシピに書かれている場合、その重量に合わせて分割していくと、生地が余ったり、足りなくなったりすることがよくあります。これは生地に加える調整水の分量や、ミキシング中にロスする生地の量によって、生地の総重量がそのつど変わるからです。

生地を過不足なく使い、かつなるべく少ない回数で分割するには、まず最初に生地の総重量を量り、作る個数で割って、1個当たりの重量を計算して、その重さに分割するとよいでしょう。家庭でのパン作りにおいては、この方法がおすすめです。

1個当たりの重量が多少前後しても、発酵や焼成の条件は、ほとんど変えずに作ることができます。

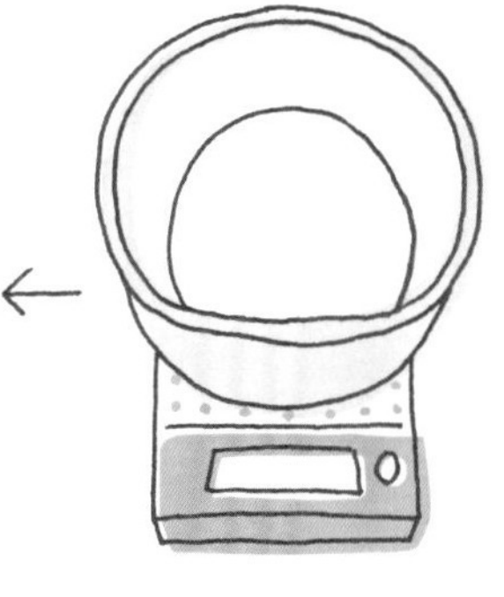

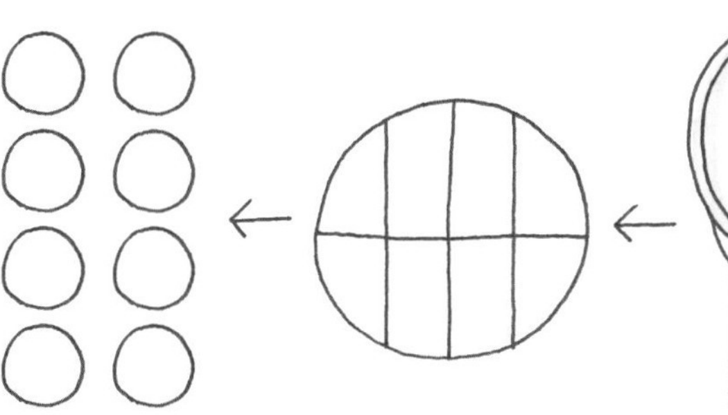

丸めのなぜ？

Q123 丸めのコツを教えてください。また、どの程度まで丸めればいいですか？

A 生地の表面が張って、なめらかな状態になるまで丸めます。

丸めでは、単に球状に形を整えるだけではなく、生地の表面を張らせることが大切です。

利き手が右の場合は、生地を左の手のひらにのせ、右の手のひらで包むようにし、反時計回りに動かします。このとき、指先で生地の端を底のほうに送り込んでいきます。生地の端が底に送り込まれることで、生地の表面が引っ張られ、なめらかに張った状態になります。手のひらの上ではなく、台の上でも同様にして丸めることができます。

丸め終わりは、生地表面を指先で押さえると、弾力があり、離した指の跡が残らない状態を目安とします（Q130参照）。

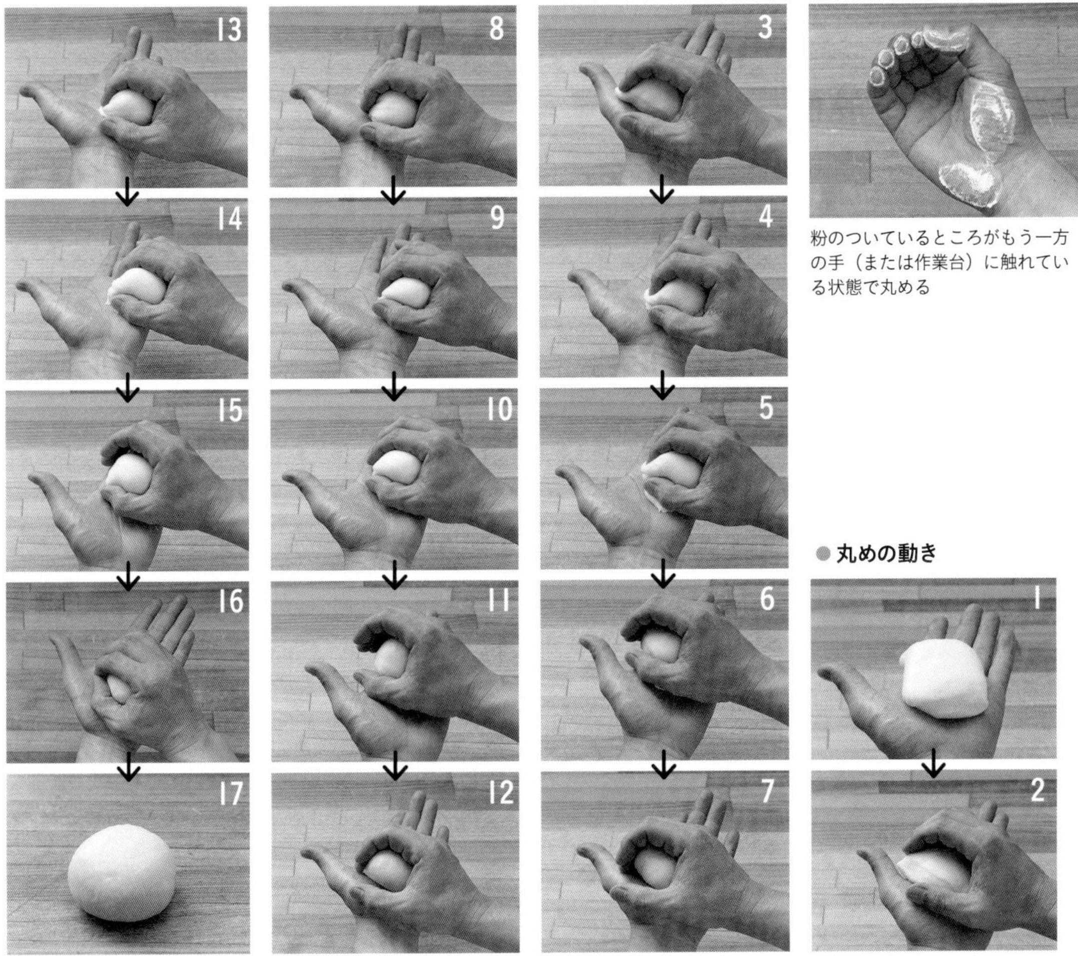

粉のついているところがもう一方の手（または作業台）に触れている状態で丸める

●丸めの動き

生地を手のひらで包み込むようにして反時計回り（左手で丸める場合は時計回り）に動かす

Q124 丸めるときに生地の表面を張るのはなぜですか？

A 生地内の炭酸ガスが外に逃げないような膜を表面に作っておくためです。

分割した生地の切り口はグルテンの構造が乱れており、しかもべたべたして粘着性もあります。そこで、生地の切り口を内部に入れ込むようにしながら、表面のきれいな部分を引っ張ってのばし、全体を覆うようにして丸めます。そうすれば、生地の表面はグルテンの構造の乱れが少ない部分で覆われ、くっつきにくくもなります。

このとき、生地の表面にピンと張りを持たせて引き締めることで、グルテンの構造に生地をこねたときと同じような刺激を与えることになります。すると、グルテンが強化され、生地が緊張した状態になります（Q128「さらに詳しく」参照）。こうして、生地内で発生した炭酸ガスが外に逃げないようになるのです。

Q125 生地を手のひらの上でうまく丸められません。

A 生地の端を寄せ集めるようにして、表面を張ります。

生地を手のひらの上でうまく丸められない場合には、手に持って、生地の端を下に寄せ集めて表面を張ることもできます。生地の底の中心となる1か所に、端を集めることを何度か繰り返し、表面が張って丸くなるようにします。

●生地の表面を張る方法

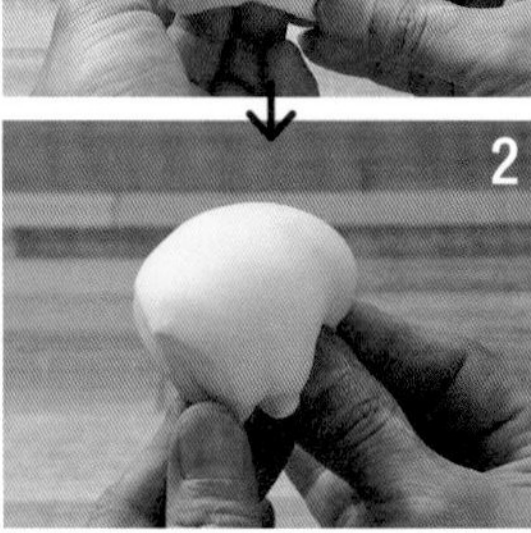

Q126 生地が手におさまりきらず、手の中でうまく転がせません。

A 親指と人差し指の間を広くあけるようにします。

生地のおさまりが多少悪い程度であれば、親指と人差し指の間を開いて、手の中の空間を広くして生地を包み込み、Q123の要領で丸めます。それでも丸めにくいときは、Q125のようにします。

通常の転がすときの手の形

おさまりきらないときは指を開く

Q127 生地切れとはどういう状態ですか？

A 無理な力がかかりすぎて、生地の表面が荒れてしまった状態です。

生地に無理な力がかかりすぎて表面が荒れてささくれ立ったような状態になることを生地切れといいます。分割後や成形時に、生地を丸めたり形を作ったりするときに特に起こりやすいので気をつけてください。

丸めや成形で大切なことは、形を整えるだけでなく、生地の表面を適度に張った状態にすることです。きれいに丸くならないからといって何度も何度も生地を転がしていると、つるっとしていた表面がだんだんと荒れてでこぼこしてきます。これは生地に負担がかかっている証拠で、理想的な張りを超えて締まりすぎた状態です。これではベンチタイムを取っても生地がゆるむのに時間がかかったり、最終発酵させても膨らみが悪かったりして、よいパンには仕上がりません。

また、生地によっても、生地切れしやすいもの、しにくいものがあります。かたくてのびにくい生地や、フランスパンのようにハード系のリーンな生地は、少し丸めすぎただけでも生地切れすることがあるので特に注意が必要です。

表面が張ってなめらかな状態（左）
生地切れを起こし、表面がでこぼこした状態（右）

ベンチタイムのなぜ？

Q128 なぜベンチタイムが必要なのですか？

A 丸めによって弾力が出た生地がゆるみ、成形しやすくなります。

ベンチタイムとは、生地を分割して丸めたりまとめたりした後に、生地をある程度の時間休ませることをいいます。

生地を丸めると、こねたときほどではありませんが、同様の刺激が加わっているので、グルテンが強化され、生地に弾力が出ます。その生地をすぐに成形しようとしても、縮んでしまったり、思い通りの形にならなかったり、生地切れを起こしやすくなります。

そこで、ベンチタイムをとると、その間に、生地の発酵が進み、若干膨らんでふわっとします。それによってグルテンの膜が引きのばされ、生地がゆるんで弾力が弱まり、成形しやすくなります。

さらに詳しく　生地の緊張（張り）と弛緩（ゆるみ）　生地をこねると、グルテンができて弾力が強まります。この生地を発酵させると、最終的には弾力が弱まってゆるんできます。これを分割して丸めることで、生地は再び引き締まり、ベンチタイムをとることによってゆるみます。続いて、成形をするとまた引き締まり、最終発酵でゆるみます。このように、生地は一連の工程で、引き締まったり、ゆるんだりを繰り返しますが、これはグルテンの「加工による緊張（張り）」と「構造の弛緩（ゆるみ）」のバランスによって起こっています。

加工による緊張とは、グルテンの網目構造が密になり、グルテンが安定・強化されることを指します。構造の弛緩とは、グルテンの網目構造の一部が切れて、組織が不安定になり、生地がゆるむことを指します。この緊張と弛緩は、相反する構造変化ですが、必ずしもどちらかだけが起こっているというわけではありません。生地の状態は、そのときどきで、緊張と弛緩が天秤にかけられていて、そのバランスによって状態が変化しているのです。緊張の度合いが高くなれば、生地にはその性質があらわれて引き締まり、弛緩の度合いが高くなるにつれ、生地はゆるんでいきます。パン作りにおいては、この緊張と弛緩のバランスが重要です。

緊張と弛緩のバランスが崩れてしまう例としては、過発酵があげられます。これは弛緩に大きく傾いてしまった状態で、グルテンの構造がもろく壊れやすくなっています。そのため、過発酵の生地は触れただけで、ガスが抜けてしぼんでしまうのです。

また、生地が炭酸ガスを保持するには、グルテンの網目構造を密にして弾力のある生地を作らなければなりませんが、ただ弾力が強すぎるだけでは生地は膨らんでいきません。生地が引きのばされて膨らむには、のびのよさ（伸展性）も必要とします。こののびのよさは、緊張と弛緩のバランスとも関係し、緊張が高すぎるときにはのびのよさが出ませんが、弛緩することによってのびのよさが出てきます。

生地中では目には見えないこのような構造変化がバランスをとりながら常に起こっていて、それが生地の状態に反映されているということを知っておくと、生地を扱う際にも役立つでしょう。

Q129 ベンチタイムをとるときは、発酵器に戻したほうがいいですか？

A 室温でもよいですが、乾燥に注意してください。

ベンチタイムは、基本的には分割する前に生地を発酵させていた環境（発酵器）に戻して行いますが、室温が25℃程度であれば、発酵器に戻さずに、そのままベンチタイムをとることも可能です。

ただし、発酵器に戻さない場合は、生地が乾燥しないように気をつけてください。成形するときに生地の表面が乾燥しているようでは、よい状態とはいえません。

反対に、発酵器でベンチタイムをとる場合は、表面がべたべたしない程度に湿度を調整してください。

Q130 ベンチタイム終了の見極め方を教えてください。

A 生地を指先で軽く押さえて、跡が残るくらいまで休ませます。

ベンチタイムでは、生地の丸めによって出た弾力がゆるむまで休ませます。パンの種類や大きさ、丸めの強さによって、かかる時間は変わります。生地を指先で軽く押さえて離したときに、跡がそのまま残るくらいが終了の目安です。

ベンチタイムは発酵や最終発酵に比べると時間も短く、最後の生地を丸め終わったときには、最初に丸めた生地が適度にゆるんでいることもあります。状況に応じて対処してください。

●ベンチタイム前後の生地の状態の比較

生地に弾力があり、押さえても跡が残らない

生地がゆるみ、押さえると跡が残る

成形のなぜ？

Q131 成形のときに、大きな気泡が出てきたらどうしたらいいですか？

A 軽くたたいてつぶしておきます。

成形の段階で、生地の表面に大きな気泡が出てきたら、必ずつぶします。そのままにしておくと、最終発酵でさらに気泡が膨らんで、その部分がぷくっと膨れて焼き上がってしまい、見た目も食感も損ねてしまうからです。

気泡をつぶすときには、そろえた指の腹を使って、気泡めがけてポンとはじくようにして軽くたたきます。

気泡はポンとたたいてつぶす

Q132 成形するときに、とじ目をつまんだり、押さえたりするのはなぜですか?

A 生地が膨らんだときに、とじ目をはずれにくくするためです。

生地を丸形や棒状に成形した際のとじ目は、指でしっかりとつまんだり、手で押さえたりしてくっつけておきます。最終発酵や焼成で生地が膨らむときに、とじ目がはずれたり、裂けたりしやすいからです。

Q133 とじ目を下にして生地を並べるのはなぜですか?

A とじ目がはずれ、表面の張りがなくなるからです。

生地をオーブンプレートに並べたり、型に入れるときには、とじ目が下になるように生地を置きます。とじ目が見えると見栄えが悪いというのはもちろんのこと、最終発酵や焼成で生地が膨らむときにとじ目がはずれやすくなり、表面の張りがなくなって膨らみが悪くなるだけでなく、形も崩れて焼き上がってしまうからです。

焼成のなぜ?

Q134 オーブンプレートに生地を並べるときに注意することはありますか?

A 間隔を十分にとり、等間隔に並べます。

発酵して膨らんだときにくっつかないように、生地と生地の間隔を十分にとってください。さらに、偏りがないようにバランスよく、等間隔で並べることも大切です。なぜなら、パンとパンのすき間にばらつきがあると、焼成時にオーブンの熱が均等に当たらず、焼きむらになりやすいからです。焼きむらはオーブンによってもでき方が違うので、どの位置に熱が当たりやすいかなど、使用しているオーブンのくせをつかむようにしましょう。

Q135 成形したパンが一度に焼けないときはどうしたらいいですか?

A 2回に分けて焼成します。後で焼成する分は、途中の工程から時間をずらします。

オーブンプレートに成形したパンがすべてのらず、一度にオーブンで焼けないときには、2回に分けて焼成します。

しかし、1回目の生地の焼成を行っている間に、焼成を待つ残りの生地は、発酵が進んで状態が悪くなってしまいます。そのため、どちらも最終発酵を終えたらすぐに焼成できるように、あらかじめ生地を2つに分け、2回目に焼成する生地は、最終発酵の終了時間を遅らせるようにするとよいでしょう。

それには、2回目に焼成する分の生地は、ベンチタイムを温度が低い場所か冷蔵庫で行い、成形をはじめる時間を遅らせます。または、最終発酵を温度が低い場所で行い、時間を長くかけるといった方法も考えられます。どちらか作業がしやすい方法を選んでください。

2回目に焼成する生地は、成形したらオーブンプレートと同じくらいの大きさのオーブンペーパーの上に並べて、最終発酵を行います。そして、1回目の焼成が終わったら、あいたプレートにペーパーごと生地を移し、2回目の焼成をします。

ただし、このような方法をとっても、2回目に焼成した生地は、1回目のものより仕上がりが悪くなるのは避けられません。

Q136 焼成によってパンが膨らむのはなぜですか？

A 前半はアルコール発酵で、後半は気泡内の炭酸ガスの熱膨張と水分の蒸発で膨らみます。

生地を200℃近くのオーブンに入れると、すぐにイーストが死滅して炭酸ガスを出さなくなると思われがちですが、そうではありません。生地は表面から熱せられて、その熱が中心に伝わるまでにはある程度時間がかかるからです。適度に発酵した生地は、中心温度が30～35℃になっています。イーストは37～38℃でガス発生のピークに達し、その後45℃くらいまでは活発に炭酸ガスを出し続けます。生地がその温度を超えると、イーストは衰えながらも、約60℃で死滅するまで、発酵のときと同様に、炭酸ガスを発生させて生地を膨らませているのです。

イーストが死滅した後は、高温下で気泡内の炭酸ガスが熱によって膨張したり、生地に含まれている水分の一部が水蒸気に変化して、体積が大きくなります。そして、これらのガスや水蒸気が生地を内側から押し広げ、さらに生地が膨らんでいきます。

Q137 生地に火が通るメカニズムを教えてください。

A たんぱく質が変性してかたくなり、デンプンが糊化してやわらかくなるなどの変化が起こります。

パンを焼成する目的は、生の生地を加熱して、おいしく食べられる状態にすることです。

特に、主材料となる小麦粉の成分であるたんぱく質（グルテンを含む）とデンプンの性質が、加熱によって変化することが大きなカギとなります。

①たんぱく質の変化

グルテンは、2種類のたんぱく質（グリアジン、グルテニン）に水が浸透して、こねるという物理的な力が加わることによってできます。そして、生地の中で気泡を取り囲むようにして、網目状に広がっています。そのグルテンは、焼成で生地の温度が約75℃に達すると、水を排出してかたく固まり、網目状に広がったまま、膨らんだパンの形を保つためのしっかりとした骨組みとなります。

②デンプンの変化

小麦粉のデンプン（損傷デンプンを除く。Q18「さらに詳しく②」参照）は、ミキシングから最終発酵に至るまで、水を吸収することもなく、大きな変化は見られません。

焼成で生地の温度が約60℃に達すると、デンプン粒は生地中の水を吸収しはじめ、膨らんでやわらかくなります。そして、85℃以上で、糊のような粘りが強く出てきます（糊化）。さらに温度が高くなって、デンプンから水がある程度蒸発して固まると、ふっくらしたパンのボディとなり、気泡を外側から包み込む形で、パン全体の組織をやわらかく支えます。

また、加熱前のパン生地が食べられないのは、生のデンプンが、緻密な構造をしていて、私たちの体内の消化酵素（アミラーゼ）の作用をほとんど受けず、消化が悪いためです。それが糊化してやわらかくなると、食用に適するようになります。

さらに詳しく❶ たんぱく質の変性とは? たんぱく質を含む食品を加熱すると、たんぱく質が互いに寄り集まり、その間にある水を排除して結びつき、固まります。このように加熱などの要因によって、たんぱく質の元の構造が大きく変化して性質が変わることを「変性」といい、変性の度合いが大きいほどかたく固まります。

パンの場合には、小麦粉や卵などにたんぱく質が含まれていて、加熱によって固まります。

さらに詳しく❷ デンプンの糊化とは? デンプンに水を加えても、そのままでは水を吸収しません。デンプン粒の中には、2種類のデンプン分子（アミロース、アミロペクチン）があり、水が入ることもできない緻密な構造をしているからです。

しかし、デンプン粒は、水とともに加熱されると、その構造がゆるんで、すき間に水が浸入できるようになり、水をどんどん吸収しはじめます。アミロースやアミロペクチンの分子の内側にも水が入り込んだ状態で、デンプン粒は水を抱え込み、膨らんでやがては崩壊し、糊のような粘りが出ます。この現象を「糊化（α化）」といいます。

パンなどの生地では、デンプンは一部の水を閉じ込めたまま、糊化してさらに温度が高くなると、そこからある程度の水が蒸発して固まります。

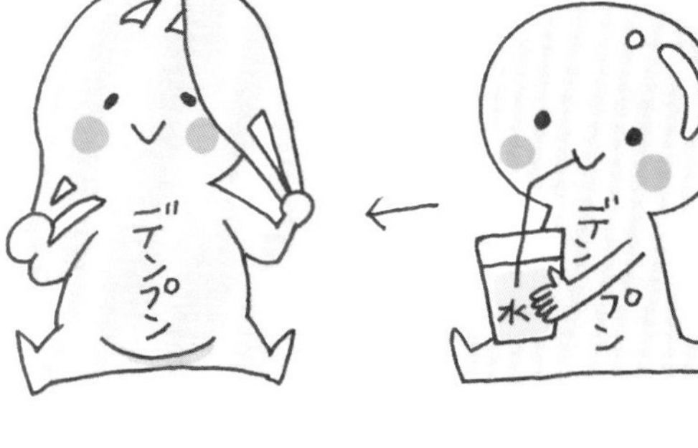

Q138 なぜオーブンの予熱をしておかなければいけないのですか?

A 予熱をしておかないと、焼成に時間がかかって、パンがかたくなるからです。

焼成の際には、オーブンをあらかじめ焼成する温度に温めておく「予熱」が必要です。オーブンの予熱をせずに低い温度からパンを焼きはじめると、焼き上がるまでに時間がかかります。そうなると、生地中の水分が必要以上に蒸発して、クラム（中身）がパサパサになったり、クラスト（外皮）が厚くなって、かたく焼き上がってしまいます。

Q139 霧を吹いてから焼くとどうなりますか?

A 焼き上がりにボリュームが出ます。

焼成の工程で、パンは内部から生地を押し広げるようにして膨らみ、生地の表面がかたく焼き固まると、膨らみが止まります。生地を焼く前に霧を吹いて、生地の表面を湿らせると、オーブンの中で表面が焼き固まるのを遅らせることになります。それによって、生地がのびて、ボリュームのある焼き上がりになります。

オーブンにスチームを入れたり、溶き卵を塗る場合にも、同じ効果があります。

Q140 パンによってスチームの量は変えますか？

A パンの種類によって変え、求める仕上がりの状態に近づけます。

オーブンの中には、焼成中にスチームを出す機能のついているものもあります。焼成のときにスチームの量を多く（スチームを出す時間を長く）すると、焼き上がったパンはボリュームが大きく、クラスト（外皮）が薄くなり、つやが出て、軽い口当たりになります。逆に、スチームの量が少ないと、パンはボリュームが若干小さく、クラストが厚く、つやがあまり出ないので、素朴な感じに焼き上がります。

このような仕上がりの違いがあるので、パンの種類や作る人の好みによって、スチームの量を変えてもよいでしょう。ただし、スチームの量が極端に多かったり、少なかったりするのは、おすすめしません。

Q141 溶き卵を塗ってから焼くとどうなりますか？

A パンの表面に黄金色のつやが出ます。

生地の表面に溶き卵を塗ってから焼くと、黄金色につやよく焼き上がります。本書のバターロールでは全卵を使いましたが、黄金色を強めたければ卵黄を増やしたり、逆に卵白だけでつやのみを与えることもできます。そのほか、卵に水を加えて薄めて使い、控えめにつやを出す場合もあります。

また、溶き卵を塗ると、霧を吹く場合と同様に、パンにボリュームが出ます。焼成するときに、生地の表面を湿らせておくことで、表面が焼き固まるのを遅らせ、それだけ生地がのびる状態を維持できるからです。とはいえ、卵は加熱すると固まるので、溶き卵を塗ったパンは、霧を吹いて焼いたパンほどには膨らみません。

溶き卵を塗ってもきれいに焼き色がつかなかったり、焦げやすいパンには塗らないほうがよいでしょう。

さらに詳しく 溶き卵を塗って焼くと、黄金色のつやが出るのはなぜ？ 黄金色になるのは、卵黄をオレンジ色に見せているカロテノイド色素のおかげです。一方、つやが出るのは、薄く塗った卵が膜状に固まるからで、主に卵白の成分によるものです。

また、溶き卵を塗ると焦げやすくなるのは、卵にはたんぱく質やアミノ酸、還元糖が含まれており、これらが高温で反応して（アミノ-カルボニル反応。Q36「さらに詳しく」参照）、焼き色を生み出すからです。

Q142 溶き卵を上手に塗るポイントを教えてください。

A 毛のやわらかい刷毛を使い、柄の根元を持つようにします。

溶き卵はコシを切るようにしてよく溶いて、茶こしやストレーナーでこしてなめらかにすると、塗りやすくなります。

刷毛の材質は、塗るときに生地がつぶれないように、ヤギの毛などのやわらかいものを選び、水で湿らせてよく水気を切ってから使います。

刷毛に溶き卵をたっぷりと含ませたら、卵を入れたボウルの縁で、余分な卵を落とします。卵の量が多いと、たれたり、巻き目にたまったり、塗りむらができてしまうからです。

塗り方のポイントは、刷毛をねかせて腹の部分を使い、手首を返しながら、やわらかく動かし、生地のカーブに沿って表面をなでるようにやさしく塗ることです。刷毛の柄の根元近くを持つようにすると、余分な力がかからず上手に塗ることができます。

●溶き卵の塗り方

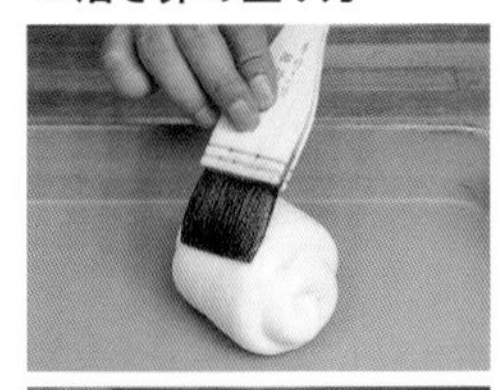

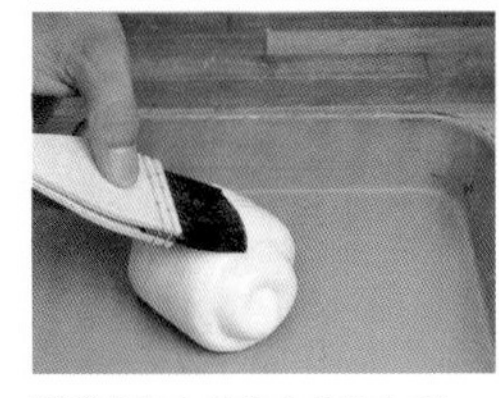

刷毛をねかせるようにして、表と裏を使って塗る

●下準備

卵はこしておく

ボウルの縁で余分な卵を切る

●刷毛の持ち方

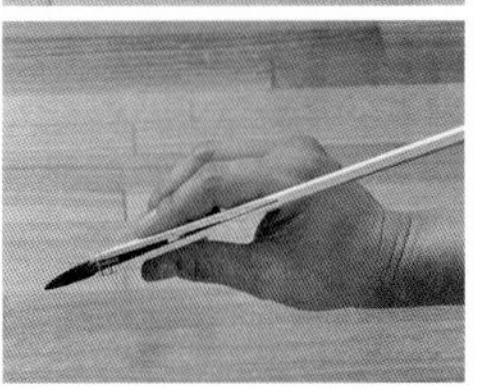

柄の根元近くを親指、人差し指、中指で軽くはさんで持つ

Q143 溶き卵を塗るときに注意する点は何ですか？

A 卵の量、力加減などに気をつけましょう。

溶き卵の塗り方の成功例と失敗例を紹介します。

●よくある失敗例

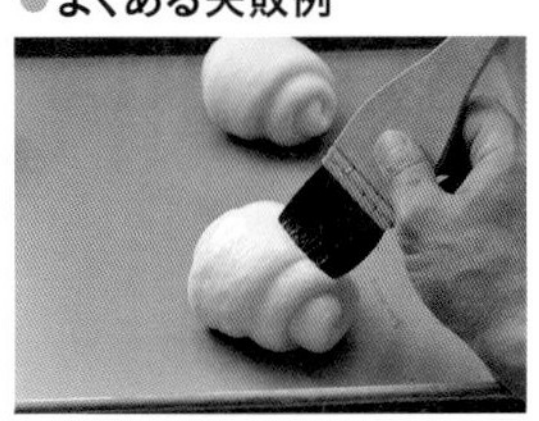

成功例

刷毛の先でついてしまったもの

塗るときの力が強すぎてつぶれてしまったもの

卵の量が多く、たれてしまったもの

Q144 焼き上がりは何で判断すればいいですか？

A 焼き色と焼成時間から判断します。

レシピには、パンの種類や大きさによって、適正な焼成時間が書かれています。その時間を目安にしながら、ちょうどよい焼き色がついたら、焼き上がりとします。

Q145 レシピ通りの温度と時間で焼いたら焦げます。

A 何度も焼いてみて、オーブンのくせを知りましょう。

レシピと同じ焼成温度に設定したとしても、オーブンによって、焼き上がりにかかる時間や、仕上がりの状態に違いが出ます。熱源がガスなのか電気なのかによっても加熱のされ方は大きく違いますし、同じ電気オーブンだとしても機種によって構造や加熱方法も変わります。何度も焼くうちに、自分のオーブンのくせがわかって、調節できるようになってきます。

焼成はレシピ通りの時間で焼き上げることが基本です。レシピ通りの温度と時間で焼いても焦げるようなら、温度を調整してください。

たとえば、パンにちょうどいい焼き色がつくまでに、レシピの焼成時間よりも長くかかるような場合は、クラム（中身）の水分が抜けすぎてパサついた焼き上がりになるので、温度を高めに設定します。逆に、レシピより短い時間で焼き色がついた場合には、外は焼けているのにクラムが生っぽいことがあるので、焼成時間を長くとれるように温度を低めに設定します。

また、オーブンの庫内が狭いと、上面や底面が焦げやすく、側面の色づきが悪くなることがあります。段の高さを変えられるのであれば、高さを調節して対応します。それでもうまくいかなかったり、高さの調節ができないときには、温度を下げて、レシピに書かれている時間よりも少し長く焼くほうがきれいに焼けることがあります。

Q146 焼きむらができるのは、どうしてですか？

A オーブン内のヒーターやファンの近くでは、熱が強く当たるからです。

家庭用のオーブンは庫内が狭く、ヒーターやファンの近くではどうしても熱が強く当たって焼き色が濃くなります。また、一般的に、オーブンは庫内の奥のほうが高温になるので、手前よりも奥に置いたパンの焼き色が濃くなります。オーブンによっては、左右でも焼き色に差が見られます。

うっすらと焼き色がついて、表面が焼き固まってから、オーブンプレートの前後左右を入れ替えて、焼き色を調節するとよいでしょう。

Q147 焼成後すぐにオーブンプレートからはずしたり、型から出したりするのはなぜですか？

A オーブンプレートや型と接する生地に火が通りすぎたり、湿気ってしまうからです。

焼き上がったパンは、クーラーにのせて、熱が完全に取れるまで常温で冷まします。パンをオーブンから出しても、オーブンプレートや型はしばらく熱いままなので、そのまま放置すると、さらに火が通ってしまうからです。

また、焼けたばかりのパンの中には、水蒸気がまだ抜け切らずに充満しています。パンが冷めていく間に、その水蒸気は外へある程度放出されます。

パンをプレートや型からはずさずに冷ますと、パンの中の水蒸気が逃げ場を失って、プレートや型と接している部分が湿気ってしまうので、熱いうちにはずしてクーラーにのせてください。

Q148 型から抜けないのは、どうしてですか？

A 型に塗る油脂が足りなかったか、塗り方にむらがあったためです。

焼き上がったパンが型からはずれやすいように、あらかじめ型の内側には油脂をむらなく塗っておきます。型に生地がくっついて取り出せない場合の多くが、型に塗る油脂が足りなかったか、塗り方にむらがあったためです。

型に塗る油脂は、サラダ油などの液体油脂よりも、ショートニングなどの固形油脂をペースト状にして塗るほうが、たれにくく適しています。

また、刷毛を使うと、型の隅や角に塗り残しがなく、むらなく塗ることができます。刷毛は、生地に卵を塗るようなやわらかい毛のものではなく、ナイロン製などのかための毛のものが塗りやすいでしょう。

もし、型にきちんと油脂を塗ったのにもかかわらず、生地が型から抜けない場合は、生地に問題があるかもしれません。たとえば、成形で生地の表面が荒れたり、最終発酵で湿度が高かったり、表面に塗った卵がたれて型にくっついたことが原因として考えられます。

樹脂加工などの生地がくっつきにくい加工がされた型を使用するときには、基本的に油脂を塗る必要はありません。

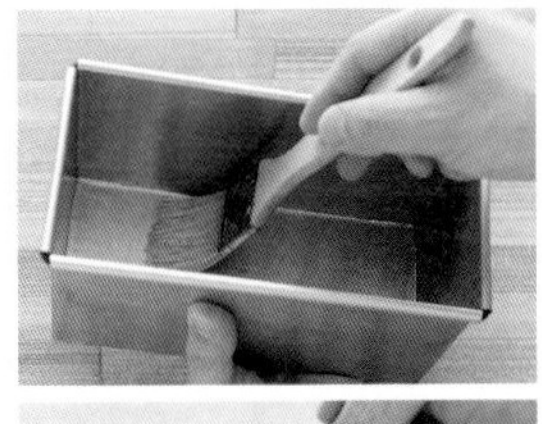

型には刷毛を使って、むらなく塗る

発酵容器など塗る面積が広いときは、手に油脂を取って塗る

Q149 焼き上がったパンの底や横が割れるのはなぜですか？

A 最終発酵が不足したことなどが原因です。

パンの底や横が割れて焼き上がってしまった場合には、次のような原因が考えられます。

・成形するときに、生地のとじ目をしっかりとじなかった。
・オーブンプレートにのせたり、型に入れるときに、生地のとじ目を真下にしていなかった。
・最終発酵が足りなかった。
・生地の表面が乾燥した。
・焼成するときに、霧吹き（スチーム）が足りなかった。

これらに当てはまるものがないかを確認し、次に作るときに生かしてください。

Q150 焼成したパンにボリュームがないのはなぜですか？

A ミキシング不足やこね上げ温度が低かったなどの原因が考えられます。

焼き上がったパンの膨らみが悪いときに

は、次のような原因が考えられます。
・ミキシングが不足していた。
・生地のこね上げ温度が低かった。
・最終発酵が足りなかった。
・卵を塗ったり、クープを入れたときに、力を入れすぎて生地がつぶれてしまった。
・オーブンの温度が低く、焼成時間が長くなって焼き縮みした。

次に作るときは、これらのポイントが押さえられているかを確認しながら、作業を進めてください。

Q151 焼き上がったパンがしぼんでしまうのはどうしてですか？

A 極端な場合は焼成不足や発酵過多が原因です。

パンは焼き上げてから時間が経つと、多少はしぼんだり、表面にしわが寄ったりします。これはある程度仕方ありません。

焼き上がった直後には、パンの気泡内にあるガスは高温になって膨張していますが、時間が経つと温度が下がって体積が小さくなります。

また、焼けたばかりのパンの中には、まだ生地から抜け切っていない水蒸気が充満しています。その水蒸気は冷めていく間に、生地の外へある程度放出され、生地の中に残っている水蒸気も温度が下がって体積が小さくなります。それにともなって、パンが若干縮んで、しぼんだようになるのです。

さらに、焼き上がりにはかたかったクラスト（外皮）が、蒸気の抜け道になることで多少やわらかくなり、しわが寄ったようになります。

もし、極端にしぼむ場合には、焼成が足りなかったり、発酵過多によって生地が膨らみすぎてしまったことが、原因として考えられます。

保存のなぜ？

Q152 焼き上がったパンを切るタイミングを教えてください。

A 完全に冷ましてから切ります。

焼き上がったパンは、熱が完全に取れるまで冷ましてから切ります。

焼き立てのパンは水蒸気がまだ抜け切っておらず、特に中心部は外側よりも水蒸気が残っているため、クラム（中身）がべたついてきれいに切ることができません。水蒸気は冷めていく間にある程度外へ放出され、全体に水分の分布が均一になります。

また同時に、糊化（こか）したデンプン（Q137参照）も焼き立てはやわらかくべたべたした状態ですが、冷めるとかたくなるので、切りやすくなります。

仮にオーブンから出したばかりの熱々のパンを切ると、どうなるでしょうか。
・ナイフを入れると、クラムがやわらかすぎて押しつぶされる。
・クラムの中心部がべたついているので、きれいに切れずに切り口が荒れる。
・切り口から水蒸気が必要以上に外に逃げていき、冷めたときにパン全体の水分が少なくなってパサつく。

焼き立てのパンを楽しむときは別として、そうでなければ冷めてから切るのが適切といえます。

● 切るタイミングによる断面の違い

熱いうちに切ったパン（左）
冷めてから切ったパン（右）

Q153 残ったパンはどのように保存したらいいですか?

A ビニール袋や容器に入れて保存します。

焼き上がったパンは、冷めたら乾燥しないようにビニール袋や密閉容器に入れて室温で保存し、2日程度を目安に食べきるようにします。

すぐに食べない場合は、1~2週間程度であれば、ビニール袋や密閉容器に入れて冷凍保存することも可能です。大きなパンは小分けにして、食パンは好みの厚さにスライスしてから冷凍してください。本書で紹介しているパンは、すべて冷凍での保存も可能ですが、たとえばフルーツをのせたデニッシュのように水分が多いパンは冷凍には不向きです。

Q154 翌日にパンがかたくなるのはなぜですか?

A デンプンの老化が起こるからです。

パンは時間が経過するにつれてかたくなります。ビニール袋に入れて密封していたとしてもかたくなるのは、パンから水分が逃げて乾燥してかたくなったわけではなく、パンのふわっとやわらかい食感を作り出している小麦粉のデンプンの状態が、時間の経過とともに変化してしまうからです。

デンプンはもともと、そのままでは水が入り込めないような緻密な構造をしていますが、焼成の段階で水を吸収し、粘りが出て糊状になってやわらかくなります(糊化)。そして、さらに温度が高くなると、その構造に一部の水を閉じ込めたまま、ある程度の水が蒸発して固まって、焼き上がります(Q137参照)。

この糊化したデンプンは、保存中に時間が経過するにつれて、まるで糊化する前の緻密な構造に戻ろうとするかのように、その構造内に閉じ込めていた水を排出し、ゆるんでいた構造の一部が結合するようになります。これをデンプンの「老化」といい、老化によって、デンプンはかたくなります。デンプンから排出された水は、パンの外に出ていくわけではありませんが、デンプン自体が老化による構造の変化でかたくなるため、パンが乾燥したわけでもないのにかたくなってしまうのです。

老化でかたくなったパンのクラム(中身)は、オーブントースターで温め直すと、やわらかくなります。温めることで、デンプンがまるで再び糊化の状態に戻ろうとするかのように、構造がゆるむからです。とはいえ、老化によってデンプンが離した水は元に戻ることはないので、焼き立ての状態と全く同じやわらかさにはなりません。冷やご飯を温め直しても、炊き立てのおいしさにはかなわないのと同じことです。

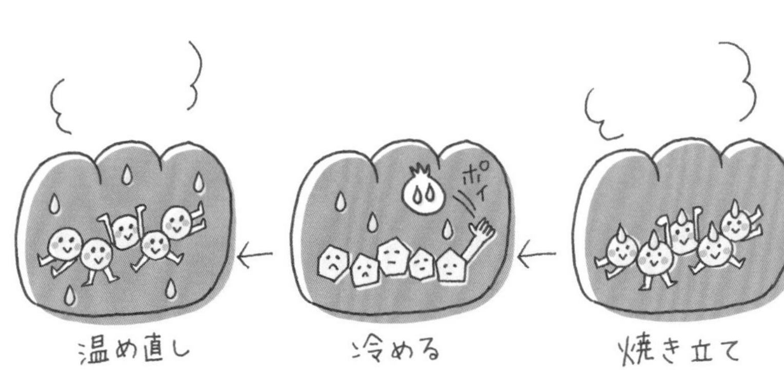

Q155 ソフト系のパンが次の日にはかたくなったりパサつくのはなぜですか？

A ミキシングの際に、水が足りなかったか、ミキシング不足が原因です。

パンをきちんと密封して保存したにもかかわらず、パンが過度にパサつくようであれば、そもそも生地の水分量が足りなくて、かたくなってしまった可能性があります。ミキシングの際に分量の水をすべて加えても、使用した小麦粉に含まれる水分量が少なかったり、湿度が低かったりすると生地がかたくなってしまいます。生地のかたさが適正になるように、水の量を調節することが大切です。

また、ミキシング不足が原因の可能性も考えられます。グルテンは、小麦粉に水を加えてこねることで、小麦粉に含まれる2種類のたんぱく質が水を吸収し、結びついてできたものです。そのため、ミキシングが不足するとグルテンのできる量が少なくなり、本来はグルテンの形成に使われるはずの水が生地の中に余ってしまいます。このような水は、たんぱく質と結びついている水に比べて、パンの中にとどまりにくく、その結果、パンがパサつきやすくなります。

Q156 パリッとしたクラストをよみがえらせる方法を教えてください。

A 食べる前にオーブントースターで温めます。

パンは焼き上がったその日であれば、パリッとしたクラスト（外皮）とふんわりしたクラム（中身）を楽しめますが、ビニールに入れて保存すると、どうしてもクラストがやわらかくなってしまいます。好みにもよりますが、フランスパンやクロワッサンなど、パリッとしたクラストをよみがえらせたいときには、予熱したオーブントースターに入れて温めると、焼き立てに近い状態がよみがえります。冷凍したパンは袋や容器に入れたまま、室温で解凍してから温めます。

どちらの場合も温めすぎないように気をつけてください。トースターの中で熱せられているときにはしんなりとしてやわらかくても、トースターから出して粗熱が取れていくうちにパリッとしてきます。

バターロールのなぜ？

Q157 焼成したバターロールの巻き目が割れるのはどうしてですか？

A 生地がかたすぎたり、巻くときにきつく締めすぎたことなどが原因です。

バターロールの巻き目が裂けたように焼き上がってしまうのは、生地の水分量が足りなくてかたすぎたり、成形の際にきつく締めて巻いていたり、最終発酵が足りないということが原因になります。

● バターロールの焼き上がりの比較

きつく巻いたもの

適正

最終発酵が不足していたもの

生地がかたすぎたもの

食パンのなぜ？

Q158 食パンにたんぱく質の量が多い強力粉を使うのはなぜですか？

A のびのよい生地を作り、ふっくらと膨らませるためです。

パン作りでは、主に強力粉を使いますが、ひとくちに強力粉といっても、製品によって含まれているたんぱく質の量が11・5～14・5％と幅があります。そのため使用する粉によって、焼き上がりのボリュームにも差が出ます。

山食パンは縦によくのびてふっくらと膨らんだ焼き上がりが特徴です。焼き上がった山食パンの断面を見ると、クラム（中身）のすだち（気泡の跡）が縦長の楕円形になっていて、生地が縦にのびたことがわかります。

このように焼き上がりのボリュームを得たいのであれば、グルテンを多く作り出し、発生した炭酸ガスをしっかり保持する組織を作り出す必要があります。グルテンはたんぱく質がもとになっているので、強力粉の中でもたんぱく質の含有量の多いものを選択するとよいでしょう。

●山食パンのすだち

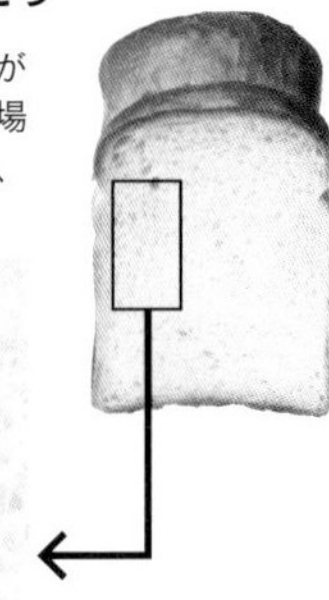

縦長の楕円状の空洞がすだち。山食パンの場合、上に膨らむので、すだちが縦長になる

Q159 レシピと同じサイズの食パンの型がありません。

A サイズが違う型でも、計算によって型に合った生地の分量が出せます。

まず、手持ちの型の容積をはかります（計算式①）。または、水は1㎤＝1gですから、型に水を満杯まで注いで、その水の重量を量り、その値を容積とするという方法もあります。

次に、レシピで使っている型の容積に対して、どのくらいの生地の量が入っているかという、型生地比容積を、レシピの型の容積と生地の重量から計算します（計算式②）。

最後に、計算式③に当てはめて、手持ちの型に対する生地の適正量を求めます。あとは、レシピに記載されているベーカーズパーセント（Q71参照）を用いて、それぞれの材料の重量を計算してください（計算式④）。

●計算式

①手持ちの型の容積（㎤）
＝縦（cm）×横（cm）×高さ（cm）

②型生地比容積
＝レシピの型の容積（㎤）÷レシピの生地の重量（g）

③求めたい生地の重量（g）
＝手持ちの型の容積（㎤）÷型生地比容積

④各材料の重量（g）
＝求めたい生地の重量（g）÷A×B

A：レシピの各材料のベーカーズパーセントの合計値
B：レシピの各材料のベーカーズパーセント

〈例〉山食パン（P.38）
型の容積1700㎤、生地量（各材料の合計重量）490g、
各材料のベーカーズパーセントの合計値196
手持ちの型（容積2000㎤）で作る場合
②より
型生地比容積＝1700÷490≒3.5
③より
求めたい生地の重量＝2000÷3.5≒571（g）
④より
強力粉の重量＝571÷196×100≒291（g）
砂糖の重量＝571÷196×5≒15（g）
塩、スキムミルクの重量＝571÷196×2≒6（g）
バター、ショートニングの重量＝571÷196×4≒12（g）
インスタントドライイーストの重量＝571÷196×1≒3（g）
水の重量＝571÷196×78≒227（g）

Q160 食パンで、強いパンチを行うのはなぜですか？

A 生地に力をつけて、ボリュームのある焼き上がりを得るためです。

強いパンチ（Q116参照）を行うと、クラム（中身）のきめが細かくなり、ふんわりボリュームのある焼き上がりが得られます（Q114参照）。そのため、このような仕上がりを目指す食パンでは、強いパンチを行うのです。パンチをして生地に刺激を与えると、グルテンが強化されます。グルテンの膜は発生したガスを保持する役目があるので、これにより、生地がより膨らむようになります。

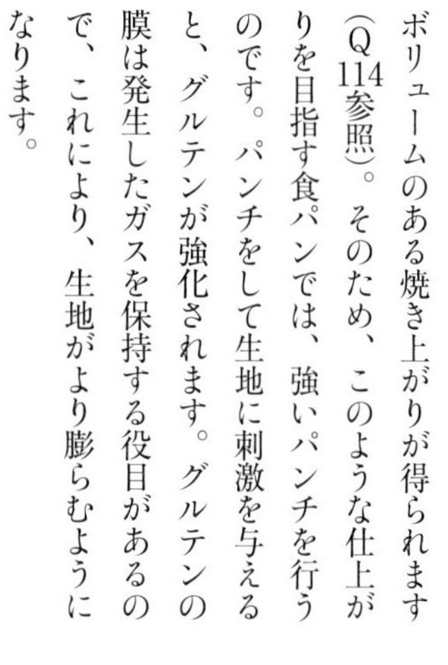

Q161 角食パンの最終発酵が山食パンより短いのはなぜですか？

A 蓋をして焼くからです。

角食パンは蓋をして焼きます。そうすると、生地は上にのびようとしたときに、蓋で頭打ちされるようにして膨らみが抑えられ、蓋に接する上面部分が平らに焼き上がります。同じ食パンでも、山食パンの場合は、生地が型から上へのびた焼き上がりになります。

本書では、角食パン（黒ごま食パンとして紹介）と山食パンの作り方を紹介し、配合も分量も同じ生地を、同じ容積の1斤型に入れて焼きました。発酵やベンチタイムの温度や時間など、作り方はほぼ同じにしていますが、最終発酵の時間だけ、角食パンのほうが短くなっています。仮に山食パンと同じ量の生地を入れ、同じだけ発酵させて焼成すると、生地がふき上がって、上部の生地が蓋の脇からはみ出したり、焼き上がったパンの側面が内側にくぼむケーブイン（Q165参照）が起こりやすくなります。

それならば、生地の量を減らして、十分に発酵させてもよいのではと思われるかもしれませんが、それでは生地が蓋まで達することなく焼き上がって、蓋に接する部分が平らにならない可能性があります。

角食パンは上面をきれいに平らに焼き上げるがために、最終発酵を短くしているのです。

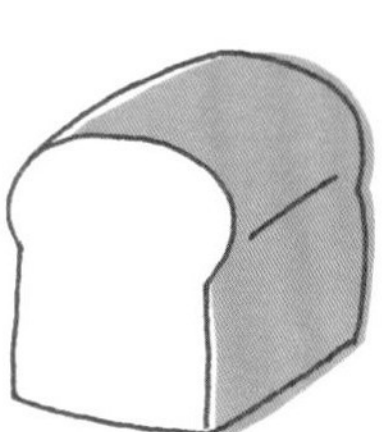

<

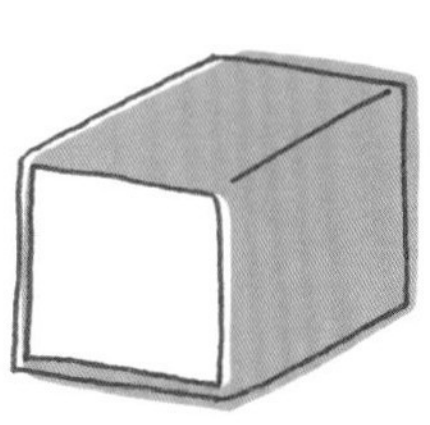

Q162 角食パンの角がきれいに出ません。

A 生地の量が少なかったり、膨らみが悪くて生地が角まで達しなかったことが原因です。

角食パンの角がきれいに出ないのは、型の大きさに対して生地の量が少なく、生地が膨らんでも角まで生地が達しなかったということが考えられます。
　また、型の大きさに見合う量の生地が入っているのにもかかわらず角がきれいに出ないのは、ミキシングが不足していたか、または成形時に生地の張りが弱かったか、あるいは最終発酵が足りなかったかのいずれかの原因で、膨らみが悪くなったからです。
　逆に、角や上辺がぴっちりと詰まるのは、最終発酵が過剰に進んでしまったり、型に対して生地の量が多かったりした証拠です。

●角食パンの失敗例

角が丸くなっている

角が出すぎている

Q163 山食パンの2つの山がそろいません。

A 2つの生地の成形の強さが同じになるようにします。

　本書の山食パンは、分割した2つの生地をそれぞれ俵形に成形し、型に入れて作ります。生地を同じ重量に分割しても、成形の強さがそろっていないと、膨らみに差ができてしまいます。生地をのばすときのガスの抜き具合、長方形にしたときの生地の厚み、巻いて俵形にするときの生地の締め具合が同じになるようにしましょう。

Q164 パンの上面が焦げてしまいます。

A 途中でオーブンペーパーやアルミホイルなどをかけます。

　パンの上面が焦げそうなときには、焼き色がついてきた時点で、オーブンペーパーやアルミホイルをかけて、上面の焼き色がつきすぎないように調整するとよいでしょう。オーブンの種類によっては庫内が小さいものがあり、特に食パンのような高さのあるパンを焼くと、上面が熱源に近くなって焦げやすくなります。

Q165 食パンを焼き上がり直後に台に打ちつけるのはなぜですか？

A パンの側面が内側にくぼむ現象(ケーブイン)を防ぐためです。

　パンはオーブンの熱が当たる外側から焼けていくため、焼き上がった直後にクラスト（外皮）がパリッとしていても、中心部に近くなるほど水蒸気が多く残ってやわらかい状態です。また、糊化(こか)したデンプン（Q137参照）などもまだやわらかく、組織が崩れやすくなっています。パンには常に重力がかかっていますから、自身の重みでその中心部が落ち込んでしまう可能性が高いのです。外側のクラスト部分がパン全体をしっかりと支えているうちはよいのですが、焼き上がった時点では乾燥していたクラストも、パンの内部に残っている水蒸気が放出されるときに通り道となるため、時間とともに水蒸気を吸収してやわらかくなります。そうなると、パン全体を支えることができなくなり、その結果、パンの中心部の組織が落ち込むのにともなって、側面の中央付近も内側に折れるようにしてくぼんでしまうことがあります。この現象を「ケーブイン（腰折れ）」といいます。

特に、食パンのように深い型で焼く大型のパンは、側面と底面が型によってふさがれていて、オーブン内で水蒸気が外へ出ていきにくい構造をしているので、内部に水蒸気が多く残ります。

食パンでケーブインを防ぐためには、焼き上がったらすぐに型ごと台の上に打ちつけて衝撃を与え、すばやく型から出してください。これは打ちつけた衝撃で、生地の内部に充満している水蒸気を少しでも早く外へ出すためです。

側面がくぼむケーブインを起こした状態

Q166 焼き上がりに型を台に打ちつけましたが、側面がへこみます。なぜですか？

A 最終発酵で発酵過多になったか、焼成不足が原因と考えられます。

食パンなどの深い型に入れて焼くパンでは、たとえ焼成後に型を台に打ちつけたとしても、パンの性質上、ケーブイン（Q165参照）が起こるのを完全に防ぐことは難しく、側面がへこんでしまうことがあります。

しかし、最終発酵が進んで生地が膨らみすぎたり、焼成が足りなかった場合には、この現象が顕著に起こります。

最終発酵で発酵過多になった場合には、グルテンの膜が炭酸ガスを保持できなくなる限界まで引きのばされ、のびのよさや弾力が失われています。パン全体の骨格となるグルテンの力が弱いため、焼き上がったパンも自身の重量を支えることができずに、中心部が落ち込むのにともなって側面が内側にへこむのです。

また、焼成不足の場合は、水分が多く残り、焼き上がったパンがやわらかすぎて、同様にへこみやすくなります。

Q167 食パンのクラムに大きな穴があきます。

A 成形のときに、ガス抜きが不足していたのが原因です。

食パンの成形では、はじめに生地にしっかりと麺棒をかけて、ガスを十分に抜きます。食パンはほかのパンと比べて焼き上がりにボリュームが出るので、生地中に大きなガスの気泡が残っていると、焼成中に熱によって膨張し、パンのクラム（中身）に大きな穴があいた状態に焼き上がります。

きちんとガスを抜いたとしても、オーブンの熱の当たりが強いクラムの上部に大きいすだち（気泡の跡）ができることはありますが、多くなければそれほど問題はありません。

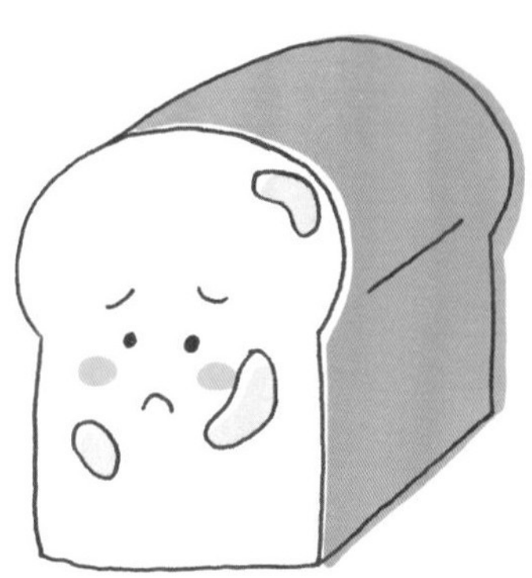

フランスパンのなぜ？

Q168 フランスパンの粉選びのコツは何ですか？

A たんぱく質量が約11・0〜12・5%程度のフランスパン用粉が適しています。

フランスパンの仕上がりは、クラスト（外皮）がパリッとして歯切れがよく、クラム（中身）はしっとりしていて、そこに独特の大小のすだち（気泡の跡）がいくつもできている状態が理想です。

このようなパンの質感は、生地のつながりを控えめにすることによって得られます。また、フランスパンはほぼ基本材料（小麦粉、水、イースト、塩）のみで作られており、シンプルな素材の味がベースになっています。そこに、生地の熟成によって得られる香りや風味、複雑な味わいが加わってこそ、素材の味が引き立つので、発酵を長時間行って熟成を進めます（Q172参照）。

このように発酵時間を長くとりながらも、生地のつながりを抑えるには、生地中にグルテンが過度にできないようにする必要があります。そのため、グルテンのもとになるたんぱく質の量がやや少なめの小麦粉が適しているのです。

フランスパン用粉（Q7参照）は、その名の通り、フランスパンを作るのに最適な専用粉です。たんぱく質を約11・0〜12・5%含んでおり、食パンやソフトなパンに適する強力粉に比べるとその量がやや少ないのが特徴です。また、灰分（かいぶん）の量が0・4〜0・55%程度と多く、それが味わい深さを生み出す要素のひとつになっています。

フランスパン用粉が手に入らない場合には、市販の強力粉に薄力粉を何割かブレンドし、強力粉よりもたんぱく質の量を減らして作ってみてください。フランスパン用粉を使った場合と全く同じ仕上がりにはなりませんが、それに近いものを目指して、焼き上がったパンの状態を見ながら、次に作るときにブレンドする粉の比率を調整するとよいでしょう。

Q169 フランスパンのミキシングで、生地をたたきつけないのはなぜですか？

A 生地のつながりを抑えるためです。

手ごねによるミキシングは、Q88で紹介した手順で行うのが基本ですが、パンの種類によって、たたきつける力や引っ張る力が違います。

フランスパンをフランスパンらしく仕上げるには、ほかのパンに比べて、生地のつながりを抑える必要があります（Q168参照）。それには、強力粉と比べてたんぱく質の量が少ないフランスパン用粉を使うほかに、生地をたたきつけないようにしてこねることもポイントになります。これは、ミキシングを弱めにして、グルテンができる量を控えめにしたいからです。

仮に、生地を何度もたたきつけるミキシングを行うと、グルテンがたくさんできて生地につながりができるため、クラスト（外皮）が薄く、クラム（中身）のきめが細かい、食パンのような食感のフランスパンになってしまいます。

Q170 オートリーズって何ですか？

A ミキシング途中で生地を休ませる、2段階ミキシング法です。

オートリーズとは、フランスパンの製法のひとつで、まず、小麦粉、水、モルトエキスを数分ミキシングしてから、そのまま20〜30分休ませ、次にイースト、塩を加えてさらにミキシングを行う2段階ミキシング法です。

小麦粉と水をある程度こねてから、いったん生地を休ませることによって、その間に生地の緊張がゆるみ、のびがよい状態に変化します。それから再びミキシングを行うと、生地に粘りが出てきます。これは、粘りと弾力があるグルテンが、生地中にきちんとできている証拠です。このようにオートリーズを行うと、ある一定の生地のつながりが得られながらも、のびがよい状態にこね上げることができます。

ミキシングをはじめるときは、モルトエキスも入れておくことがポイントです。モルトエキスには、アミラーゼというデンプンを分解する酵素が含まれており、それが生地を休ませている間に小麦粉のデンプンを麦芽糖に分解するのを促進します。それからイーストを加えるので、イーストがすみやかにアルコール発酵をはじめることができます（Q48参照）。

さらに、塩は最初から入れずに、オートリーズを行って生地を休ませた後に加えるようにします。塩にはグルテンの形成を促進する働きがあるため、フランスパンではグルテンが過剰にできないよう、後から加えるのです。

Q171 オートリーズ前にインスタントドライイーストを表面にふりかけるのはなぜですか？

A インスタントドライイーストを溶けやすくするためです。

イーストを加えるタイミングは、本来ならばオートリーズで生地を休ませた後ですが、本書では、小麦粉、水、モルトエキスをミキシングした後、インスタントドライイーストをふりかけてから、生地を休ませています。

本書で紹介したフランスパンのミキシング方法では、こねる時間が短いので、その間にインスタントドライイーストが溶けきらない可能性があります。そのため、あらかじめインスタントドライイーストを生地にふりかけておき、生地の水分を吸収させて、溶けやすくしているのです。

Q172 なぜフランスパンの発酵時間は長いのですか？

A 発酵中に蓄積する香りや風味を作り出す物質を多く得たいからです。

数あるパンの中でも、フランスパンは、小麦粉、水、イースト、塩という最もシンプルな材料で、そこから粉の持つ風味を最大限に生かす方法で作られています。イーストの量を少なめにし、長時間かけて発酵させるというのがその方法の特徴です。

イーストのアルコール発酵によって発生した炭酸ガスはパンを膨らませ、同時に発生したアルコールは香りや風味を生み出します。

また、小麦粉や空気中から混入した、乳酸菌、酢酸菌などが、それぞれ乳酸発酵や酢酸発酵を行って、乳酸や酢酸などの各種の有機酸を発生させます。有機酸は生地に味わい深さを与え、香りや風味となります。

パンを長時間かけて発酵させることによって、これらのアルコールや有機酸などをより多く生地に蓄積させて、粉の風味を生かしながらも、さらに味わい深い仕上がりにすることができます。（Q101「さらに詳しく」参照）。

Q173 棒状の成形がうまくいきません。

A 生地を前後に転がして、両端に向かって手を動かしながらのばします。

生地を細長くのばすには、コツがあります。生地に両手をかぶせるようにしてのせ、手のひらのつけ根と指先を台につけた状態で、前後に大きく動かして生地を転がします。生地を向こう側へ転がすときに少し押さえつけるようにして、手前に戻すときには軽く転がすだけにします。最初は生地の真ん中あたりに片手をのせてのばしはじめ、少し細くなったら両手をのせ、徐々に両端に向かって手を動かしながら、均一な太さになるようにのばしていきます。

生地を転がす回数は、最小限にとどめるように心がけましょう。転がす回数が多くなると、生地の表面にしわができたり、大きな気泡ができて、でこぼこします。

●転がすときの接触部分

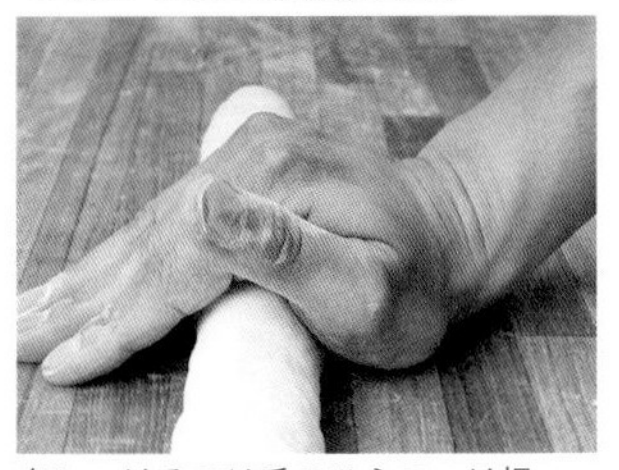

台につけるのは手のひらのつけ根と指先

●棒状の成形の手順

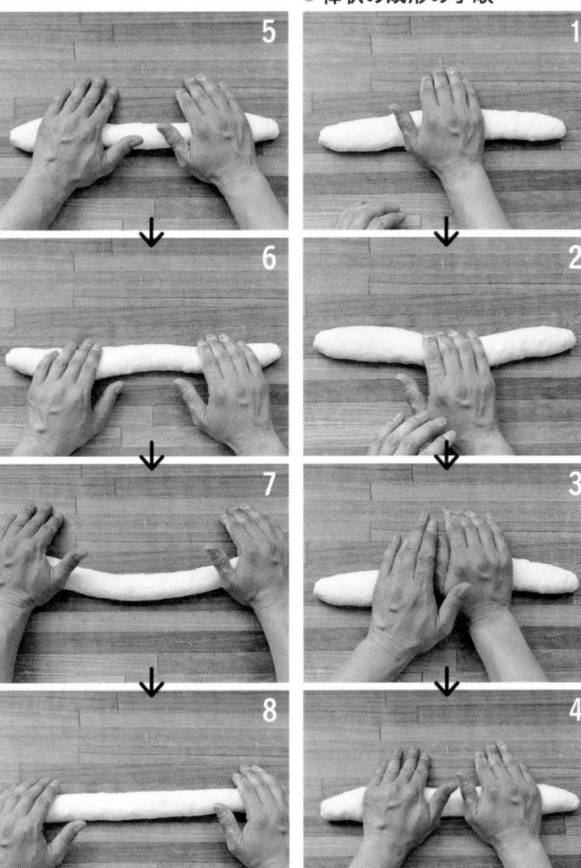

Q174 どうしてクープを入れるのですか？

A きれいな形に焼き上げるためです。

「クープ」とは、切り込みを意味するフランス語です。棒状のフランスパンには、数本のクープを入れます。

フランスパンのように、リーンなハード系のパンは、焼成時によく膨らむソフト系のパンに比べて生地ののびが悪いので、表面に切り込みを入れることによって、生地がのびるのを助けます。

また、クープを均一に入れておくと、焼成の段階で、生地の内部のガスが熱膨張して生地が膨らんでいくときに、切り込みから圧を逃して、きれいな棒状のパンに焼き上げることができます。

それと同時に、デザインの美しさにも、一役買っています。

Q175 クープは何本入れればいいですか？

A 特に決まりはありません。

棒状のフランスパンは、重さや長さ、形によって、いろいろな名前がついていますが（Q181参照）、フランスにおいてもクープの数に特に決まりはないようです。作る人の好みでパン全体にバランスよく入れるとよいでしょう。

本書のフランスパンは、家庭での作りやすさを考慮して、生地重量約220g、長さ25cm、クープ3本のものを紹介

●フランスパンの名前とクープの数の一例

名称	生地重量	焼成後の重量	長さ	クープの本数
ドゥ・リーヴル deux livres	950g	700g	50〜60cm	3〜4本
パリジャン parisien	650g	500g	60〜70cm	5〜6本
バゲット baguette	350g	250g	60〜70cm	7〜8本
バタール bâtard	350g	250g	35〜40cm	3〜4本
フィセル ficelle	140g	100g	40〜45cm	5〜6本

(右から)ドゥ・リーヴル、パリジャン、バゲット、バタール、フィセル

Q176 クープを入れるときのコツは何ですか？

A クープナイフをねかせてそぐようにして、すっと一気に切り込みを入れます。

クープナイフは軽く持ち、ナイフの先を生地に対して少しねかせるようにして当てて、すっと手前に引くようにして動かし、一気に切り込みを入れます。皮1枚をそぎ切るようなイメージで、深く切り込みすぎないように気をつけます。

フランスパンのクープはパンの長さに見合った本数で、斜めに、各クープの長さをそろえて、パンの端から端まで均等に入れます。次のクープを入れるときは、前のクープの後半1/3の部分が、次のクープの前半1/3の部分と重なるようにして、平行にずらして切り込みを入れます。

●クープナイフの持ち方

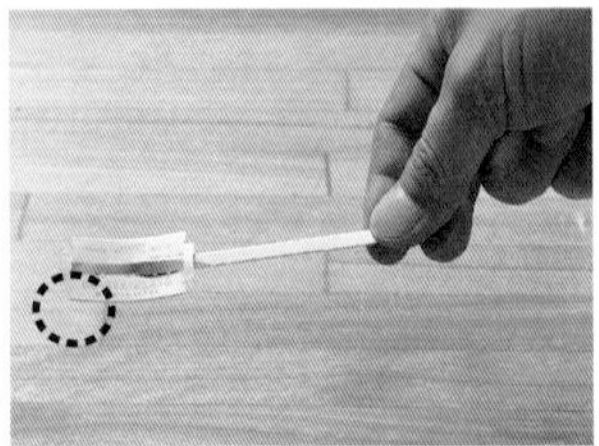
本書では、細長い金属板にカミソリの刃をセットしたものを使用。親指、人差し指、中指で柄の端を持ち、写真の点線囲み部分で切る

●クープの入れ方

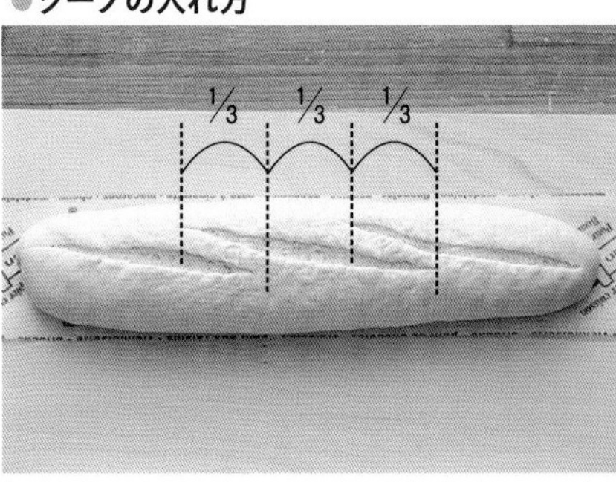

前のクープとの重なりは1/3くらい。クープ同士は平行になるように

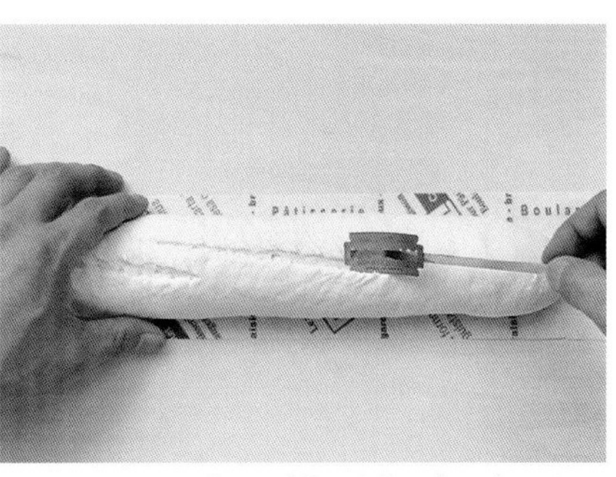

ナイフをねかせて当て、途中で止まらず、一気にすっと切り込む

Q177 クープをうまく割るにはどうしたらいいですか？

A 生地の状態、切り込みの深さ、霧吹きの量を調整します。

クープがきれいに開いた焼き上がりにするには、次のことが必要です。

①オーブンの中で生地がよくのびて膨らむ状態にする

(1)生地に適度なつながりを作ります。ほかのパンと比べてミキシングを短時間で行うとはいえ、ミキシングが弱すぎると、生地の中にグルテンが十分にできず、生地が膨らみにくくなります。

(2)生地の表面が張るように成形し、生地内で発生した炭酸ガスが外に逃げにくい状態を作ります。

(3)最終発酵を適正に行います。焼成の工程で、生地の内部が60℃に達するまでは、イーストがアルコール発酵を引き続き行って、炭酸ガスを発生させます。そのため、最終発酵は生地の膨らみがピークに達する少し手前で終えて、イーストの発酵力と、発生したガスを受け止めるための生地の弾力を、焼成まで残しておきます（Q111参照）。

②クープナイフがすっと入るように、生地の表面の状態を整える

(1)生地の表面が、乾いたり、湿りすぎないようにします。

(2)成形と最終発酵を適正に行うことによって、生地の表面に適度な張りを持たせます。

③クープを入れるときに、正しく切る

クープの切り込みの深さが、浅すぎたり、深すぎたりすると、クープが開きにくくなります。皮1枚をそぎ切るようなイメージで切り込みを入れます。

④焼成前に適度に霧を吹く

霧吹き（スチーム）の量が少なくても、多くても、クープが開きにくくなります。

成功例（右）
失敗例（左）はクープの開きが少ない

A Q178 クープを入れるときに注意する点は何ですか？

切り込みの角度、深さ、重なり方などがポイントです。

クープの成功例と失敗例を紹介します。

●クープの入れ方による焼き上がりの違い

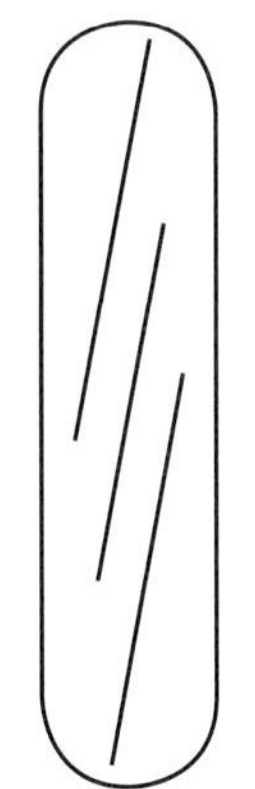

クープの重なりが多い

クープの重なりが少ない

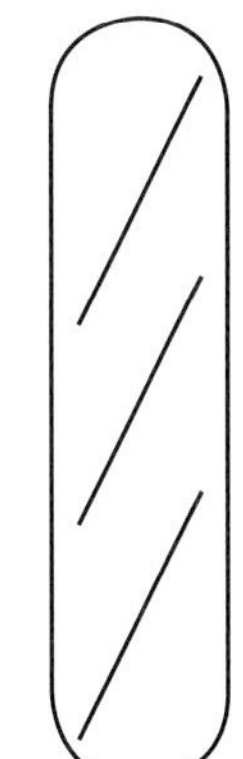

クープの角度が傾きすぎ

クープの切り込みが生地に対して垂直

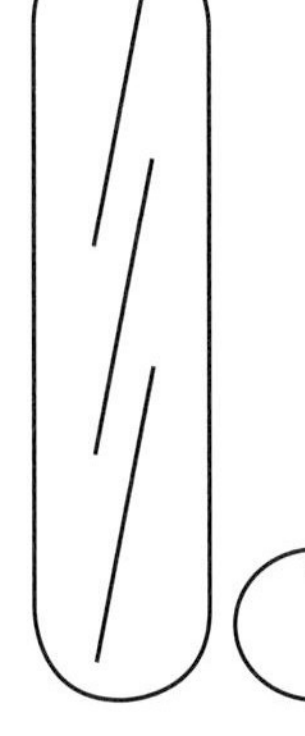

成功例
クープの重なりが⅓。クープの切り込みが生地に対して斜め

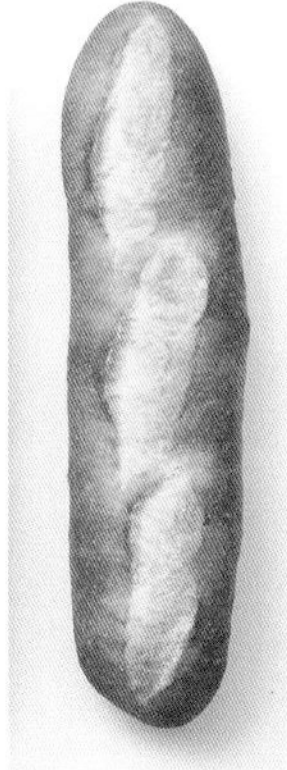

A Q179 クープが割れずに、底が裂けてきます。

生地がかたくて、のびが悪いなどの原因が考えられます。

フランスパンの底が裂けてしまい、クープもきれいに割れることなく焼き上がってしまった場合には、いくつかの原因が考えられます。

・生地の水分量が少なく、かたい。
・生地をこねすぎて、弾力が強い。
・成形で生地のとじ目がしっかりととじられていない。
・生地の表面が乾燥している。
・オーブンプレートにのせるときに、生地のとじ目が下になっていない。
・最終発酵が足りず、生地の弾力が強い。
・霧吹き（スチーム）の量が少ない。
次回は、これらのことに注意しながら作ってください。

Q180 1本のフランスパンでクープが割れるところと割れないところがあります。

A クープの入れ方や成形の仕方が、クープの開き具合に影響します。

焼き上がったフランスパンで、クープが割れた部分と、割れない部分がある場合は、クープの切り込みの深さやバランスが悪かったという理由がまず考えられます。また、生地を棒状にのばして成形するときに、力が均一にかかっていなかったり、同じ太さにのばせていないと、膨らみ方に差が出てしまい、クープの開き具合に影響します。

Q181 フランスパンにはどんな種類がありますか？

A 形状によって、呼び名が分かれています。

フランスパンは、同じ生地でも形や大きさによって、下記のようにさまざま名前がつけられています。

●フランスパンの生地で作るさまざまなパン

形状	名称	名称の意味
棒状	ドゥ・リーヴル deux livres	1kg（deuxは2つの、livreは500gという意味）
	パリジャン parisien	パリっ子、パリの
	エピ épi	麦の穂
	バゲット baguette	細い棒、杖（つえ）
	バタール bâtard	中間の
	フィセル ficelle	ひも
丸形	ブール boule	ボール
	クーペ coupé	切られた
	ファンデュ fendu	割れた
	タバティエール tabatière	嗅ぎたばこ入れ
	シャンピニョン champignon	きのこ

（右から）ドゥ・リーヴル、パリジャン、エピ、バゲット、バタール、フィセル

ブール

（右上から時計回りに）クーペ、ファンデュ、タバティエール、シャンピニョン

Q182
バターを冷たくしておく理由を教えてください。

A
ミキシング時間が長いので、生地の温度が高くなり、バターが溶けやすいからです。

ブリオッシュに配合するバターは、本書のように1cm角に切り分けて冷やしておくか、冷たいかたまりのまま麺棒でたたいて、冷たさを維持しながらもやわらかいという状態にしてから使うようにします。

本書で紹介したブリオッシュは、卵のほかに、小麦粉に対して50％ほどのバターを加えたリッチな生地です。はじめにバター以外の材料をミキシングしますが、卵や卵黄が入っているため、生地が非常にやわらかいのが特徴です。台にこすりつけながらこねていきますが、グルテンが形成されて弾力が出てくるまでには、ほかのパンに比べると比較的時間がかかります。

そして、柔軟なグルテンが十分に形成されてから、バターを加えるようにします（Q90「さらに詳しく」参照）。バターの量が多く、3回に分けて加えるので、バターを入れてからのミキシング時間がどうしても長くなります。ミキシングが長いと、生地の温度が上がりやすくなり、バターが溶けるおそれがあります。バターは液状になると、生地にうまく混ざっていきません（Q43参照）。

以上のような理由から、バターを冷たい状態で使い、ミキシングで生地のこね上げ温度が上がらないように注意します。

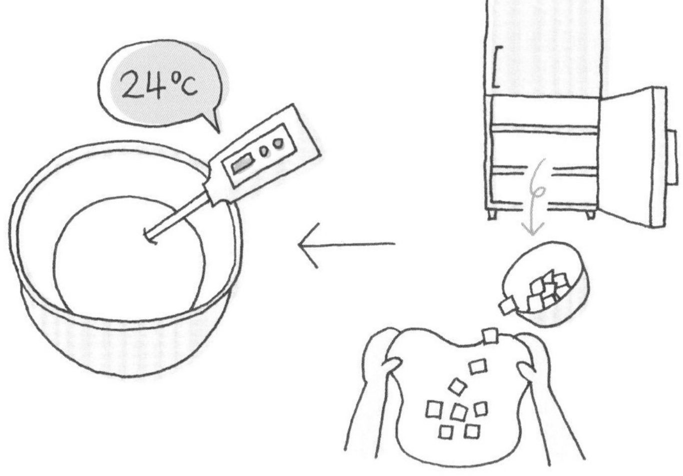

Q183
ブリオッシュのこね上げ温度が上がってしまいます。

A
バターだけでなく、ほかの材料も冷やすとよいでしょう。

ブリオッシュは、ほかのパンと比べてミキシング時間が長く、こね上げ温度が上がりやすいので、バターを冷たくしておきます。また、バターだけでなく、すべての材料を冷やしてから使うのも効果的です。

それでもこね上げ温度が高くなってしまいそうな場合には、こねている途中で氷水を入れたビニールなどを当てて、生地を冷やしてください。

Q184
ブリオッシュの生地を冷蔵庫で発酵させるのはなぜですか？

A
バターが多く生地がやわらかいので、冷やしてかたくします。

ブリオッシュは、卵、砂糖、バターの配合量が多い、リッチなパンです。バターを加える前の生地の状態も、卵や砂糖の多さからべたべたしますが、バターを入れた後にはよりやわらかくなって扱いにくくなります。さらに発酵で生地の温度が上がると、バターがやわらかくなることで、生地全体のやわらかさが助長され、その後の作業がしにくくなります。そのため、冷蔵庫で生地を冷やしてかたくするというのが、ブリオッシュを冷蔵発酵させる目的のひとつです。

本書では、28℃で30分発酵させた後、5℃で12時間冷蔵発酵させています。4℃以下にすると、イーストが休眠状態に入り、活動を停止してしまうので注意しましょう。反対に、冷蔵庫の温度が高い場合は、発酵が早く進むので、時間を調整してください。

Q185 ブリオッシュの生地をベンチタイムの前に押さえて平らにするのはなぜですか？

A 生地の厚みをそろえ、温度を均一に上げるためです。

多くのパンでは、生地を発酵させた後、分割し、丸めを行ってから、ベンチタイムをとります。生地を丸めると弾力が出るため、ベンチタイムで生地を休ませて弾力をゆるめ、成形しやすくしています。

しかし、ブリオッシュの場合は、バターの配合量が多い生地を冷蔵発酵させているので、発酵後の生地はかたく冷え固まって、弾力を失っています。

そのため、生地の扱い方とベンチタイムの目的が、ほかのパンとは異なります。ベンチタイムの間に、生地の温度を18～20℃くらいまでゆっくり上げて、生地の柔軟性やのびのよさを回復させて、成形しやすくするのです。

このとき、厚みをそろえるように平らに押さえてから、ベンチタイムをとります。このように生地を押さえて薄くしておくと、生地の表面と中心部で温度の差ができにくく、均一に戻ります。

Q186 ブリオッシュ・ア・テットの頭と胴体の境目がはっきりしません。

A 成形でくびれを上手に作れなかったことなどが原因です。

ブリオッシュ・ア・テットでは、大きな丸い生地（胴体）の上に小さい丸い生地（頭）がのっている状態に仕上げます。焼き上がりの頭と胴体の境目がはっきりしないという失敗は、成形の方法や生地の状態がよくなかったのが原因です。

成形では、丸めた生地にくびれを作って頭と胴体に分け、そのくびれの部分を生地がちぎれる寸前まで細くします。くびれが太かったり、短かったりすると、焼き上がりの頭と胴体の境目がはっきりしなくなります。

そのほかに、最終発酵の温度が高くて生地中のバターが溶けてしまったり、ミキシングが弱くて生地の膨らみが悪かったという、生地の状態に関する原因も考えられます。

成功例

頭と胴体の境目がはっきりしない

Q187 ブリオッシュ・ア・テットで、上部の頭が傾いて焼き上がったのはなぜですか？

A 胴体の生地に頭の生地を押し込む方法が適切でなかったためです。

成形で、丸めた生地にくびれを作り、頭と胴体に分けたら、胴体の生地を型に入れて、頭の生地を胴体の中心に押し込みます。頭を押し込む位置が中心からずれると、頭が

傾いて焼き上がってしまいます。

また、押し込んだときに、指先が型の底に当たるくらい深く押し込むこともポイントです。この押し込み方が足りないと、最終発酵で胴体の生地が膨らんだときに頭を押し出してしまい、結果として頭が傾いてしまいます。

頭の生地が傾いている

● 押し込むときのポイント

指3～4本でくびれの部分を持ち、型の底に指先が当たるまで、頭を押し込む

生地を持ち上げると、型の底が見えるくらいまでくぼんでいるのがわかる

クロワッサンのなぜ？

Q188 クロワッサンの層はどうしてできるのですか？

A 生地でバターを包み、のばしては三つ折りにするという作業を繰り返すからです。

クロワッサンは、パン生地と折り込み用バターの薄い層が、交互に何層にも重なっています。のばしたバターをパン生地で包み、次のように三つ折りを3回行って層を作るのが基本です。

①三つ折り1回目

はじめに、バターを正方形に薄くのばして、ひと回り大きくのばしたパン生地でバターを包みます。これでパン生地、バター、パン生地の3層になります。これをのばして三つ折りにすると、パン生地、バター、パン生地の3層を1組としたものが3組重なることになります。この際、折りたたんだときに接するパン生地同士はくっつきますから、パン生地とバターが7層に重なったものができ上がります。

②三つ折り2回目

次に①を三つ折りにすると、7層になった生地を1組としたものが3組重なり合いますから、パン生地とバターが19層重なります。

③三つ折り3回目

さらに②を三つ折りにすると、パン生地とバターが交互に55層にまで重なります。これをオーブンで焼くと、バターの層が溶けてなくなり、パン生地だけが層として残るので、焼き上がった層の数は28層になります。

最終的にはこの生地をのばし、端から巻いて成形するので、理論上ではさらに層が多くなります。しかし、実際のところは、折る回数が多くなって層が薄くなるほど、バターの層がのびきれずに分断されたり、バターと生地がなじんでしまうことでパン生地の層同士がくっつきやすくなり、計算よりは少ない層の数になってしまいます。

● 三つ折りの回数と層の数

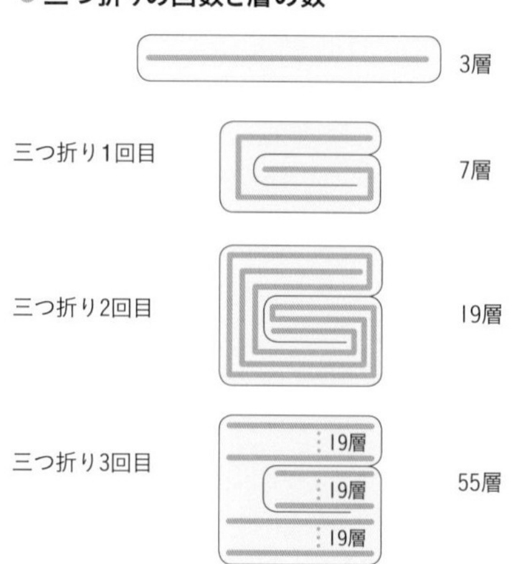

Q189 クロワッサンの生地を作るときの注意点は何ですか?

A 生地がやわらかくならないように注意します。

クロワッサンの生地をきれいな層状に仕上げるためには、折り込んだバターを冷たくてしなやかな状態に保ちながら作業することが大切です。

そのため、室温はなるべく低めに設定します。折り込み用バターを準備したり、パン生地でバターを包んでのばしたり折り込んだり、成形したりする作業は、生地の温度が上がらないように、手早く作業を進めるようにします。そして、バターがやわらかくなって生地がべたついてきたと感じたら、いったん冷凍庫で冷やすようにしてください。

Q190 バターをはじめから入れてミキシングするのはなぜですか?

A 生地の弾力を弱め、薄くのばしやすくするためです。

クロワッサンのパン生地は、折り込む作業を繰り返す工程で、グルテンがさらに形成されます。グルテンが多くできることで、薄くのばすのが難しくなったり、焼き上がりの食感がかたくなるので、グルテンの量を最小限にとどめることが必要です。

そのため、はじめに小麦粉とバターをすり混ぜ、小麦粉の粒子にバターをコーティングして、グルテンの形成に必要な水の吸収を抑えます。また、ミキシングはたたきつけずに行います。

Q191 クロワッサンの生地を冷蔵庫で発酵させるのはなぜですか?

A 折り込み用のバターがやわらかくなりすぎないようにするためです。

本書では、クロワッサンのパン生地は、26℃で約20分発酵させてパンチをした後、5℃の冷蔵庫で12時間かけてさらに発酵させます。冷蔵発酵が終わった時点の生地の温度は、5℃近くまで下がっています。低温で発酵させると、イーストの活動が鈍り、このように発酵に時間を要します。

生地を冷蔵庫で発酵させるのは、その後の折り込みの工程で、生地の温度が高いとバターがやわらかくなりすぎてしまい、きれいな層状に焼き上がらないからです。折り込みの作業中は、室温や手から伝わる熱によって、生地の温度がどうしても上がりやすくなるので、冷蔵庫で生地の温度をしっかりと下げてから作業を行うと、バターがやわらかくなりすぎるのを防ぐことができます。

Q192 折り込み用バターをのばすときに、四角くなりません。

A バターを粘土くらいのかたさになるまでたたいてから、四角くのばしてください。

クロワッサンの折り込み用バターを四角くのばす際に、冷たいかたまりのバターをそのまま麺棒でのばそうとしても、うまくのびていきません。そこでまず最初に、バターを麺棒でたたいてのばしやすいかたさにします。たたいているとバターの表面はすぐにやわらかくなってきますが、この時点ではまだ内部が冷たくかたいままです。全体が均一なかたさになるように、バターがある程度薄くなったら折りたたんでまとめ、再び麺棒でたたくという作業を何度か繰り返します。ややかためとはいえ、なんとかのびるようになったら、四角になるように意識しながら、麺棒で軽くたたいたりのばしたりするときれいに形作れます。

麺棒でたたいている際に、かたかったバターが、ある時点でまるで粘土のように自由自在にのばせるかたさに変化するのは、バターの性質（可塑性）によるものです。バターがこの性質を発揮できる理想的な温度帯は限られていて、13〜18℃といわれています。しかし、バターを生地に折り込む際には、生地とバターの層が常に一緒にのびていくかたさが理想で、そのためにはもう少し低い10℃程度のほうが作業しやすいでしょう。

Q193 バターがかたすぎてたたきづらいです。電子レンジに少しかけてもいいですか？

A かたすぎるという場合にはやむを得ませんが、なるべく低温で戻してください。

冷蔵庫の中でも特に冷気が強く当たるところでバターを保存していると、麺棒でたたいてのばすにしてはかたすぎる場合があります。

バターを適度なかたさに戻すには、冷蔵庫内でも温度が低すぎない場所に移して温度を上げるのが最もよい方法です。

とはいえ、作業をすぐに進めたいときには、室温で戻すこともあります。電子レンジで加熱するのはおすすめできませんが、バターが非常にかたい場合に限っては、やむを得ないでしょう。

ただし、電子レンジで加熱すると、バターが一瞬のうちに溶けてしまうという失敗が起こりやすいので、加熱はごく短時間にとどめてください。バターはひとたび溶けてやわらかくなると、粘土のようにのびる性質（可塑性）が失われてしまい、薄くのばすことができなくなってしまいます。

Q194 クロワッサンの層がきれいに出ません。

A バターの温度が高すぎたり、低すぎたりすると、のばすときに層が崩れます。

クロワッサンを、層がはっきりと出たきれいな焼き上がりにするためには、パン生地とバターの厚みが均一になるように折り込んでいくことが大切です。

それには、バターを適正なかたさに保つことが必要です。まずは、バターをパン生地と一緒にのびていきやすいかたさ（10℃前後）に調整します。そして、折り込み作業を手早く行い、バターをのばしやすい状態で維持します。

バターがかたすぎると、生地をのばしたときに、折り込んだバターがのびずに割れて層が分断されてしまいます。逆に、やわらかすぎると、とじ目から生地の外にはみ出してきたり、生地となじんでしまい、生地とバターが交互にきれいに重なった層ができなくなります。うまく層にならない原因は、どちらかといえば、バターがやわらかくなりすぎたことが影響しています。

あるいは、バターではなく、パン生地のほうに問題がある場合もあります。生地が過剰に発酵してしまうと、きれいな層になりません。

成功例（右）
失敗例（左）は層がつぶれてしまっている

Q195 クロワッサンの生地をのばしているうちにやわらかくなりました。どうしたらいいですか？

A 冷凍庫ですぐに冷やしてください。

クロワッサンの生地が、折り込みや成形の作業中にやわらかくなるのは、折り込んだバターがやわらかくなってきたためです。バターはひとたび溶けてしまうと、粘土のようにのびる性質（可塑性（かそせい））が失われてしまいます。冷凍庫でしばらく冷やして、バターの温度を下げてから、作業を再開してください。

Q196 最終発酵で油がにじみ出てきましたが、なぜですか？

A 最終発酵の温度が高すぎたからです。

クロワッサンなどのバターを折り込んだ生地は、バターが溶け出さないように、最終発酵の温度をほかのパンより低めの28～30℃に設定します。この温度が高すぎると、バターが溶けてオーブンプレートににじみ出てしまいます。そうなると、焼き上がりのボリュームが出ず、また、油っぽい味になります。

最終発酵の温度が高いと、油が溶け出てしまう

成功例（右）
油が溶け出た生地を焼いたもの（左）

Q197 折り込みの回数が違うと、仕上がりにどう影響しますか？

A 折り込み回数が少ないと層が荒々しくなります。多いと層がなじんではっきりしなくなります。

クロワッサンは、小麦粉の重量の約50％ものバターを用いて、パン生地とバターが交互に何層にも重なるように折り込みます。パイのように層が崩れるクロワッサンの食感は、焼成の段階で、バターの層が溶けて、その間にある生地が、まるでバターで揚げられるかのように焼き上がることによって生まれます。

折り込み回数によって、層の数と厚みが変われば、おのずと食感に違いが出てきます。三つ折りを3回行った生地は、焼き上がると28層になります（Q188参照）。クロワッサンはこの生地を端から巻いて成形しているので、理論上はもっと層が多くなりますが、実際のところは、層が薄くなると生地の層同士がくっつく部分が出てきて、ここまで多い層にはなっていません。

本書で、三つ折りを3回にして折り込んでいるのは、パイのように層がほろっと崩れるサクサクとしたもろさがありながら、パンのふんわりした食感を求めているからです。

同じ生地で三つ折りを2回に減らして作ると、焼き上がりが10層になる生地を巻いて成形していることになり、断面を比較すると1枚1枚の層が厚いのがわかります。その分、層がかためで、ザクザクとしたしっかりした食感になります。

折る回数を増やして、三つ折りを4回にすると、理論上、焼き上がりが82層になる生地を成形することになります。しかし、ここまで折り込むと、生地やバターの層が薄くなりすぎて、途中で生地とバターがなじんでしまいます。そのため、層がはっきりと形成されず、パイのようなサクサク感があまり感じられない、少しかためのパンのような食感になります。

いずれにしても折り込み回数は、作る人の好みによるところが大きく、三つ折り3回を基本としていますが、好きな折り込み回数で作ってもよいでしょう。

●三つ折りの回数による焼き上がりの比較

三つ折り4回　三つ折り3回　三つ折り2回

Q198 余ったクロワッサン生地は、どう使えばいいですか？

A 余り生地を切り分けて、一緒に巻き込むこともできます。

クロワッサンの成形では、長方形にのばした生地を、二等辺三角形に切り分けるので、必ず両端の生地が余ってしまいます。そのまま最終発酵させて焼くだけでもおいしく食べられますが、余った端の生地を細長く切り分けて、二等辺三角形の生地の底辺側にのせて、一緒に巻き込むという方法もあります。ただし、1個あたりの生地の量が増えるので焼成時間が多少長くなります。また、生地の大きさにばらつきがあると焼け具合にむらが出るので、余り生地は等分にのせてください。

●クロワッサンの切り分け方

余り

余り

二等辺三角形になるように切る

●余り生地の活用例

余った端の生地を細く切り、成形する生地にのせて、一緒に巻き込む

Q199 焼き上がったクロワッサンが裂けてしまいました。

A 成形するときにきつく巻きすぎたことなどが原因としてあげられます。

クロワッサンは、成形での生地の巻き方がきついと、焼成時に部分的に裂けてしまうことがあります。また、生地がかたかったり、最終発酵が不足した場合にも、裂けて焼き上がる可能性があります。

裂けて下層の生地が出てきている

パン・オ・ショコラのなぜ？

Q200 焼き上がりが傾いてしまったのはなぜですか？

A 生地をオーブンプレートにのせた後、上から軽く押さえなかったからです。

パン・オ・ショコラの成形では、生地でチョコレートを包み、とじ目を下にしてオーブンプレートに置き、上から軽く押さえるのがポイントです。とじ目は生地が重なり合っているので、生地を押さえておかないと、最終発酵でとじ目の部分が膨らみすぎて、焼き上がりが傾いてしまいます。

とじ目が膨らみすぎて傾いた

Q201 パン・オ・ショコラに市販のチョコレートを使ってもいいですか？

A 市販のチョコレートを使うと、焼成のときに溶け出してしまいます。

パン・オ・ショコラなどに、市販のスイートチョコレートを使うと、焼成のときにチョコレートが溶けてオーブンプレートに流れ出して、焦げてしまいます。スイートチョコレートは、50℃前後で完全に溶けてしまうからです。

業務用の専用のチョコレートは、溶けて流れ出したり、生地にしみ込んでしまわないように、油脂の含量を減らすなどの加工がされています。これは、製菓・製パン材料の専門店で手に入ります。

製菓用の板状のチョコレート（右）、
チョコチップ（左）

パンの誕生
～発酵種とは～

人類の歴史にパンが登場してから現在に至るまでの間、実に様々な方法でパンは作られてきました。

歴史上に最初に登場したパンは膨らんでいないパン（無発酵パン）で、粉と水をこねた生地を焼いただけのものでした。やがて、その生地に自然界に存在する酵母が混ざり込み、膨らんだ生地が誕生します。いつもと違う、この膨らんだ生地を焼いて食べてみたところ、いつもよりやわらかくて食べやすく、そのうえ消化もよかったようです。この膨らんだパンが現在につながるパン（発酵パン）の始まりです。

人々は、このパンが膨らむという不思議な現象を理解できないながらも、利用することを始めます。しかし、自然任せのこのパン作りは、ある時は膨らみ、またある時にはまったく膨らまず……と、実に不安定だったことでしょう。そんなある日、前日に作ってうまく膨らんだ生地の残りを、今日作る生地に混ぜてみたところ、見事に膨らんだのです。

半分くらいは想像で補ってはいますが、現在食べられているパンが誕生する流れとして大きく外れてはいないと思います。この「前日の残しておいた膨らんだ生地」が「発酵種」の原型と考えられます。

現在、発酵種の作り方は大きく２つに分けることができます。ひとつは、自然界に存在する酵母を利用する昔ながらの方法。もうひとつは工業的に純粋培養された市販のイーストを使用する方法です。どちらもあらかじめ発酵種を作り、発酵、熟成後に他の材料とともにミキシングして本生地を作り、再び発酵、熟成させてパンに焼き上げます。このパン作りの製法を発酵種法と呼びます。PART3では発酵種に関するＱ＆Ａ、２種類の発酵種と、それらを使ったパンを紹介します。

Q66 パンにはどんな製法がありますか？
➡P.148

PART 3

発酵種法のパンとQ&A

前もって発酵させた種を一緒にこねて、パンの生地を作る発酵種法。前章までに紹介したストレート法とは異なる製法です。この章では、まずQ＆A形式で発酵種やその製法について解説し、その後に発酵種を使った具体的なレシピを掲載することで、この製法の特徴をつかめるようにしています。

発酵種法はストレート法より、手間も時間もかかります。それでもパン作りが面白くなってきた人からすると、その手間暇も楽しく感じることでしょう。パン作りにこだわりたい、もっと違う感じのものが作りたい、そんなときに、ぜひこの作り方を試してみてください。

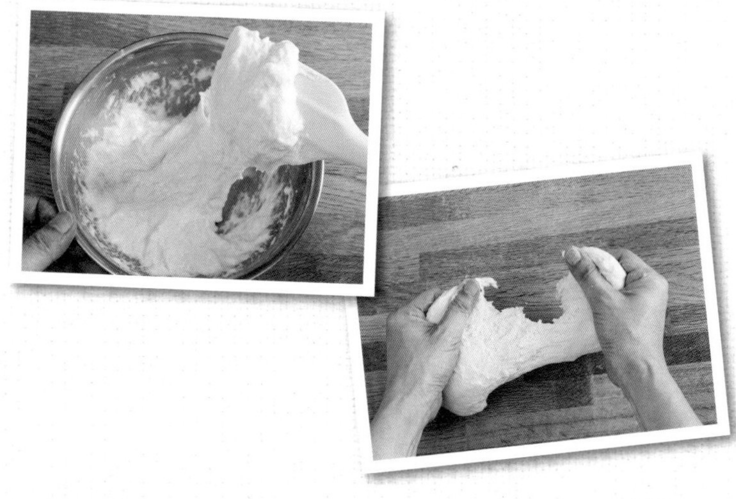

発酵種法と発酵種のなぜ

Q202 発酵種法とはどういう製法ですか？

A 発酵種を用意し、他の材料とこねてパンを作る製法です。

発酵種法とは、「前もって発酵、熟成させた種（発酵種）」を他の材料とこねて生地（本生地）を作り、その生地を発酵させて焼き上げまでを行う製法で、古来、作り続けられてきた製法といえます。

PART1で紹介したパンはすべてストレート法で作るパンで、一度にすべての材料をこねて発酵させて生地を作ります。ストレート法は、酵母の培養が可能となり、工業的にイースト（パン酵母）が生産・供給されるようになった近代に盛んとなった製法です。安定した発酵力を持つイーストが普及したことで、発酵種を作る必要がなく、簡便にパンを作ることができるようになりました。

しかし、発酵種を使用したパンには、ストレート法で作られたパンにはない長所も

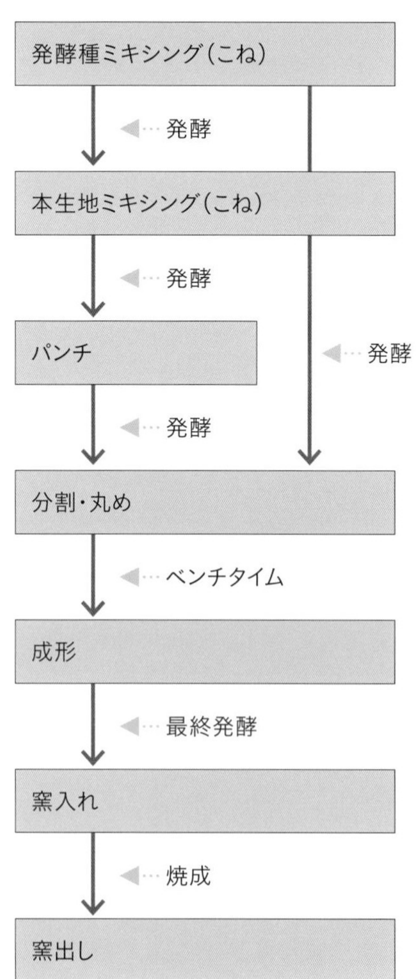

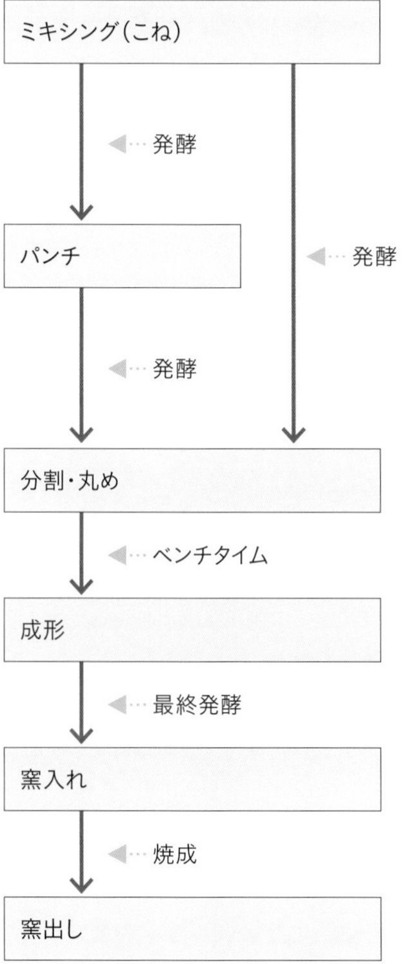

あり、現在も発酵種法によるパン作りは行われています。

ストレート法と発酵種法の工程の流れを図にしてみると206ページのようになります。

ストレート法と発酵種法の大きな違いは、一度にすべての材料をこねて発酵させて生地を作るストレート法に対して、発酵種法では、前もって発酵させた種を一緒にこねてパンの生地を作ることです。この種のことを「発酵種」、パン生地を「本生地」と呼びます（各工程の説明についてはQ65参照）。

Q203 発酵種って何ですか？どうやって作るのですか？

A 簡単に言うと、あらかじめ発酵、熟成させた種のことです。

発酵種とは、あらかじめ、小麦粉など穀物の粉と水、酵母をこねて、発酵、熟成させたものです。

そもそも世界では古くから、自然界に存在する酵母を利用した発酵種が作られ、それを使って様々なパンが作られてきました。

現在、発酵種の作り方は大きく2つに分けることができます。ひとつは、自然界に存在する酵母を利用する昔ながらの方法で、主に穀物、レーズンやりんごなどの果物が持つ酵母を、水分と適度な温度を保って自家培養し（種おこし）、それをもとに発酵種を作ります。この発酵種を特に自家製酵母種と呼んだりします。もうひとつはパン作りに適した酵母を工業的に純粋培養したもの（市販のイースト）を使用して発酵種を作る方法です。

どちらもあらかじめ発酵種を作り、発酵、熟成後に他の材料とともにミキシングして本生地を作り、再び発酵、熟成させてパンに焼き上げます。自家製酵母種は発酵力が弱く不安定で、作り手の経験にパンのでき上がりが左右されるため、本書では、市販イーストを使用した発酵種を紹介します。

Q204 発酵種にはどんな種類がありますか？

A 様々な発酵種がありますが、使用する酵母や生地の水分量で分けることができます。

パンを食べる世界の国々には、国ごとに様々な発酵種があります。Q203で発酵種の2つの作り方について触れましたが、歴史的にはまず、自然界の酵母を利用して発酵種が作られ、やがてそれに代わって、パン作りに適した酵母を工業的に純粋培養したもの（市販のイースト）で発酵種が作られるようになりました。

また、発酵種は生地の水分量による状態で2つの種類に分けることができます。ひとつは流動性を持たない「生地種」で、もうひとつは水分が多く流動性をもつ「液種」です。

本書では、液種の中からハード系のパン作りに適した「ポーリッシュ種」と、生地種の中から日本では主に大規模なベーカリーで使用されている「中種」を紹介します。

完成した液種（左）と生地種（右）

Q205 発酵種法の長所と短所を教えてください。

A 長所は発酵がもたらす効果をより多く得られること、短所は作る手間がかかることです。

発酵種法は、ストレート法に比べ、トータルの発酵時間が長くなるため、発酵がもたらす効果が多くなります（Q101参照）。

【長所】

・長い時間をかけて種を発酵、熟成させるので、乳酸や酢酸などの有機酸が多く発生し、特有の風味と酸味が生まれます。

・十分に発酵した種を本生地に混ぜ込むので、ストレート法に比べ、本生地のこね上がりから分割までの発酵時間が短くなります。つまり、前日に発酵種をあらかじめ作っておくことで、当日の作業時間が短くてすむということです。

・熟成した種を加えることで、のびのよい生地になってパンのボリュームが出やすくなります。

【短所】

・種を作る必要があり、発酵させる時間と場所、温度管理などが必要になります。

・種が十分に発酵、熟成していなければ、本生地を作り始めることができません。

・発酵させた種に代わりがないため、計量ミスなどで本生地作りに失敗するとやり直しがききません。

Q206 発酵種法で作ったパンの中には、酸味を感じるものがありますが、なぜですか？

A 発酵種の中に多くの有機酸が含まれているからです。

パンの材料となる粉にはもともと乳酸菌や酢酸菌が付着していて、空気中にも存在しています。発酵種法で作るパンは、種を長い時間かけて発酵させるので、これらの乳酸菌や酢酸菌などが増殖し、有機酸（乳酸や酢酸など）を多く発生させます。そのため種のpH（Q16参照）が酸性に傾き、強い酸性になるほど酸味が強くなります。その酸味のある種を使って本生地を作るので、焼き上がったパンも酸味を帯びたものになるのです。

Q207 発酵種を作るときに気をつけることはありますか？

A 特に温度管理が重要です。

発酵種はこね上がってから本生地のミキシングに使用するまで、比較的長い時間、発酵、熟成をさせます。発酵種がうまくできないとよいパンができないので、発酵種の温度管理が特に重要です。

ベーカリーなどプロの現場では、発酵専用の機器で温度管理がしっかりと行えますが、家庭ではなかなかそうもいきません。

本書では、発酵種としては比較的短時間で発酵が終わるので管理しやすく、その日のうちにパンが焼き上がる「中種」と、長時間発酵をさせるが、発酵の大部分を冷蔵庫で管理できる「ポーリッシュ種」を紹介しています。

中種はパン作りでよく使われる温度帯で管理するので、温度を一定に保つことができれば特に難しくはありません。ポーリッシュ種は温かいところで発酵させた後、冷蔵庫に移して長く発酵させますが、その温度には少し注意が必要です。というのも通常のイースト（パン酵母）は温度が4℃程度まで下がると休眠し、発酵がストップします。そのため、冷蔵発酵時にはイーストが休眠しない程度の温度の冷蔵庫に入れます。温かい状態から種の温度は徐々に下がっていき、その間にもゆっくりと発酵を続けていきます。

冷蔵発酵は、低温でイーストの活性を抑えながら長時間じっくりと発酵させることで種の中に多くの有機酸が発生し、それがパンに豊かな風味を与えます。もし、使用している冷蔵庫の温度が低すぎると、早くに種の温度が下がってしまい十分に発酵しない恐れがあります。逆に、温度が高すぎる場合は種の温度が下がりにくく、発酵が過剰に進んでしまう可能性があります。冷蔵庫の温度も発酵器などと同じと考え、使用時には温度計で確認してみましょう。

なお、本書のレシピでは、冷蔵発酵を5℃で18時間としています。イーストの活性が抑えられているため、急激に発酵が進んで状態が変わるわけではないので、種を使うタイミングが多少前後しても問題なく使用可能です。

また、種のミキシングについては、しっかりしたグルテンを作る必要はなく、材料が均一に混ざる程度でかまいません。

Q208 発酵種に調整水を入れるタイミングを教えてください。

A 最初からすべての水を入れます。

発酵種を仕込むとき、基本的に仕込み水から調整水を取り分けておく必要はありません。発酵種だけでパンにするのではなく、発酵後に他の材料と混ぜて本生地を作り、パンにします。ほとんどの場合、本生地のミキシング時にも水分が加えられるので、そこで生地のかたさを調節することができるからです。

Q209 発酵種を発酵させる容器に油脂は塗りますか？

A 基本的に塗る必要はありません。

発酵種はミキシングが弱いうえに、長時間発酵させるため、生地がやわらかくなり、グルテンのつながりも弱くなります。そのため発酵容器に油脂を塗っていても、容器にくっつきやすく簡単には離れません。油脂を塗っても効果がないのなら、塗る必要はないといえます。

Q210 発酵種法で作ったパンにボリュームが出ません。なぜですか？

A 発酵種の発酵不足や発酵過剰などが考えられます。

発酵種法で作ったパンの膨らみが悪いときには、次のような原因が考えられます。

・発酵種の発酵が足りなかった（発酵不足）。
・発酵種が発酵しすぎていた（発酵過剰）。
・本生地のミキシングで発酵種が均一に混ざっていない。

その他には、ストレート法とも共通しますが、Q150のような原因も考えられます。

Q211 ポーリッシュ種って何ですか？

A ポーランド発祥の液種の一種です。

ポーリッシュ種は、19世紀にヨーロッパであらわれたポーリッシュ法と呼ばれる、イースト（パン酵母）を使用した製法で使われる液種の一種です。ポーリッシュ（ポーランドの）の名の通り、発祥はポーランドで、オーストリアで発展し、後にフランスに伝えられたようです。

パンに使用する粉の20～40％程度を同量の水と少量のイーストを混ぜてペースト状にし、やわらかい液種を作ります。やわらかい液種は生地種に比べ短時間で発酵、熟成し、有機酸を多く発生するので、本生地に伸展性と香味成分を与えます。その結果、風味豊かでボリュームのあるパンが焼き上がります。本書では、家庭での種の管理のしやすさ、作業時間の効率のよさ（種を前日に仕込んでおける）から、冷蔵発酵のポーリッシュ種を紹介します。

Q212 ポーリッシュ種はどんなパンに使えますか？

A 主にリーンなハード系のパンに使用します。

ポーリッシュ種は、本書で紹介しているパン・ド・カンパーニュ（218ページ）以外にも、ハード系のパン全般に使用することができます。一例として、本書のフランスパン（58ページ）の配合を、ポーリッシュ種使用に変えたものを紹介します。

●ポーリッシュ種を使ったフランスパン

材料（2個分）	分量(g)	ベーカーズパーセント(%)
ポーリッシュ種		
フランスパン用粉	75	30
塩	0.5	0.2
インスタントドライイースト	0.25	0.1
水	75	30
本生地		
フランスパン用粉	175	70
塩	4.5	1.8
インスタントドライイースト	0.75	0.3
モルトエキス	1	0.4
水	105	42

※ポーリッシュ種の作業条件と作り方はP.216を参照
※以下は本生地の作業条件。本生地のミキシング～分割の前まではパン・ド・カンパーニュ(P.218)、分割以降はフランスパン(P.58)参照

本生地こね上げ温度	26℃
発酵	30分(28℃)+60分(28℃)
分割	2等分
ベンチタイム	20分
最終発酵	60分(32℃)
焼成	25分(240℃)

Q213 中種って何ですか？

A アメリカ発の生地種の一種です。

中種は一般的な発酵種に比べ、種に使用する粉の量が、粉総量（種と本生地の合計）の50～100％と多く、イーストの使用量も多めです。そのため、発酵時間が短く、炭酸ガスの発生量が多いのが特徴です。

中種を加え、強いミキシングを行うと、伸展性とガスの保持力に優れた生地になり、ボリュームのあるパンが焼き上がります。

もとは20世紀中盤にアメリカで開発された製法で、その後、日本に技術と工場設備が輸入され、中種法という名称で定着しました。主に大規模な製パン工場で使用される製法ですが、リテイルベーカリー（パンの製造と販売を行う街のパン屋さん）でも使われています。

Q214 中種はどんなパンに使えますか？

A 主にボリュームを出したいソフト系のパンに使えます。

中種はボリュームを出したいソフト系のパン全般に使用することができます。本書で紹介しているレーズンブレッド（228ページ）のような、型に入れて焼く、ソフト系のパンに向いています。一例として、本書の山食パン（38ページ）の配合を、中種使用に変えたものを紹介します。

●中種を使った山食パン

材料（1斤型1個分）	分量(g)	ベーカーズパーセント(%)
中種		
強力粉	175	70
インスタントドライイースト	2.5	1
水	112.5	45
本生地		
フランスパン用粉	75	30
砂糖	12.5	5
塩	5	2
スキムミルク	5	2
バター	10	4
ショートニング	10	4
水	70	28

※中種の作業条件と作り方はP.226を参照
※以下は本生地の作業条件。本生地のミキシング～分割の前まではレーズンブレッド(P.228)、分割以降は山食パン(P.38)参照

本生地こね上げ温度	28℃
発酵	40分(30℃)
分割	2等分
ベンチタイム	20分
最終発酵	60分(38℃)
焼成	30分(210℃)

パン・ド・カンパーニュのなぜ？

Q215 ライ麦粉をパンに使うとどうなりますか？

A ふんわりとしたパンはできませんが、かたくなりにくいです。

ライ麦は、粘弾性を持つグルテンを作るたんぱく質のうち、弾力を生み出すたんぱく質が小麦と比べると少なく、グルテンがほとんどできません。また、水となじみやすい性質を持つ物質（ペントザン）が多く含まれているので、水とこねるとベタベタと強い粘りのある生地になります。

そのため、ライ麦だけでパンを作るためには特殊な製法が必要なうえ、小麦パンに比べると膨らみが少なく、目が詰まった重たいパンになります。しかし、水分を多く含んでいるので、かたくなりにくいという特徴もあります。

ライ麦をパンに使いたい場合は、小麦粉の一部をライ麦粉に置き換える方法がおすすめです。膨らみやすくなるうえに、小麦だけでは出ない独特の香りと風味を持ったパンに焼き上がります。粉総量の20％程度までの置き換えであれば、作り方も大きく変わりません。ただし、生地がべたついて

扱いにくくなり、膨らみも悪くなることに注意が必要です（Q8参照）。

Q216 パン・ド・カンパーニュを作るときに必要な道具はありますか？

A バヌトンと呼ばれる発酵かごを使用します。

パン・ド・カンパーニュを作るときは、フランス語でbanneton（バヌトン）という、籐の枝で編んだパンの発酵かご（麻布などを張ったものが多い）を使用します。その目的は、パン・ド・カンパーニュのやわらかい生地の形を最終発酵時に保つためと余分な水分を吸収させるためです。成形したパン生地をバヌトンに入れる際に、生地がくっつかないように粉を振りますが、その粉が生地の表面について、焼き上がったパンに独特の見た目を与えます。

バヌトン

Q217 パン・ド・カンパーニュ用の発酵かごがありません。どうすればいいですか？

A 他の物で代用が可能です。

前項で説明したように本来は専用の発酵かごを使用しますが、家庭などで用意するのは難しいと思います。

代わりに、ザルや穴あきのボウルなどの通気性のある容器に、キャンバス地などの毛羽立ちのない布を敷いて使用します。使用するときは、専用の発酵かごのときと同様に、生地がくっつかないように粉を振ります。

穴あきボウルと、キャンバス地の布

粉を振って使用

Q218 パン・ド・カンパーニュのクープの入れ方を教えてください。

A 丸形のパンのクープは棒状のものとは異なります。

クープについてはQ174、入れ方はQ176でも触れていますが、パン・ド・カンパーニュのような丸形のパンのクープは少し異なります。クープナイフは軽く持ち、ナイフの刃は生地に対してねかせず垂直に当てて、パンの形に沿って浅く切り込みを入れます。皮1枚を切るようなイメージで、深く切り込みすぎないように気をつけます。

フランスパンのように、ナイフの刃をねかせて切り込むと、クープは切れ目からはがれるように開いて立体的になりますが、垂直に切り込むとクープは切れ目から平面的に広がります。

パン・ド・カンパーニュのクープの本数やデザインに決まりはありませんが、各クープの深さが均一になるように、気をつけます。

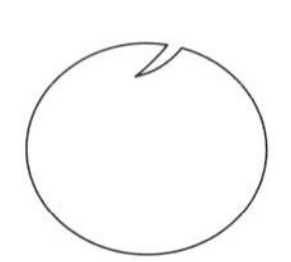

切り込みが生地に対して垂直

切り込みが生地に対して斜め

● クープのバリエーション

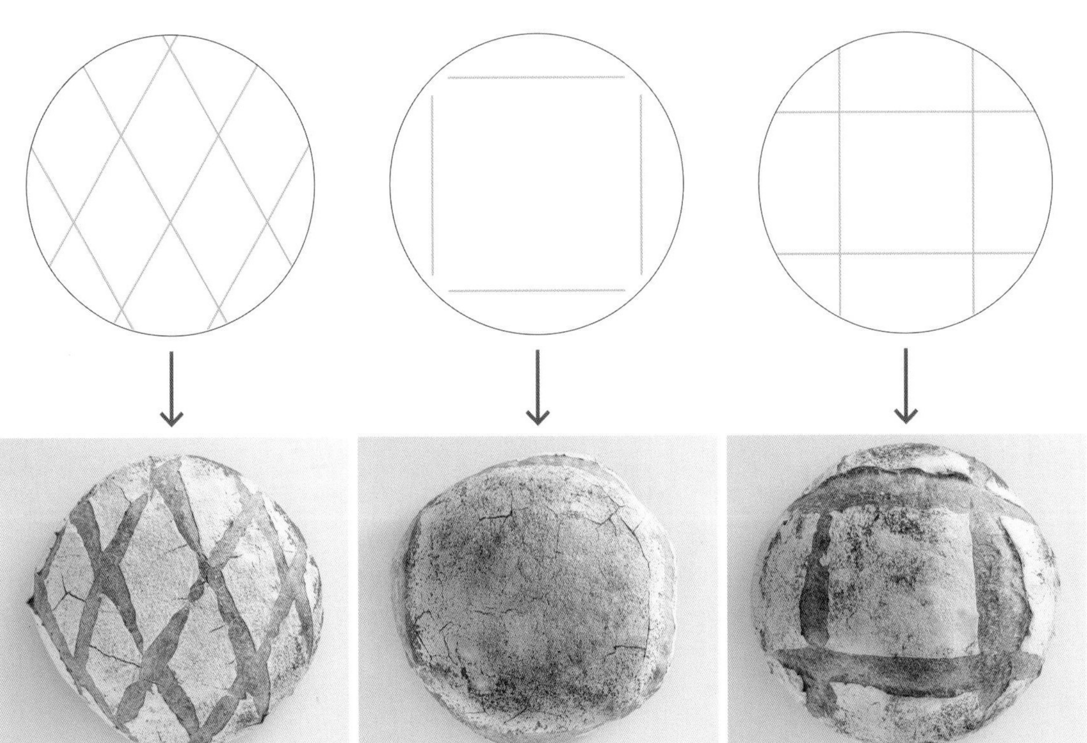

Q219 パン・ド・カンパーニュはどのくらい日持ちしますか？

A 常温で数日は日持ちします。

焼き上がってから常温で完全に冷ましたものを、乾燥しないように保存すれば、そのまま2～3日程度はおいしく食べることができます。ただし、パン・ド・カンパーニュのように大型のパンは、少しずつ切り分けて食べることが多いと思いますが、その際に素手で触ってしまうと、手に付着している雑菌などで傷みやすくなり、日持ちも短くなります。

Q220 ハード系のパンのミキシングは弱めにといわれるのはなぜですか？

A 一番の理由はおいしいパンにするためです。

フランスパンやパン・ド・カンパーニュなど、ハード系パンのクラム（中身）の気泡は、好みはありますが、不均一であることが一般的にはよいとされています。それは、もともとこれらのパンを作り食べている人々の、おいしいパンの基準のひとつだからです。

気泡を不均一にするためには、まず最初にミキシングを弱めにすることから始めます。その後は時間をかけて十分に生地を発酵させ、それ以降の工程では、生地に過度な力を加えないことが大切になります。

一方、気泡が均一なソフト系のパンの多くは、ミキシングをしっかりと行い、十分に発酵させ、それ以降の工程でもしっかりと生地に力を加えていきます。

ミキシングなどで生地に力がかかればグルテンが強化され、気泡の細かいパンになるので、まずはそのパンにあったミキシングをすることが大切です（Q90参照）。

しかし、手ごねでハード系のパンを作る場合は、ある程度しっかりとこねたほうがパンが膨らまなかったという失敗が少ないです。本書のパン・ド・カンパーニュでも、生地をしっかりとこねて、各作業も強めに行うことで、クラムの気泡は細かめですが、しっかりと膨らんだパンにしています。機械でこねる場合や、手ごねでもうまくできるようになれば、弱めのミキシングで、本来のパン・ド・カンパーニュらしい仕上がりにもチャレンジしてみてください。

ミキシング以外にも、パンのでき上がりに影響を与えるのが、グルテンのもととなる小麦粉に含まれるたんぱく質です。そのため、ハード系のパンにはたんぱく質含有量の少なめの小麦粉（フランスパン用粉など）、ソフト系には多い小麦粉（強力粉など）が主に使われるのです（Q6、7参照）。

レーズンブレッドのなぜ？

Q221 同じ角型パンの黒ごま食パンと焼成温度が違うのはなぜですか？

A レーズンは糖分が多く焦げやすいので、焼成温度を下げます。

レーズンブレッドは黒ごま食パン（50ページ）と比べ、生地の配合がリッチなうえ、甘いレーズンが入ることで生地全体の糖分も増えます。そのため焼成時に焦げやすいので温度を下げています。

砂糖や乳製品は焼き色に影響を与えるので（Q33、Q36参照）、焼成温度に注意が必要です。

Q222 食パン型に詰める生地の数は決まっていますか？

A 特に決まりはありませんが、数によってパンの状態が変わります。

本書では2つ（山食パン）と3つ（黒ごま食パン、レーズンブレッド）を紹介していますが、1つの場合や4つ以上型に詰める場合もあります。同じ大きさの型に総量が同じ重さの生地を入れる場合、分けて入れる生地の数が多いほど、パン全体の気泡の数が多くなって膨らみがよくなり、食感がソフトになります。また、生地全体の強度が増し、ケーブイン（腰折れ）も起こりにくくなります。

その理由はグルテンの働きにあります（Q3の「たんぱく質の働き」参照）。グルテンは小麦特有の物質ですが、力を加えると強化される性質を持っています。ひとつの生地を成形して強化されるグルテンよりも複数個を成形したグルテンのほうが、炭酸ガスの保持力も生地の骨組みとしての力も強くなります。

工程のなぜ

Q223 発酵以外で生地を冷やしたり温めたりすることはありますか?

A 発酵をコントロールするためや、スケジュール調整のために行うことがあります。

通常、クロワッサン(102ページ)やブリオッシュ(80ページ)などの特殊なものを除き、生地のこね上げから最終発酵までの間に、生地の温度を大きく変化させることはありません。では、どんなときに生地の温度を調節するのでしょうか。大きくは以下の2つが考えられます。

①生地のこね上げ温度が目標からずれたとき

この場合の対処法はQ96の通りですが、そもそもこね上げ温度が目標値になるよう調節すればよいので、こねている途中に生地を温度計で測り、こね上がったときに何℃くらいになるか予想します。低くなりそうなら、ポリ袋などに30℃程度のお湯を入れたもので、ミキサーボウルを温めながらこねます。ミキサーボウルが外から温められない場合や手ごねの場合は、生地に直接あてて温めます。反対に、こね上げ温度が高くなりそうなら15℃程度の水で冷やします。生地にポリ袋などを直接あてる場合は、くっつかないように注意します。また、温める場合も冷やす場合も生地の場所によって温度のむらができないように注意が必要です。

②オーブンで一度に焼くことができない量を仕込んでしまったとき

あらかじめ分かっていれば、成形や最終発酵の時間差でオーブンに入るまでの時間を調整することが可能です。

成形の時間差は発酵後の生地を分割して丸めた後、遅らせたいものを生地が乾燥しないようポリ袋などに入れ冷蔵庫で冷やします。生地の温度が下がることで、イーストの働きがゆっくりになります。しかし、冷やしすぎると成形しにくかったり、最終発酵がうまくいかないこともあるので、冷蔵庫に入れる時間は必要最小限にします。なお、逆に成形を早めるために生地を温めることはお勧めできません。生地を温めてしまうと発酵が早くに進みすぎ、本来の発酵で得られるはずの香りや風味が損なわれる恐れがあるためです。

最終発酵による時間差は、遅らせたいものを発酵器から早めに室温に出し、最終発酵を遅らせます。どの方法も生地の乾燥、冷えすぎに注意します。

これらの方法は実際に経験を積まないとうまくいきませんが、覚えておくとパン作りの幅が広がります。

材料

	ベーカーズパーセント(%)
フランスパン用粉	100
塩	0.7
インスタントドライイースト	0.3
水	100

※インスタントドライイーストは低糖生地用のもの。

下準備

- 水は調温する。Q80

こね上げ温度	25℃
発酵	180分(28℃)
冷蔵発酵	18時間(5℃)

ポーリッシュ種 Q211, 212

ポーリッシュ種で作る
パン・ド・カンパーニュ
→P.218

粉と水を1:1で混ぜて作る液種です。
少量のイーストを使って、
冷蔵庫で長時間発酵させます。

こね

1 ボウルに水、インスタントドライイーストを入れ、泡立て器で全体を混ぜ合わせる。Q26

※こね時間が短く、粉と合わせておくだけではインスタントドライイーストが溶けない可能性があるので、水に溶かして使う。

※このボウルで発酵させるので、発酵に適した大きさのボウルを選ぶこと。Q102

2 別のボウルにフランスパン用粉、塩を入れ、泡立て器で混ぜ合わせ、1に加える。

※粉に対する水分量が多いので、水に粉を加えたほうがダマになりにくく、混ざりやすい。

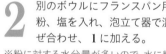

2分

3 へらで混ぜ合わせる。

※徐々に粉気がなくなり、生地がまとまってくる。

Q211 ポーリッシュ種って何ですか? ➡P.209

Q212 ポーリッシュ種はどんなパンに使えますか? ➡P.210

Q80 仕込み水の温度はどうやって決めたらいいですか? ➡P.152

Q208 発酵種に調整水を入れるタイミングを教えてください。➡P.209

Q26 インスタントドライイーストは水で溶いてもいいですか? ➡P.133

Q102 こね上がった生地を入れる容器の大きさはどのくらいがいいですか? ➡P.162

4 力を入れてさらに混ぜる。

※生地が徐々に重くなってくる。少し粘りが出たらこね上がり。

5 生地をへらですくい、状態を確認する。

※生地のつながりは弱いが、よくのびる状態がこね上がり。

Q77 **こね上げ温度って何ですか？**
➡P.151

Q96 **こね上げ温度が目標通りにならなかったら、どうしたらいいですか？**
➡P.159

6 ボウルの側面についた生地をきれいにかき落とし、生地のこね上げ温度をはかる。Q77 こね上げ温度の目安は25℃。Q96

発酵

7 発酵器に入れ、28℃で180分発酵させる。

冷蔵発酵

8 ボウルをポリ袋に入れて冷蔵庫に移し、5℃で18時間発酵させる。

※生地の乾燥を防ぐため、ポリ袋に入れる。

※冷蔵発酵前よりも、さらに膨らみ、膨らみ切った後に少ししぼんで、表面が少し落ちる。

ポーリッシュ種で作る

パン・ド・カンパーニュ

「田舎パン」という名を持つ、フランスの食事パンです。
表面は分厚く香ばしいクラスト、しっとりと噛みごたえのあるクラム。
生地にはライ麦を配合し、ポーリッシュ種が豊かな風味を与えます。

材料（直径約20cm 1個分）

	分量(g)	ベーカーズパーセント(%)
ポーリッシュ種		
フランスパン用粉	75	30
塩	0.5	0.2
インスタントドライイースト	0.25	0.1
水	75	30
本生地		
フランスパン用粉	150	60
ライ麦粉	25	10
塩	4.5	1.8
インスタントドライイースト	1	0.4
モルトエキス	1	0.4
水	120	48

※インスタントドライイーストは低糖生地用のもの。

下準備

- 水は調温する。Q80
- 本生地発酵用のボウルにショートニングを塗る。
- 発酵かごの準備をする。Q216, 217

ポーリッシュ種こね上げ温度	25℃
発酵	180分(28℃)
冷蔵発酵	18時間(5℃)
本生地こね上げ温度	26℃
発酵	80分(28℃)＋40分(28℃)
最終発酵	60分(32℃)
焼成	28分(230℃)

Q80 仕込み水の温度はどうやって決めたらいいですか？
➡P.152

Q216 パン・ド・カンパーニュを作るときに必要な道具はありますか？
➡P.212

Q217 パン・ド・カンパーニュ用の発酵かごがありません。どうすればいいですか？
➡P.212

Q215 ライ麦粉をパンに使うとどうなりますか？
➡P.211

Q47 モルトエキスって何ですか？
➡P.143

Q49 モルトエキスがなかったら、どうしたらいいですか？
➡P.144

ポーリッシュ種こね～発酵～冷蔵発酵

1 ポーリッシュ種（P.216）の1～8と同様にして、生地をこね、発酵、冷蔵発酵を行う。

本生地こね

2 ボウルにフランスパン用粉、ライ麦粉、Q215 塩、インスタントドライイーストを入れ、泡立て器で全体を混ぜ合わせる。

3 分量の水から調整水を取り分ける。残りの水のうち、少量をモルトエキスに加えて溶きのばす。Q47, 49

※モルトエキスは粘度があり、使用量もごく少量なので、溶け残りのないように指先でていねいに混ぜて溶かす。

4 3の調整水以外の水、溶きのばしたモルトエキスを1のポーリッシュ種に加える。

※ポーリッシュ種のボウルに水を加えると、ボウルとポーリッシュ種の間に水が入り、ポーリッシュ種がボウルからはがれて簡単に取り出せる。

5 4を2に加え、手で混ぜ合わせる。

※生地がまとまって、粉気がなくなるまで混ぜる。

6 生地を作業台に取り出す。ボウルについた生地もカードを使い、きれいにこそげ取る。

7 手を大きく前後に動かして、手のひらで生地を台にこすりつけるようにしてこねる。Q89,91

※水と粉はほぼ混ざっているが、場所によって生地のかたさにむらがある。まずは、全体が同じかたさになるように、ポーリッシュ種と他の材料をむらなく混ぜる。生地の見た目がなめらかになってくる。

Q89 手ごねのときに、生地を台にこすりつけたり、たたきつけたりするのはなぜですか？
➡P.155

Q91 手ごねでは、何分こねたらいいですか？
➡P.157

8 こねている途中で生地が台に広がりすぎたら、カードでかき集めてまとめる。カードや手についた生地も落とし、Q99再び台にこすりつけるようにしてさらにこねる。

Q99 手やカードについた生地をきれいに取るのはなぜですか？
➡P.160

Q83 調整水はいつ入れたらいいのですか？
➡P.153

Q84 調整水は全部使っていいですか？
➡P.153

9 生地のかたさを確かめ、3の調整水を加える。Q83,84

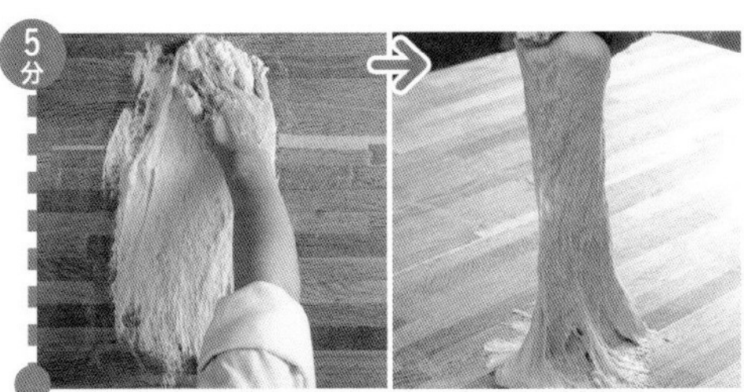

10 さらにこねていくと、生地の端の一部が少し台からはがれるようになってくる。台やカード、手についた生地をていねいに取り、生地をひとつにまとめる。

※粘りに加えて弾力が出てきて、生地がはがれるようになる。この状態になったら、たたきつけに移る。

11 生地を持ち上げて台にたたきつけ、手前に軽く引っ張ってから、向こう側に返す。

※生地を持ち上げるときは、手首を使って振り上げる。反動で生地がのびるので、それを台にたたきつける。

Q97 手ごねの途中で生地が締まってきて、うまくこねられません。
➡P.160

Q98 たたきつけてこねるときに、生地が破れたり穴があいたりします。
➡P.160

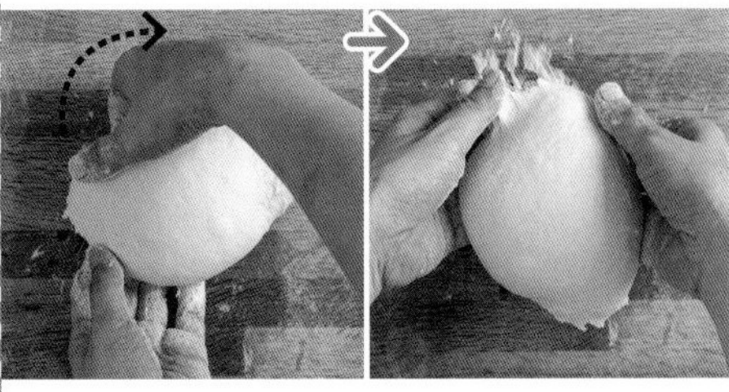

12 生地を持つ位置を90度変え、生地の向きを変える。

※たたきはじめは生地のつながりが弱く、ちぎれやすいので、たたきつける力加減に注意する。生地に弾力が出てきたら、強くたたきつけるようにする。Q97,98

13 11〜12の動作を繰り返し、台にたたきつけながら生地の表面がなめらかになるまでこねる。

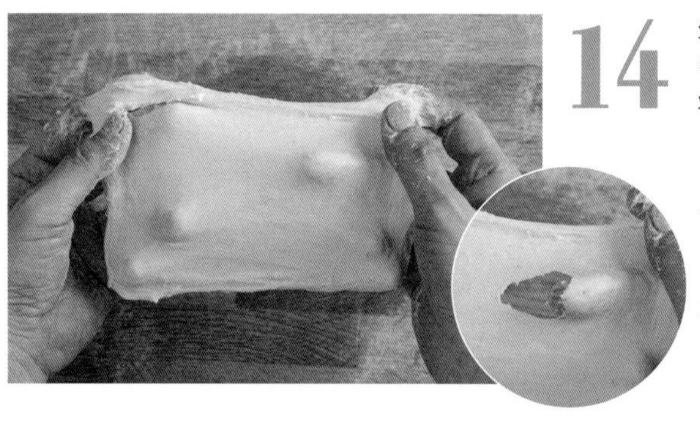

14 生地の一部を取って指先を使ってのばし、生地の状態を確認する。[Q93,95]

※生地につながりができ、のびるようになっているが、まだ少し厚みがある。こねることで生地に空気が入り、表面に小さな気泡が確認できれば、こね上がり。生地にあいた穴の縁はややギザギザしている。

Q93 生地のこね上がりはどのようにして確認すればいいですか？
➡P.158

Q95 こね足りなかったり、こねすぎたりするとどうなりますか？
➡P.159

15 生地をまとめ、両手で軽く手前に引き寄せ、生地の表面を張る。向きを90度変え、生地を引き寄せ、表面が張るように丸く形を整える。

16 ボウルに入れ、[Q102]生地のこね上げ温度をはかる。[Q77]こね上げ温度の目安は26℃。[Q96]

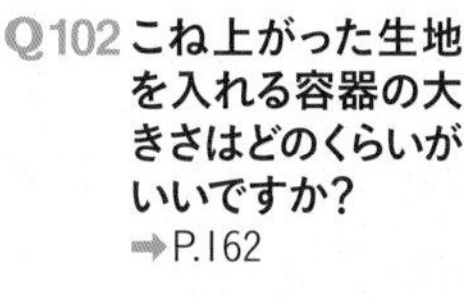

Q102 こね上がった生地を入れる容器の大きさはどのくらいがいいですか？
➡P.162

Q77 こね上げ温度って何ですか？
➡P.151

Q96 こね上げ温度が目標通りにならなかったら、どうしたらいいですか？
➡P.159

発酵

17 発酵器に入れ、28℃で80分発酵させる。

Q114 **パンチ（ガス抜き）をするのはなぜですか？**
➡P.167

Q63 **生地をのせる布はどのようなものが適していますか？**
➡P.147

Q115 **パンチをするときに押さえるようにするのはなぜですか？**
➡P.168

Q116 **パンチはどのパンも同じようにするのですか？**
➡P.168

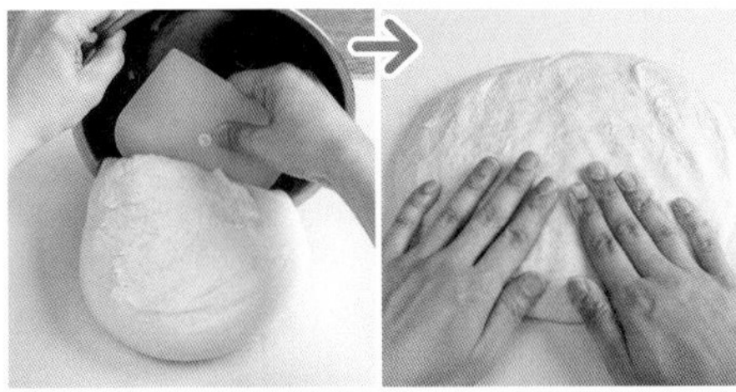

パンチ[Q114]

18 作業台に布を敷き、[Q63] 生地が裏返しになるようにボウルから取り出し、生地の中央から外側へと全体を押さえる。[Q115,116]

※パンチ、成形の工程で生地がべたつくようなときは、必要に応じて生地や台に打ち粉をする。

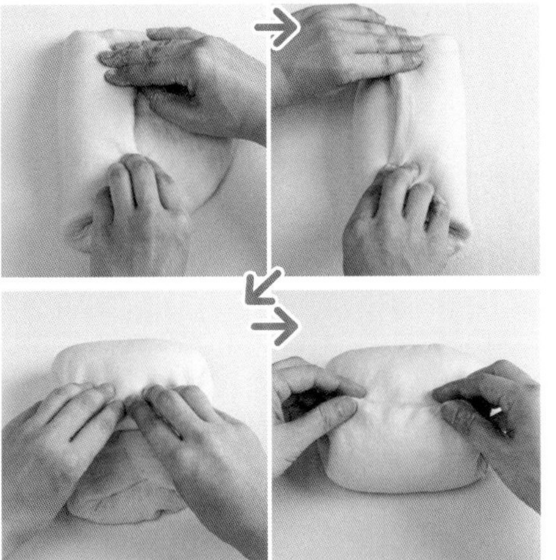

19 まず生地の左から1/3を折り返し、さらに右から1/3を折り返し、全体を押さえる。次に向こう側から1/3を折り返し、さらに手前から1/3を折り返し、全体を押さえる。

※ボリュームのあるパンにするため、しっかり押さえてガスを抜く。

20 生地を裏返してきれいな面を上にし、丸く形を整えてボウルに戻す。

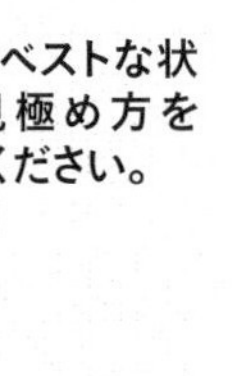

Q104 **発酵のベストな状態の見極め方を教えてください。**
➡P.162

発酵

21 発酵器に戻し、28℃でさらに40分発酵させる。[Q104]

成形

22 生地が裏返しになるようにボウルから取り出し、生地の中央から外側へと全体を押さえる。

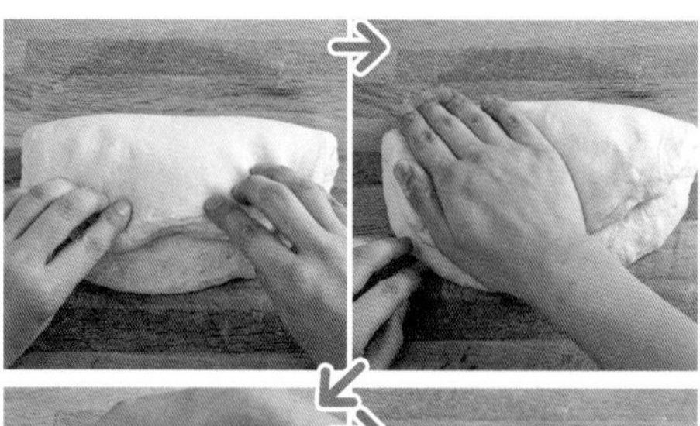

23 生地の向こう側から半分に折り返し、生地の端を押さえてくっつける。さらに左側から半分に折り返し、生地の端を押さえてくっつける。

※生地を折り返す際に、少しずらし重なっていない部分を残すと、生地と生地がくっつきやすい。

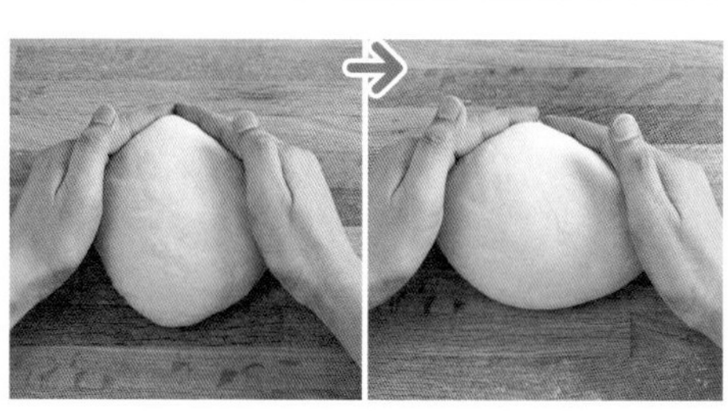

24 生地のきれいな面を上にし、両手で軽く手前に引き寄せ、表面を張る。生地の向きを90度変え、両手で軽く手前に引き寄せ、表面を張る。これを数回繰り返し、生地の表面を張りながら、丸く形を整える。途中、生地の表面に大きな気泡が出てきたら、軽くたたいてつぶす。

25 生地を裏返し、発酵かごに入れる。

最終発酵

26 発酵器に入れ、32℃で60分発酵させる。Q113

Q113 **最終発酵の見極め方を教えてください。**
➡P.166

焼成

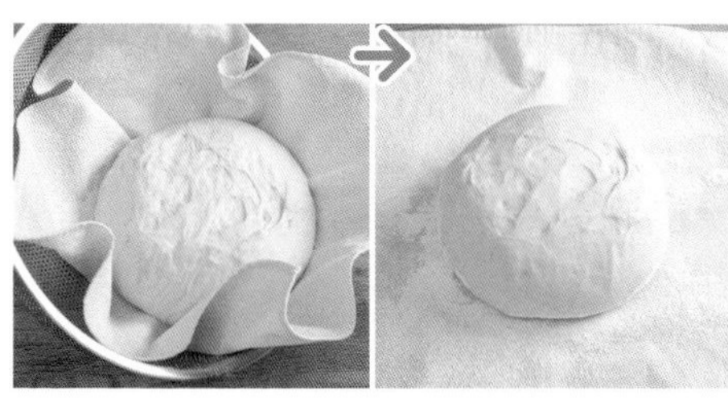

27 発酵かごに敷いた布ごと生地を取り出す。

28 オーブンプレートより少し小さめに切ったオーブンペーパーを生地にかぶせる。オーブンペーパーの上に手を添え、布の下に手を入れて生地をひっくり返し、布を外す。

※オーブンプレートへ移しやすいように、オーブンペーパーに生地をのせる。

※布が生地にくっついている場合があるので、確認しながらそっとはずす。

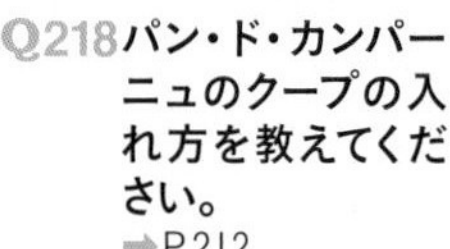

Q218 パン・ド・カンパーニュのクープの入れ方を教えてください。
➡P.212

29 板の上にのせ、生地の表面にクープを格子状に入れる。[Q218]

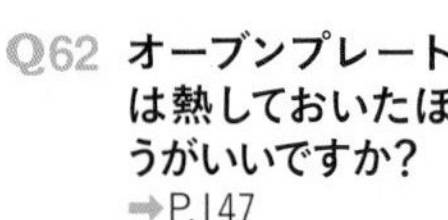

Q62 オーブンプレートは熱しておいたほうがいいですか？
➡P.147

Q139 霧を吹いてから焼くとどうなりますか？
➡P.177

Q145 レシピ通りの温度と時間で焼いたら焦げます。
➡P.180

Q147 焼成後すぐにオーブンプレートからはずしたり、型から出したりするのはなぜですか？
➡P.180

30 予熱の際に一緒に熱しておいたオーブンプレートの上に、[Q62]板を引くようにしてオーブンペーパーごと生地を静かにのせる。生地の表面がぬれる程度に霧を吹き、[Q139] 230℃のオーブンで28分焼く。[Q145]

※霧の量が少なすぎると、焼成中に生地表面が早く乾いて、パンのボリュームが出にくくなる。

31 オーブンから取り出し、クーラーにのせて冷ます。[Q147]

材料

	ベーカーズパーセント(%)
強力粉	100
インスタントドライイースト	1.5
水	65

下準備

- 水は調温する。Q80

こね上げ温度	25℃
発酵	90分(28℃)

中種 Q213, 214

中種で作る
レーズンブレッド
→P.228

パンに使う粉の50〜100%を使用して作る生地種です。
発酵種としてはイーストが多めのため、
比較的短時間の発酵で使うことができます。

こね

1 ボウルに水、インスタントドライイーストを入れ、泡立て器で全体を混ぜ合わせる。Q26

※こね時間が短く、粉と合わせておくだけではインスタントドライイーストが溶けない可能性があるので、水に溶かして使う。

2 強力粉を加えて、手で混ぜ合わせる。

※徐々に粉気がなくなり、生地がまとまってくる。

Q213 中種って何ですか?
➡P.210

Q214 中種はどんなパンに使えますか?
➡P.211

Q80 仕込み水の温度はどうやって決めたらいいですか?
➡P.152

Q208 発酵種に調整水を入れるタイミングを教えてください。
➡P.209

Q26 インスタントドライイーストは水で溶いてもいいですか?
➡P.133

3 生地を作業台に取り出し、ボウルについた生地もカードを使い、きれいにこそげ取る。

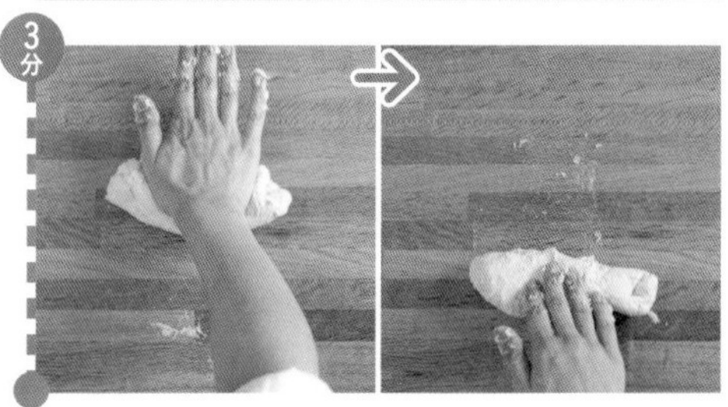

4 手を前後に動かして、手のひらで生地を台に押しつけるようにしてこねる。

※しっかりしたグルテンを作る必要はないので、生地がひとまとまりになればよい。

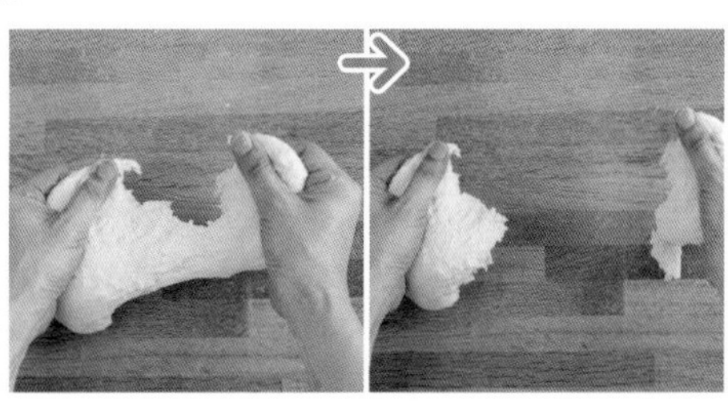

5 生地を引っ張って状態を確認する。

※生地のつながりは弱く、簡単にちぎれてしまうが、この状態でこね上がり。

6 カードや手についた生地も落とし、生地をまとめる。両手で軽く手前に引き寄せ、生地の表面を張る。向きを90度変え、生地を引き寄せ、表面が張るように丸く形を整える。

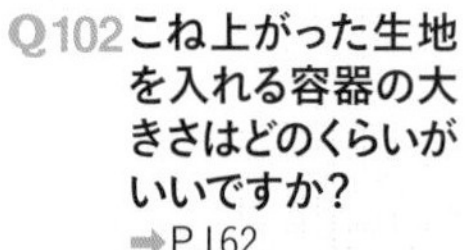

Q102 **こね上がった生地を入れる容器の大きさはどのくらいがいいですか？**
➡P.162

Q209 **発酵種を発酵させる容器に油脂は塗りますか？**
➡P.209

7 ボウルに入れ、[Q102,209]生地のこね上げ温度をはかる。[Q77]こね上げ温度の目安は25℃。[Q96]

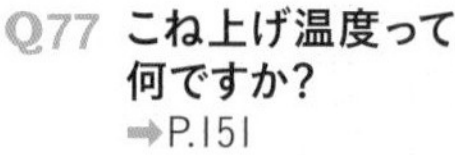

Q77 **こね上げ温度って何ですか？**
➡P.151

Q96 **こね上げ温度が目標通りにならなかったら、どうしたらいいですか？**
➡P.159

発酵

8 発酵器に入れ、28℃で90分発酵させる。

中種で作る

レーズンブレッド

普通の食パンとは違い、卵黄やバターを多く練り込み、レーズンをたっぷり加えた生地も
中種を使うことで、ソフトできめの細かいパンに焼き上がります。

材料（1斤型1個分）

	分量(g)	ベーカーズパーセント(%)
中種		
強力粉	140	70
インスタントドライイースト	2	1
水	90	45
本生地		
強力粉	60	30
砂糖	16	8
塩	4	2
スキムミルク	4	2
バター	20	10
卵黄	16	8
水	52	26
カリフォルニアレーズン	100	50

※1斤型の容積は1700㎤ Q159

下準備

- 水は調温する。Q80
- バターは室温で戻す。Q42
- 本生地発酵用のボウル、型にショートニングを塗る。
- カリフォルニアレーズンはぬるま湯でさっと洗い、Q53 ざるに上げて水気をしっかりと切る。

中種こね上げ温度	25℃
発酵	90分（28℃）
本生地こね上げ温度	28℃
発酵	40分（30℃）
分割	3等分
ベンチタイム	20分
最終発酵	50分（38℃）
焼成	30分（200℃）

Q159 レシピと同じサイズの食パンの型がありません。
➡P.185

Q80 仕込み水の温度はどうやって決めたらいいですか？
➡P.152

Q42 バターを室温で戻すとは、どんな状態になればいいのですか？
➡P.141

Q53 レーズンをぬるま湯で洗ってから使うのはどうしてですか？
➡P.144

Q158 食パンにたんぱく質の量が多い強力粉を使うのはなぜですか？
➡P.185

中種こね〜発酵

1 中種（P.226）の1〜8と同様にして、生地をこね、発酵を行う。

本生地こね

2 ボウルに強力粉、Q158 砂糖、塩、スキムミルクを入れ、泡立て器で全体を混ぜ合わせる。

3 1の中種を加え、カードで刻む。

※ほかの材料と早く均一に混ざるように小さく刻む。

4 分量の水から調整水を取り分け、[Q78] 残りの水に卵黄を加えて混ぜる。

※卵黄は生地に大きな影響を与えるので、へらなどを使って残さず加える。

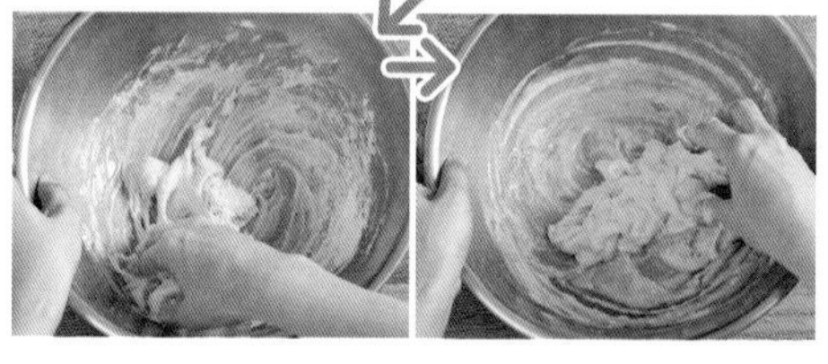

5 4の卵黄を加えた水を3に加え、粉気がなくなるまで手で混ぜ合わせる。[Q86]

6 生地を作業台に取り出す。ボウルについた生地もカードを使い、きれいにこそげ取る。

10分

7 手を大きく前後に動かして、生地を台にこすりつけるようにしてこねる。[Q89, 91]

※台に取り出したときは、生地の材料は混ざっていないので、まずは全体が均質になるようにこねる。

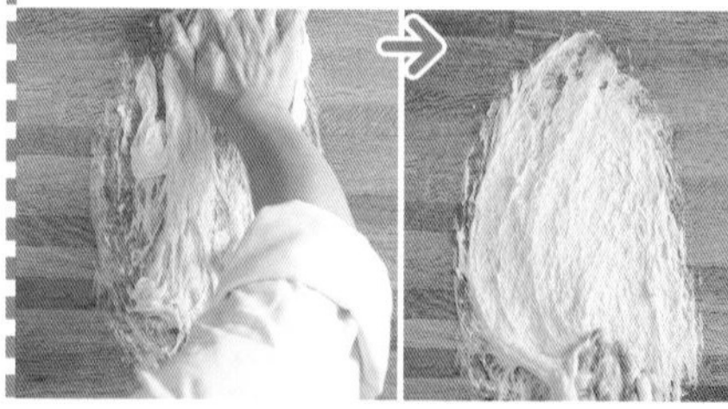

8 徐々に生地がなめらかな状態になってくる。

※生地のかたさにむらがなくなり、見た目もなめらかな状態になるにつれ、生地がやわらかく感じられる。さらにこねていくと、生地は粘りを増し、重くなってくる。

9 途中で生地のかたさを確かめ、4の調整水を加えて[Q83, 84] さらにこねる。

※こねている途中で生地が台に広がりすぎたら、カードでかき集めてまとめる。カードや手についた生地も落とし、[Q99] 再び台にこすりつけるようにしてさらにこねる。

Q78 仕込み水、調整水って何ですか?
➡P.152

Q86 水を加えたら、すぐに混ぜたほうがいいですか?
➡P.154

Q89 手ごねのときに、生地を台にこすりつけたり、たたきつけたりするのはなぜですか?
➡P.155

Q91 手ごねでは、何分こねたらいいですか?
➡P.157

Q83 調整水はいつ入れたらいいのですか?
➡P.153

Q84 調整水は全部使っていいですか?
➡P.153

Q99 手やカードについた生地をきれいに取るのはなぜですか?
➡P.160

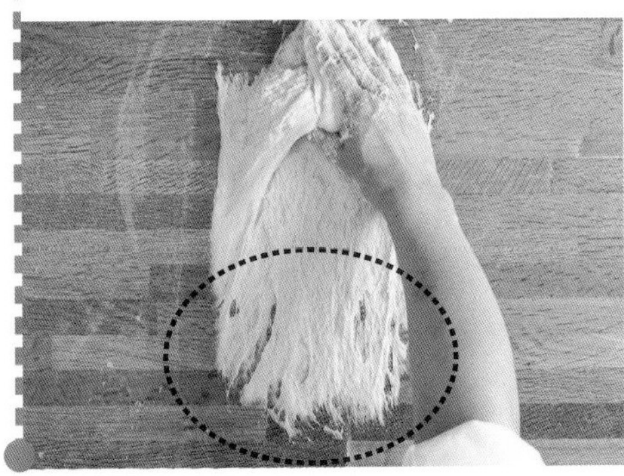

10 さらにこねていくと、生地の端の一部が台からはがれるようになってくる(写真の点線囲み部分参照)。

※粘りに加えて弾力が出てきて、生地がはがれるようになる。この状態になったら、たたきつけに移る。

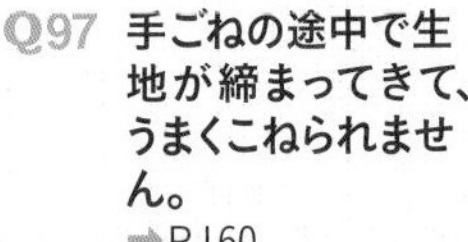

Q97 手ごねの途中で生地が締まってきて、うまくこねられません。
➡P.160

Q98 たたきつけてこねるときに、生地が破れたり穴があいたりします。
➡P.160

11 山食パン(P.38)の**11**〜**14**と同様にして、台にたたきつけながら生地の表面がなめらかになるまでこねる。[Q97,98]

12 生地の一部を取って指先を使ってのばし、生地の状態を確認する。

※生地につながりができ、のびるようになっているが、まだ少し厚みがある。こねることで生地に空気が入り、表面に小さな気泡が確認できる。

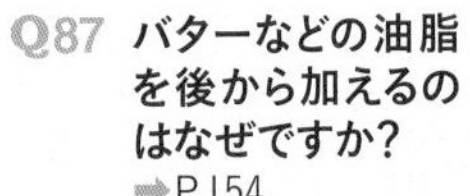

Q87 バターなどの油脂を後から加えるのはなぜですか?
➡P.154

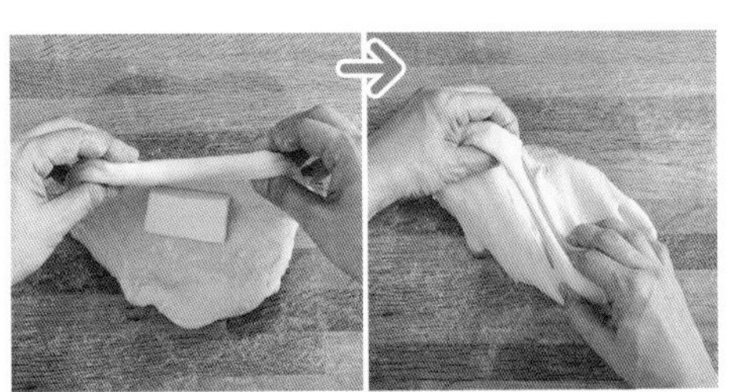

13 生地をまとめ、押さえて広げる。バターをのせて生地を半分に折りたたみ、両手で引きちぎる。[Q87]

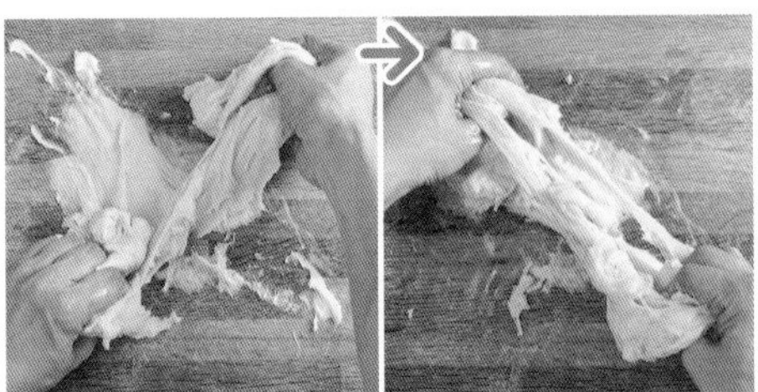

14 生地が細かくなるまで、引きちぎる動作を繰り返す。

※生地を細かくして表面積を増やすことで、バターと生地が混ざりやすくなる。

15 細かくなった生地を台にこすりつけるようにしてこねる。

※細かかった生地は徐々にひとまとまりになってくるが、バターが入っているので生地がすべって台にくっつきにくい。

16 さらにこねると徐々に台にくっつくようになってくる。生地の端の一部が台からはがれるようになるまでこねる。

※生地が台からはがれるようになったら、たたきつけに移る。

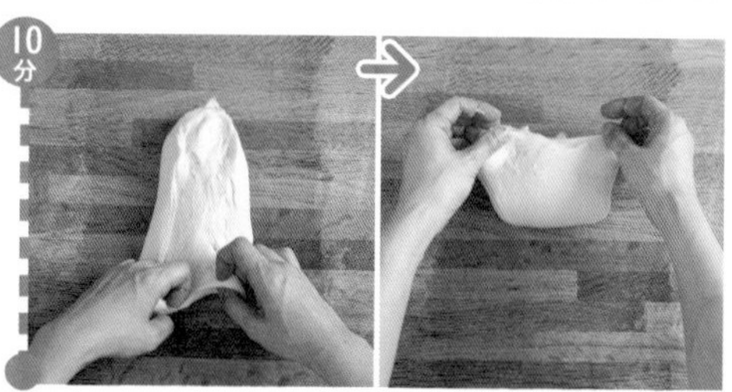

17 台やカード、手についた生地をひとつにまとめ、山食パン(P.38)の**11**～**14**と同様の方法で、再び台にたたきつけてこねる。

※生地が台からきれいにはがれるようになり、表面がなめらかになるまでしっかりとこねる。

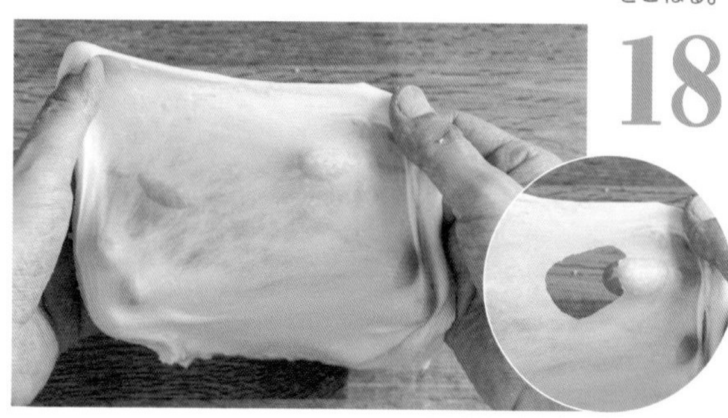

18 生地の一部を取って指先を使ってのばし、生地の状態を確認する。Q93, 95

※バターを入れる前は少し厚みのあった生地が、指紋が透けて見えるくらい薄くのびるようになったらこね上がり。生地にあいた穴の縁はなめらかな状態がよい。

Q93 生地のこね上がりはどのようにして確認すればいいですか?
➡P.158

Q95 こね足りなかったり、こねすぎたりするとどうなりますか?
➡P.159

19 生地を広げ、レーズンの半量を散らす。生地を向こう側から⅓折り返し、残りのレーズンを散らす。生地を手前からも折り返し、レーズンを包み込む。

20 生地を引きちぎるようにしながら、レーズンを生地全体に均一に混ぜ込む。

21 生地をこねるようにしてまとめる。

※レーズンを混ぜ込む際に生地を引きちぎっているので、まとめるために軽くこねる。

22 両手で軽く手前に引き寄せ、生地の表面を張る。向きを90度変え、これを数回繰り返し、丸く形を整える。

23 ボウルに入れ、[Q102]生地のこね上げ温度をはかる。[Q77]こね上げ温度の目安は、28℃。[Q96]

Q102 こね上がった生地を入れる容器の大きさはどのくらいがいいですか?
➡P.162

Q77 こね上げ温度って何ですか?
➡P.151

Q96 こね上げ温度が目標通りにならなかったら、どうしたらいいですか?
➡P.159

発酵

24 発酵器に入れ、30℃で40分発酵させる。[Q104]

Q104 発酵のベストな状態の見極め方を教えてください。
➡P.162

分割〜丸め

25 山食パン(P.38)の**31**〜**33**と同様の方法で生地を3等分にする。[Q120] **34**〜**36**と同様にして生地を丸め、[Q124]布を敷いた板の上に並べる。

Q120 分割するときに、カードなどで押し切るのはなぜですか?
➡P.169

Q124 丸めるときに生地の表面を張るのはなぜですか?
➡P.171

ベンチタイム[Q128]

26 発酵器に戻し、20分休ませる。[Q130]

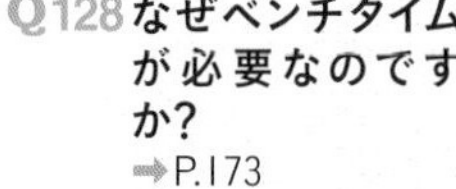

Q128 なぜベンチタイムが必要なのですか?
➡P.173

Q130 ベンチタイム終了の見極め方を教えてください。
➡P.174

成形

27 山食パン（P.38）の**40**～**47**と同様にして、生地を成形する。[Q132]巻き終わりを下にして、[Q133]3個の生地を型に入れる。

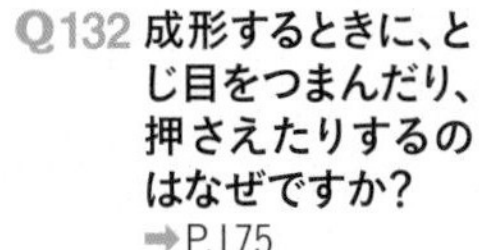

Q132 成形するときに、とじ目をつまんだり、押さえたりするのはなぜですか？
➡P.175

Q133 とじ目を下にして生地を並べるのはなぜですか？
➡P.175

最終発酵

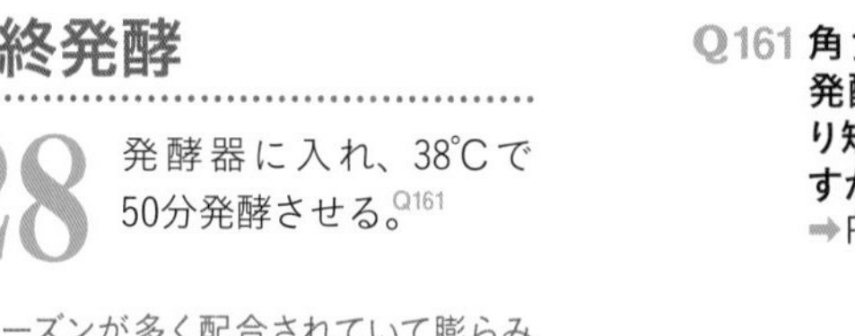

28 発酵器に入れ、38℃で50分発酵させる。[Q161]

※レーズンが多く配合されていて膨らみが悪いので十分に発酵させる。生地の一番高い部分が型の高さの八分目まで膨らんでいるのが目安。

Q161 角食パンの最終発酵が山食パンより短いのはなぜですか？
➡P.186

29 型に蓋をしてオーブンプレートにのせ、200℃のオーブンで30分焼く。[Q145]

Q145 レシピ通りの温度と時間で焼いたら焦げます。
➡P.180

焼成

30 オーブンから取り出して蓋を取る。板の上に型ごと打ちつけて、[Q165]すぐに型から出す。[Q147, 148]

31 クーラーにのせて冷ます。

Q165 食パンを焼き上がり直後に台に打ちつけるのはなぜですか？
➡P.187

Q147 焼成後すぐにオーブンプレートからはずしたり、型から出したりするのはなぜですか？
➡P.180

Q148 型から抜けないのは、どうしてですか？
➡P.181

索引

※ひとつの言葉につき複数のページを記載している場合がありますが、太字がその言葉を詳しく解説しているページです。
※オレンジ字はレシピページです。

『増補版 パンづくりに困ったら読む本』
おわりに

『パンづくりに困ったら読む本』の出版からおよそ10年の月日が経ちました。ひとつのパンにじっくりと向き合うこと、そして製パン科学の基礎を身につけることが、パン作り上達の近道との思いから制作した本書でしたが、その分、掲載されているレシピは少なく、家庭向け製パンの本としては、かなり異色だったことも事実です。

しかしながら、多くの読者から「プロセスの写真が細かくわかりやすいので、その通りに作ったら、これまでで一番のパンが焼けました」「今までなぜそうするのか、なぜこうなるのかわからなかったことが理解できました」と言っていただき、パン作りを楽しむ方々の一助となれたことを著者として大変うれしく思っておりました。

そのような中、ありがたいことに増補版のお話をいただき、どのようなテーマを扱うとよいのか、読者の方が必要とする情報はどんなものか、製パンの道を志す学生たちを指導する私たちだからこそ伝えられることは何かと考え、今回、「発酵種法」を取り上げることにしました。

もともと本書のレシピや内容は、初心者の方にもわかりやすく手軽に作れるストレート法に絞って書いたもので、パン作りに慣れてくると他の製法にも興味がわくのではないかと思ったことも大きな理由です。

家庭でパンを作る人にとって発酵種法で作るパンは、一度のミキシングで生地が完成し、工程がシンプルなストレート法と違い、「作るのに長い時間がかかりそう」「生地の管理が大変そう」「手間が増えそう」など、ハードルが高く感じられ、今まで作ったことがない方も多いのではないでしょうか。

発酵種法で作るパンにはストレート法にはないよさがあります。長い時間をかけて発酵・熟成させた独特の風味が生まれ、種を加えることでのびやかで扱いやすい生地になり、パンのボリュームも出やすくなります。この機会にぜひ一度チャレンジしてみてください。シンプルなストレート法とは違い、少し面倒に感じるかもしれませんが、作ってみることでわかることもたくさんあり、パン作りの幅は必ず広がるはずです。また、パン作りに慣れた方であれば、ストレート法で作るパンとの違い、発酵種法が向くパンがあることを実感されることでしょう。今回新たに追加されたPART3「発酵種法のパンとQ＆A」を通して、発酵種法で作るパンの魅力が多くの人に伝わればと願っています。

梶原慶春　浅田和宏

◉著者

梶原慶春 かじはら・よしはる
辻調グループ製パン教授。1984年辻調理師専門学校卒。ドイツ、オッフェンブルクのカフェ・コッハスで研修。著書に『パンづくりテキスト』、共著に『科学でわかるパンの「なぜ？」』（柴田書店）がある。

浅田和宏 あさだ・かずひろ
辻調グループ製パン教授。1987年辻製菓専門学校卒。ドイツ、オッフェンブルクのカフェ・コッハスで研修。調理家電等開発協力、レシピ監修に携わる。

◉パン製作協力

伊藤快幸（写真右） 辻調グループ製パン教授。1988年辻製菓専門学校卒。日本パン技術研究所で研修。

宮﨑裕行（写真左） 辻調グループ製パン教授。1990年辻製菓専門学校卒。ドイツ、オッフェンブルクのカフェ・コッハス、東京のカフェ・バッハ、日本パン技術研究所で研修。

尾岡久美子（写真中） 辻調グループ製パン助教授。2003年エコール辻大阪 辻製パンマスターカレッジ卒。日本パン技術研究所で研修。

◉製パン科学監修

木村万紀子 1997年奈良女子大学家政学部食物学科卒業後、辻調理師専門学校卒業。共著に『西洋料理のコツ』（角川ソフィア文庫）、『科学でわかるお菓子の「なぜ？」』、『科学でわかるパンの「なぜ？」』（柴田書店）がある。

◉原稿作成協力・校正

近藤乃里子（辻静雄料理教育研究所）

◉撮影協力（五十音順）

- クオカ（道具）
- 新輝合成株式会社（水切りかご）
- パナソニック（スチームオーブンレンジ）

◉スタッフ

撮影――エレファント・タカ、武部信也
デザイン――室田敏江（株式会社志岐デザイン事務所）
イラスト――清水麻里
DTP――天龍社
校閲――玄冬書林
編集・制作――株式会社童夢

本書は、当社既刊の『パンづくりに困ったら読む本』に新たな情報を加え、リニューアルしたものです。

増補版 パンづくりに困ったら読む本

著　者　梶原慶春、浅田和宏
発行者　池田士文
印刷所　大日本印刷株式会社
製本所　大日本印刷株式会社
発行所　株式会社池田書店
〒162-0851
東京都新宿区弁天町 43 番地
電話 03-3267-6821（代）
FAX 03-3235-6672

ISBN978-4-262-13083-5

23000003